高职高专电子信息类系列教材

电工电子技术

主 编 叶进宝 曹金娟

副主编 刘树新 刘 慧 宣宇珂 王彦贞

参 编 郭辉利 张宝龙

西安电子科技大学出版社

内 容 简 介

本书紧扣高等职业教育的培养目标,深度融合一线教师的教学经验与企业技术人员的实战经验,巧妙地将理论知识与技能训练融为一体,确保内容紧贴岗位技能需求。编者精心设计了十个核心项目,再将项目分解为任务进行详细讲解,并配套相应的实验和习题,以帮助读者深入掌握相关知识点,提升实际操作和解决问题的能力。

本书可作为高职高专院校电子信息类、机械设计制造类、自动化类等专业的教材,也可作为相关专业工程技术人员的培训用书。

图书在版编目(CIP)数据

电工电子技术 / 叶进宝,曹金娟主编. -- 西安 :西安电子科技大学出版社,2025. 2. -- ISBN 978-7-5606-7533-6

Ⅰ. TM;TN

中国国家版本馆 CIP 数据核字第 202528FA00 号

策　　划　李鹏飞　杨航斌
责任编辑　汪　飞
出版发行　西安电子科技大学出版社(西安市太白南路 2 号)
电　　话　(029) 88202421　88201467　　邮　　编　710071
网　　址　www.xduph.com　　　　　　　电子邮箱　xdupfxb001@163.com
经　　销　新华书店
印刷单位　广东虎彩云印刷有限公司
版　　次　2025 年 2 月第 1 版　　2025 年 2 月第 1 次印刷
开　　本　787 毫米×1092 毫米　1/16　印张 16.5
字　　数　392 千字
定　　价　46.00 元
ISBN 978-7-5606-7533-6
XDUP 7834001-1

＊＊＊如有印装问题可调换＊＊＊

前　言

随着电工电子技术的飞速发展，新的高科技产品不断涌现。电工电子技术已成为现代社会不可或缺的一部分。从家用电器到工业自动化，从通信到航空航天，电工电子技术的应用领域越来越广泛，因此，开设"电工电子技术"课程对于培养具备创新能力和实践能力的人才具有重要意义。"电工电子技术"是高职高专机械设计制造类、自动化类、电子信息类等相关专业必修的专业基础课。本书是根据教育部制定的高等职业教育培养目标，以一线教师的实践教学经验为基础，结合企业一线技术人员的实践经验开发的职业教育校企双元教材。

习近平总书记在党的二十大报告中强调，我们在建设现代化强国的过程中，必须坚持科技是第一生产力、人才是第一资源、创新是第一动力，为此要深入实施科技兴国战略、人才强国战略、创新驱动发展战略。为了更好贯彻落实党的二十大精神，促进电工电子技术的发展，高等职业教育的教材需不断更新以适应社会发展的需要。本书编者在编写过程中秉承职业教育的"工匠"理念，以"打造工匠精神"为主线，重点突出职业技能的训练，构建技能培训体系，探索并建立以学生为主体、以教师为主导、以能力为中心、以培养"工匠"为目标的编写模式。此外，编者坚持"夯实基础，重在应用"的原则，一方面对基本理论和基本分析方法进行了必要和适当阐述，以夯实学生的理论基础；另一方面充分考虑了元器件的识别，电路的连接、测量、调试等技能训练方面的内容，将其与工程实际相结合，以培养学生的实践技能。

本书包含十个项目，涵盖直流电路的分析与测量、正弦交流电路的分析与测量、磁路与变压器、三相异步电动机及其控制、安全用电、二极管及其应用、晶体管及其应用、集成运算放大器及其应用、基本逻辑电路的分析与应用、时序逻辑电路的分析与应用。

本书由邯郸职业技术学院的叶进宝、曹金娟担任主编，秦皇岛职业技术学院的刘树新、刘慧、宣宇珂和河北软件职业技术学院的王彦贞担任副主编。邯郸金狮棉机有限公司郭辉利、张宝龙参与了本书的编写。全书由叶进宝、曹金娟统稿。

在编写本书的过程中，我们借鉴了大量的相关资料，在此一并对相关作者表示感谢！

由于时间仓促，加之编者水平有限，本书难免存在不妥之处，恳请读者批评指正。

编　者

2024 年 8 月

目　录

项目一
直流电路的分析与测量

知识目标

（1）通过简易电器装置的拆装实践活动，认识由电器实物组成的简单电路，了解电路的基本组成。

（2）掌握电流、电压、电位、电动势、电能、电功率等基本物理量及含义，并能对这些物理量进行简单分析与计算。

（3）结合电器实物，掌握电路基本元件及其特性。

（4）掌握欧姆定律并能够运用其进行电路的分析和计算。

（5）了解电压源、电流源的连接方法，掌握电压源、电流源的等效变换。

（6）掌握电阻串联、并联及混联的连接方式及电路特点，会计算串联、并联及混联电路的等效电阻、电压、电流及电功率。

（7）掌握基尔霍夫定律，能应用 KCL、KVL 列出电路方程。

（8）掌握支路电流法，能用其求解复杂电路。

技能目标

（1）能自己动手安装简单电路。

（2）会使用直流电流表、直流电压表，会测量直流电路的电流、电压。

（3）会使用万用表进行各种参数的测定。

思政目标

（1）增强自身学习专业知识的积极性和责任感。

（2）提升职业素养，树立工匠精神。

（3）树立正确的价值观和职业道德观。

（4）增强科技报国的使命感和责任感。

任务一 // 简单直流电路的分析

任务目标

掌握简单直流电路的基本构成，明确电路中的各个元件及其作用；学会简单直流电路的分析技巧，包括准确识别电路元件、计算电路参数；熟悉简单直流电路在实际生活和工作中的应用案例，理解其在不同场景下的应用原理；提升对简单直流电路的分析能力，进而提高解决相关问题的能力。

一、电路和电路模型

(一)电路及其组成

电路就是指电流通过的闭合路径，它是为实现和完成人们的某种需求，由电源、导线、开关、负载等电气设备或元器件组合起来的整体。电路的结构形式和所能完成的任务是多种多样的，从日常生活中使用的用电设备到工农业生产中用到的各种生产机械的电气控制部分以及计算机、各种测试仪表等都涉及电路。较简单的电路如图1-1所示。

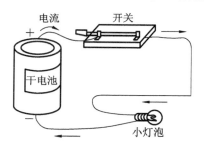

图1-1　手电筒电路

手电筒电路、单个照明灯电路是实际应用中较为简单的电路，而电动机电路、雷达导航设备电路、计算机电路和电视机电路是较为复杂的电路。不管电路是简单还是复杂，电路的组成都离不开三个基本环节：电源、负载和中间环节。

1. 电源

电源是供应电能的设备，它将化学能或机械能等非电能转换为电能，如电池、蓄电池、发电机等。

2. 负载

负载是使用电能的设备，又称用电器，它将电能转换成其他形式的能量，如电灯、电炉、扬声器、电动机等。

3. 中间环节

中间环节用于连接电源和负载，起传输和分配电能或对电信号进行传递和处理的作用，如变压器、输电线等。一个实际电路的中间环节通常还有一些保护和检测装置，复杂的中间环节可以是由许多电路元件组成的网络系统。在图 1-1 所示的手电筒电路中，干电池作为电源，小灯泡作为负载，导线和开关作为中间环节将小灯泡和干电池连接起来。

（二）电路的种类及功能

工程应用中的实际电路，按照功能的不同可分为两大类。一是完成能量的传输、分配和转换的电路，如照明电路、动力电路等。此类典型电路是电力系统，如图 1-2 所示。这类电路的特点是功率大、电流大。二是实现对电信号的传递、变换、储存和处理的电路，如测量电路、扩音机电路、计算机电路等。此类典型电路是扩音机电路，如图 1-3 所示。话筒将声音的振动信号转换为电信号（即相应的电压或电流），该电信号经过放大处理后传递给扬声器，再由扬声器还原为声音。

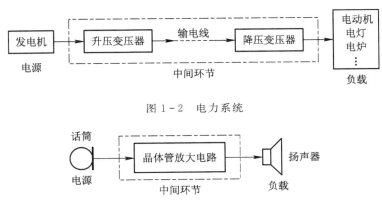

图 1-2　电力系统

图 1-3　扩音机电路

（三）电路模型

实际电路的电磁过程是相当复杂的，绝大多数元器件具备多种电磁效应，难以对其进行有效的分析计算。在电路理论中，为了便于对实际电路进行分析和计算，人们通常在工程实际允许的条件下对实际电路进行模型化处理，即忽略次要因素，抓住足以反映其功能的主要电磁特性，抽象出实际电路器件的"电路模型"。

电阻器、白炽灯、电炉等电气设备接收电能并将电能转换成光能或热能，这些光能和热能显然不可能再回到电路中，这种能量转换过程不可逆的电磁特性称为耗能。这类电气设备除了具有耗能的电磁特性之外，还有其他电磁特性，但在研究和分析问题时，即使忽略其他电磁特性，也不会影响对整个电路的分析和计算，因此可以用一个只具有耗能电磁特性的"电阻元件"作为它们的电路模型。

实际电路器件理想化而得到的只具有某种单一电磁性质的元件，称为理想电路元件，简称理想元件。每一种理想电路元件体现某种基本现象，具有某种确定的电磁性质和精确的数学定义。这样的元件主要有纯电阻元件、纯电感元件、纯电容元件、理想电压源和理想电流源等。人们将电阻器、白炽灯等以取用电能为主要特征的电路元器件理想化为纯电阻元件；将电感线圈、绕组等以储存磁场能为主要特征的元器件理想化为纯电感元件；将电解电容等以储存电场能为主要特征的元器件理想化为纯电容元件；将电池、发电机等提供电能的装置理想化为电压源等。常见理想电路元件的图形符号如表 1-1 所示。

表 1-1　常见理想电路元件的图形符号

元件名称	模型符号	元件名称	模型符号
电源	⊣⊢	电阻	R
理想电压源	u_S	电感	L
理想电流源	i_S	电容	C
开关	S	电动机	Ⓜ

　　用理想电路元件及其组合代替实际电路中的电气设备、电器元件，即把实际电路的本质特征抽象出来形成的理想化的电路，称为电路模型。图 1-4 所示为实际照明电路及其电路模型。

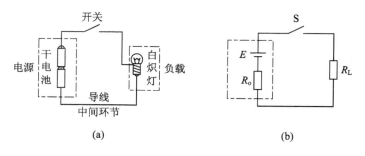

(a)　　　　　　　　　　　　(b)

图 1-4　实际照明电路及其电路模型

二、电路的基本物理量

（一）电流及其参考方向

　　电荷的定向移动形成电流，通常把单位时间内通过导体横截面的电荷量定义为电流，用符号 I 或 i 表示。

　　电流主要分为两类。一类是大小和方向均不随时间变化的电流，称为恒定电流或直流（DC）电流，其大小用符号 I 表示。另一类是大小和方向均随时间变化的电流，称为变动电流，其大小用符号 i 表示。其中，一个周期内电流的平均值为零的变动电流称为交流（AC）电流。图 1-5 给出了直流电流和交流电流的波形。

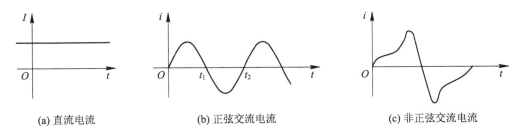

(a) 直流电流　　　　　　(b) 正弦交流电流　　　　　　(c) 非正弦交流电流

图 1-5　直流电流和交流电流的波形

对于直流电流，单位时间内通过导体横截面的电荷量是不变的，可定义为

$$I = \frac{Q}{t} \tag{1-1}$$

对于变动电流，若假设在很小的时间间隔 dt 内，通过导体横截面的电荷量为 dq，则该变动电流为

$$i = \frac{dq}{dt} \tag{1-2}$$

其中：I、i 为电流，单位为 A(安培)；Q、q 为电荷量，单位为 C(库仑)；t 为时间，单位为 s(秒)。

国际单位制(SI)中规定，1 s 内通过导体横截面的电荷量为 1 C 时，其电流为 1 A。除安培外，常用的电流单位还有 kA(千安)、mA(毫安)和 μA(微安)。它们之间的换算关系为

$$1 \text{ kA} = 10^3 \text{ A}$$

$$1 \text{ A} = 10^3 \text{ mA} = 10^6 \mu\text{A}$$

习惯上规定正电荷移动的方向为电流的实际方向。实际上，在电路分析中，电流的实际方向有时是很难确定的，因此很难在电路中标明电流的实际方向。为了分析计算方便，人们引入了"参考方向"的概念。在电路分析计算前，可以预先假定一个电流方向，这个假定的方向称为电流的参考方向，当然，所选的电流参考方向并不一定就是电流的实际方向。电流的实际方向一般通过计算来确定，若电流的计算值为正(即 $I > 0$)，则电流的参考方向与它的实际方向相同；反之，若电流的计算值为负(即 $I < 0$)，则电流的参考方向与它的实际方向相反。电流的参考方向与实际方向的关系如图 1-6 所示。在指定的电流参考方向下，电流值的正和负就可以反映出电流的实际方向。因此，在参考方向选定之后，电流值才有正负之分，在未选定参考方向之前，电流值的正负是毫无意义的。

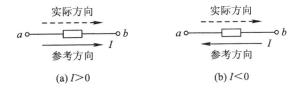

(a) $I > 0$　　　　　　　　(b) $I < 0$

图 1-6　电流的参考方向与实际方向的关系

电流对负载有各种不同的作用和效应，如表 1-2 所示。

表 1 - 2 电流对负载的作用与效应

热效应	磁效应	光效应	化学效应	对人体或动物生命的效应
如电熨斗、电烙铁、熔断器	如继电器线圈、开关装置	光效应在气体和一些半导体中出现，如白炽灯、发光二极管	化学效应在导电的溶液中出现，如蓄电池的充电过程	发生事故，动物麻醉

（二）电压、电位、电动势

1. 电压

带电粒子能够在电路中定向移动，是因为受到电场力的作用。图1-7所示电源的两个极板 A 和 B 上分别带有正、负电荷，这两个极板间存在一个电场，其方向由 A 指向 B。当用导线和负载（白炽灯）将电源的正负极连接形成一个闭合电路时，正电荷在电场力的作用下由正极 A 经导线和负载流向负极 B（实际上是自由电子由负极经负载流向正极），从而形成电流使白炽灯发光。白炽灯发光，说明电流对负载做功。电场力将正电荷从极板 A 移动到极板 B 做功能力的大小，用两极板间的电压来衡量。

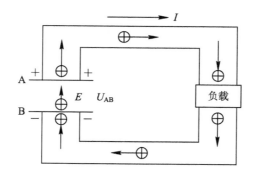

图 1-7 电场力对电荷做功

电场力将正电荷从极板 A 移动至极板 B 所做的功 W_{AB} 与被移动的正电荷的电荷量 Q 之比，称为两极板间的电压，用 U_{AB} 表示，即

$$U_{AB} = \frac{W_{AB}}{Q} \tag{1-3}$$

当电荷的单位为 C（库仑），功的单位为 J（焦耳）时，电压的单位为伏特，简称伏（V），即 $1\text{ V} = 1\text{ J/C}$。在工程上，常用的电压单位还有 kV（千伏）、mV（毫伏）和 μV（微伏），它们之间的换算关系是

$$1\text{ kV} = 10^3\text{ V}$$
$$1\text{ V} = 10^3\text{ mV} = 10^6\mu\text{V}$$

与电流相同，电压也有大小和方向。规定电位真正降低的方向为电压的实际方向。在分析电路时，需要事先选择电压的参考方向。电压的参考方向也是任意选择的，在电路中通常用"＋""－"极性表示，如图 1-8 所示。

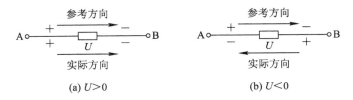

图 1-8　电压的参考方向与实际方向的关系

"参考方向"在电路分析中起着十分重要的作用。

对一段电路或一个元件上电压的参考方向和电流的参考方向可以独立地加以任意指定。如果指定电流从电压"＋"极性的一端流入，并从标以"－"极性的另一端流出，即电流的参考方向与电压的参考方向一致，则把电流和电压的这种参考方向称为关联参考方向，反之称为非关联参考方向，如图 1-9 所示。

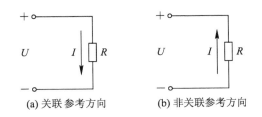

图 1-9　电流与电压的参考方向关系

2. 电位

在电路中任选一点作为参考点，则电路中某一点与参考点之间的电压称为该点的电位。电位用符号 V 或 v 表示，也可用 φ 表示。例如 A 点的电位记为 V_A 或 v_A。显然，$V_A = V_{AO}$，$v_A = v_{AO}$。电位的单位是伏特（V）。

电路中的参考点可任意选定。当电路中有接地点时，常以接地点为参考点。没有接地点时，则选择较多导线的汇集点作为参考点。在电子线路中，通常以设备外壳为参考点。参考点用符号"⊥"表示。

有了电位的概念后，电压也可用电位来表示，即

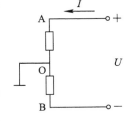

$$\begin{cases} U_{AB} = V_A - V_B \\ u_{AB} = v_A - v_B \end{cases} \quad (1-4)$$

如图 1-10 所示，A 点电位记作 V_A。如果选择 O 点为参考点时，则

图 1-10　电位示意图

$$V_A = U_{AO} \quad (1-5)$$

由式(1-5)可见，A、O 两点之间的电压 U_{AO}，就是 A、O 两点之间的电位差，即

$$U_{AO} = V_A - V_O = V_A - 0\ \text{V} = V_A \quad (1-6)$$

所以，两点之间的电压就是这两点之间的电位之差，电压的实际方向是由高电位点指向低电位点。还需指出，尽管对于不同的参考点，电路中各点的电位不同，但任意两点间的电压

始终保持不变。

3. 电动势

电源力把单位正电荷从低电位 B 点经电源内部移到高电位 A 点克服电场力所做的功，称为电源的电动势。电动势用 E 或 e 表示，即

$$\begin{cases} E = \dfrac{W}{Q} \\ e = \dfrac{\mathrm{d}w}{\mathrm{d}q} \end{cases} \tag{1-7}$$

电动势的单位也是伏特（V）。

电动势与电压的实际方向不同，电动势的方向是从低电位指向高电位，即由"－"极指向"＋"极，而电压的方向则从高电位指向低电位，即由"＋"极指向"－"极。此外，电动势只存在于电源的内部。

（三）电能、电功率

1. 电能

电能是指在一定的时间内电路元件（或设备）吸收或提供的能量，是由电流对负载做功引起的，用字母 W 表示。电能的大小与电路两端的电压、通过的电流及通电时间成正比，即

$$W = UIt \tag{1-8}$$

式中：W 为电路所消耗的电能，单位为 J（焦耳）；U 为电路两端的电压，单位为 V；I 为通过电路的电流，单位为 A；t 为所用的时间，单位为 s。在实际应用中，电能的另一个常用单位是 kW·h（千瓦时），1 kW·h 就是常说的 1 度电。

$$1 \text{ 度电} = 1 \text{ kW} \cdot \text{h} = 3.6 \times 10^6 \text{ J} \tag{1-9}$$

2. 电功率

电功率表征电路元件或一段电路中能量变换的速度，其值等于单位时间内元件所消耗的电能，简称功率，用 P 表示，

$$P = \frac{W}{t} = \frac{UIt}{t} = UI \tag{1-10}$$

当电路为纯电阻电路时，根据欧姆定律 $U = IR$，功率还可以表示为

$$P = I^2 R = \frac{U^2}{R} \tag{1-11}$$

电功率的基本单位为瓦特，简称瓦（W）。电功率常用的单位还有 kW（千瓦）、mW（毫瓦），它们之间的换算关系为

$$1 \text{ kW} = 10^3 \text{ W} = 10^6 \text{ mW}$$

当电压和电流的参考方向为关联参考方向时，电功率 P 可用式（1-10）求得；当电压和电流的参考方向为非关联参考方向时，电功率 P 为

$$P = -UI \tag{1-12}$$

若计算得出 $P > 0$，则表示该部分电路吸收或消耗功率；若计算得出 $P < 0$，则表示该部分电路发出或提供功率；$P = 0$ 表示该部分电路是储能的。

三、电路基本元件及其特性

（一）电阻元件

1. 定义

当导体中自由电子有规律地定向运动时，受到电子与原子之间的相互碰撞的阻碍，这种表征导体对电流的阻碍作用的物理量称为电阻，用 R 表示。电阻的单位为欧姆，简称欧，符号为 Ω，常用的单位还有 $k\Omega$（千欧）、$M\Omega$（兆欧），它们的换算关系为

$$1\ M\Omega = 10^3\ k\Omega,\ 1\ k\Omega = 10^3\ \Omega$$

金属导体有电阻，其他物体也有电阻。有实验表明，导体电阻的大小与其长度 l 成正比，与其横截面积 S 成反比，并与导体的电阻率 ρ 有关，即

$$R = \rho\frac{l}{s} \tag{1-13}$$

式中：ρ 为导体的电阻率，其大小与导体的材料有关，单位为 $\Omega\cdot m$；l 为导体的长度，单位为 m；S 为导体的横截面积，单位为 m^2。导体的电阻除了与导体的材料性质、几何形状有关外，还与温度有关。式（1-13）称为电阻定律。

电阻的倒数称为电导，用 G 表示，其单位为西门子（S），简称西。

2. 电阻元件的图形符号

电阻元件的图形符号如图 1-11 所示。

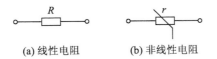

图 1-11　电阻元件的图形符号

3. 伏安特性曲线

电阻元件有线性（linear）和非线性（nonlinear）之分。电压和电流之间存在代数关系，可以由 U-I 平面上的一条曲线所表示，这条曲线称为伏安特性曲线，伏安特性曲线为一条通过原点的直线，其对应的电阻为线性电阻，否则为非线性电阻。如图 1-12 所示。在本书中，除专门说明，电阻均指线性电阻。

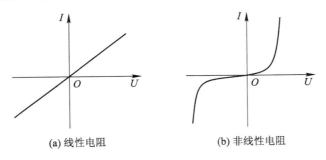

图 1-12　电阻的伏安特性曲线

4. 电阻的特性

在电阻元件里会发生电能转换为热能的过程。而热能向周围散去，不可能再直接回到电路中重新转换为电能。可见，电阻元件中的能量转换过程是不可逆的，因而电阻元件是一种耗能元件。电阻吸收的功率为

$$P = UI = I^2R = \frac{U^2}{R} \tag{1-14}$$

（二）电容元件

1. 定义

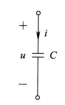

任何一个二端元件，如果在任意时刻的电压和电荷之间的关系总可以由 $q\text{-}u$ 平面上的一条过原点的曲线所表示，则此二端元件称为电容元件。电容的单位为法拉，简称法，用 F 表示。常用的单位有毫法（mF）、微法（μF）、纳法（nF）和皮法（pF）等。

图 1-13　电容元件的
符号图形

2. 电容元件的图形符号

电容元件的图形符号如图 1-13 所示。

3. 线性电容的库伏特性曲线

物理量电容 C 是表征元件储存电荷能力的参数。其表达式为 $C = \frac{q}{u}$，其中 q 为电容储存的电荷量，u 为电容两极之间的电压。从图 1-14 库伏特性曲线可知道，电容两极的电压与储存电荷量成正比关系。

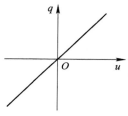

图 1-14　线性电容元件的
库伏特性曲线

4. 线性电容的伏安特性

由于 $i = \dfrac{\mathrm{d}q}{\mathrm{d}t}$，而 $q = Cu$，所以电容的伏安（$u\text{-}i$）关系为微分关系，即

$$i = C\frac{\mathrm{d}u}{\mathrm{d}t} \tag{1-15}$$

由此可见，电路中流过电容的电流的大小与其两端电压的变化率成正比，电压变化越快，电流越大，反之，电压变化越慢，电流越小。因此可以得出结论：电容元件隔直（流）通交（流），通高（频）阻低（频）。

5. 电容的特性

电感具有如下特点：

（1）电容为储能元件，并不消耗电能，电容的充电与放电过程就是吸收能量与放出能量的过程，吸收或放出的能量为

$$W = \frac{1}{2}Cu_2^2 - \frac{1}{2}Cu_1^2 \tag{1-16}$$

也就是说，当 $u_2 > u_1$ 时，$W > 0$，电容吸收能量，为充电过程；当 $u_2 < u_1$ 时，$W < 0$，电容放出能量，为放电过程。

（2）电容为电压记忆元件，其电压与初始值有关。

（3）电容为动态元件，其电压和电流为积分关系。

（4）电容为电压惯性元件，即电流为有限值时，电压不能跃变。

（5）电容元件隔直（流）通交（流），通高（频）阻低（频）。

（三）电感元件

1. 定义

任何一个二端元件，如果任意时刻的电流 i 与其磁链 ψ 之间的关系由 $\psi\text{-}i$ 平面上的一条过原点的曲线所表示，则此二端元件称为电感元件。电感的单位为亨利，简称亨，用 H 表示。

2. 电感元件的图形符号

电感元件的图形符号如图 1-15 所示。

3. 线性电感的韦安特性曲线

电感 L 是表征元件线圈储存电磁能能力的参数，是不随电路情况变化的量。线性电感元件的磁通链 ψ_L 与电流 i 满足 $\psi_L = Li$ 关系，其韦安特性曲线如图 1-16 所示。

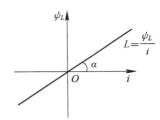

图 1-15　电感元件的图形符号　　　　图 1-16　线性电感元件的韦安特性曲线

4. 线性电感的伏安特性

由楞次定律可得 $u = \dfrac{\mathrm{d}\psi_L}{\mathrm{d}t}$，而 $\psi_L = Li$，所以电感的伏安（$u\text{-}i$）关系为

$$u = L\frac{\mathrm{d}i}{\mathrm{d}t} \qquad\qquad (1-17)$$

由此可见，电路中电感两端电压的大小与流过它的电流的变化率成正比，电流变化越快，电压越高，反之，电流变化越慢，电压越低。因此可以得出结论：电感元件通直（流）隔交（流），通低（频）阻高（频）。

5. 电感的特性

电感具有如下特点：

（1）电感为储能元件，并不消耗电能。电感的充电与放电过程就是吸收能量与放出能量的过程，吸收或放出的能量为

$$W = \frac{1}{2}Li_2^2 - \frac{1}{2}Li_1^2 \qquad\qquad (1-18)$$

也就是说，当 $i_2 > i_1$ 时，$W > 0$，电感吸收能量，为充电过程；当 $i_2 < i_1$ 时，$W < 0$，电

感放出能量，为放电过程。

（2）电感为电流记忆元件，其电流与初始值有关。

（3）电感为动态元件，其电流和电压为积分关系。

（4）电感为电流惯性元件，即电压为有限值时，电流不能跃变。

（5）电感元件通直（流）隔交（流），通低（频）阻高（频）。

四、电路的工作状态和电气设备的额定值

（一）电路的工作状态

电路有有载、空载（开路）、短路三种工作状态，如图 1-17 所示。

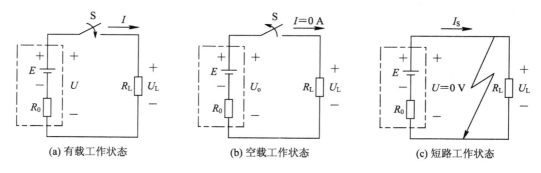

（a）有载工作状态　　　（b）空载工作状态　　　（c）短路工作状态

图 1-17　电路的工作状态

现以图 1-18 所示简单直流电路为例来分析电路的各种工作状态。图中电动势 E 和内阻 R_0 串联组成电压源，U_1 是电源端电压；开关 S 和连接导线是中间环节；U_2 是负载端电压，R_L 是负载等效电阻。

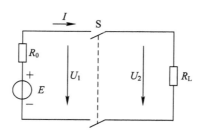

图 1-18　电路工作状态分析

1. 有载工作状态

当开关 S 闭合时，电路中有电流流过，电源输出电能，负载消耗电能，此工作状态称为有载工作状态。这时电路中的电流为

$$I = \frac{E}{R_0 + R_L} \qquad (1-19)$$

上式说明，当电源（E、R_0）一定时，电路工作电流 I 取决于负载电阻 R_L，R_L 减小，I 增大。电源的端电压为

$$U_1 = E - R_0 I \qquad (1-20)$$

2. 空载工作状态（开路）

在图 1-18 所示电路中，当开关 S 断开，电路电流为零，此工作状态称为空载，也称开路。开路时电源的端电压称为开路电压，用 U_{OC} 表示，等于电源电动势，而负载端电压为零。显然，开路时电源不输出电能，电路的功率等于零。

如上所述，电路空载工作状态的特点是

$$I = 0 \text{ A}, U_1 = U_{OC} = E, U_2 = 0 \text{ V}, P_1 = P_2 = 0 \text{ W} \tag{1-21}$$

3. 短路工作状态（短路）

在图 1-18 所示电路中，当电源两端的导线由于某种事故而直接相连，这时电源输出电流不经过负载，只经过导线直接流回电源。这种状态称为短路工作状态，简称短路。短路时的电流称为短路电流，用 I_{SC} 表示。因电源内阻 R_0 很小，故 I_{SC} 很大。短路时外电路的电阻为零，故电源和负载的端电压均为零。这时，电源所产生电能全部被电源内阻消耗并转变为热能，故电源输出的功率和负载消耗的功率均为零。

如上所述，电路短路工作状态的特征是

$$I = I_{SC} = \frac{E}{R_0}, U_1 = U_2 = 0 \text{ V}, P_1 = P_2 = 0 \text{ W} \tag{1-22}$$

此时，电源内阻 R_0 消耗的功率为

$$P_E = I^2 R_0 = \frac{E^2}{R_0}$$

因为 I_{SC} 很大，短路时电源本身及 I_{SC} 所流过的导线温度剧增，这将会损坏绝缘材料，烧毁设备，甚至引起火灾。因此电路短路是一种严重的事故，应加以避免。为防止短路所产生的严重后果，通常在电路中接入熔断器或自动开关，以便在短路时迅速切断故障电路，而确保电源和其他电器设备的安全运行。

（二）电气设备的额定值

电气设备的额定值反映了电气设备的使用安全性和电气设备的使用能力，是保证电气设备正常运行的规定使用值。额定值包括额定电流、额定电压和额定功率。

1. 额定电流（I_N）

为了避免电流的热效应造成危害，电气设备的工作温度不允许超过最高温度，因此对通过它的最大电流进行限定，这个限定的最大电流称为额定电流，用 I_N 表示。不同电气设备的额定电流是不同的。电动机、变压器等电气设备的额定电流通常标注在铭牌上，也可从产品目录中查得。

2. 额定电压（U_N）

电气设备的绝缘材料并非绝对不导电，如果作用在绝缘材料上的电压过高，绝缘材料会被击穿而导电。另外，当电气设备的电流给定后，电压增加会使设备的功率也增加，可能会造成设备过载。为此，必须限制电气设备的电压，这个限定的电压，就是电气设备的额定电压，用 U_N 表示。如果电源电压高于用电器的额定电压，用电器千万不可接入，否则将会把用电器烧坏；如果电源电压低于用电器的额定电压，用电器也不宜接入，因为电压低，用电器也不能正常工作。因此，在使用各种电气设备之前，必须看清它的额定电压是否与电源电压相同。

3. 额定功率(P_N)

在电阻性负载(指由电阻、二极管或其他可以产生阻力的元件构成的负载)的电气设备中,额定电流与额定电压之积,称为电气设备的额定功率,用 P_N 表示,即 $P_N = U_N I_N$。

电气设备在额定功率下的工作状态称为额定工作状态,也称为满载;低于额定功率的工作状态称为轻载(欠载);高于额定功率的工作状态称为过载(超载)。电气设备在额定状态下工作是最经济、合理、安全的。

五、欧姆定律

欧姆定律揭示了电流、电压和电阻之间的基本关系。在电工电子技术中,它是分析电路的基本定律之一。

(一)部分电路欧姆定律

1. 部分电路的定义

部分电路是指只含有负载而不包含电源的一段电路。它是电路分析中的一个基本单元。

2. 部分电路欧姆定律的内容

部分电路欧姆定律是指流过电阻的电流与电阻两端的电压成正比,与电阻值成反比。它表明,在给定电压下,电阻越大,流过的电流越小;反之,电阻越小,流过的电流越大。

3. 部分电路欧姆定律的表达式

当电流和电压的参考方向一致时,部分电路欧姆定律的表达式为

$$I = \frac{U}{R}$$

当电流和电压的参考方向不一致时,部分电路欧姆定律的表达式为

$$I = -\frac{U}{R}$$

(二)全电路欧姆定律

1. 全电路的相关概念

(1)全电路:含有电源的闭合电路。它是电路分析中的另一个基本单元。

(2)内电路与外电路:电源内部的电路称为内电路,电源外部的电路称为外电路。

(3)内电阻与外电阻:电源内部的电阻称为内电阻,简称内阻,用 r 或 R_S 表示;外电路的电阻称为外电阻,用 R 或 R_L 表示。

2. 全电路欧姆定律的内容

全电路欧姆定律是指闭合电路中的电流与电源的电动势成正比,与电路的总电阻(即内电阻和外负载电阻之和)成反比。它表明在给定电动势下,电路的总电阻越大,流过的电流越小;反之,总电阻越小,流过的电流越大。

3. 全电路欧姆定律的表达式

由图 1-19 可知,全电路欧姆定律表达式为

$$I = \frac{E}{R_S + R_L}$$

由上式可得

$$E = IR_S + IR_L = U_内 + U_外$$

式中：$U_内$ 是电源内阻上的压降；$U_外$ 是电源外阻上的压降，称为路端电压或端电压，即电源两端的电压。

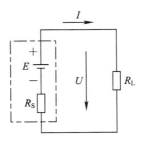

图 1-19　全电路欧姆定律示意图

应用欧姆定律时需注意如下几点：

（1）先标注正方向，当 U、I 的参考方向相反时，欧姆定律表达式带负号。

（2）正方向选定后，电压、电流有正值和负值之分。

（3）欧姆定律适用于线性电路（由线性电路元件和独立电源组成的电路）。

六、电阻的串联与并联

一个电源一般不仅仅给一个负载供电，往往给多个负载供电。负载的连接方式很多，但最常用且最基本的是串联和并联。下面以电阻负载为例，简要分析串联和并联的特点、等效电阻以及此时电流与电压之间的关系。

（一）电阻的串联

多个元件逐个顺次连接起来，就组成了串联电路。

两个或两个以上的电阻依次连接，组成一条无分支电路，这样的连接方式叫作电阻的串联，如图 1-20 所示。

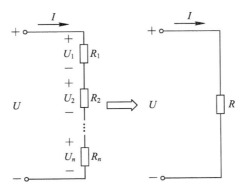

图 1-20　电阻的串联及其等效电路

电阻串联电路的特点如下：

（1）等效电阻为

$$R = R_1 + R_2 + \cdots + R_n$$

（2）流经各电阻的电流相等。

（3）串联总电压等于各电阻上电压之和，即

$$U = U_1 + U_2 + \cdots + U_n$$

（4）分压关系为

$$\frac{U_1}{R_1} = \frac{U_2}{R_2} = \cdots = \frac{U_n}{R_n} = \frac{U}{R} = I$$

当两只电阻 R_1、R_2 串联时，总电阻 $R = R_1 + R_2$，则有分压公式

$$U_1 = \frac{R_1}{R_1 + R_2} U, \ U_2 = \frac{R_2}{R_1 + R_2} U$$

（5）电路消耗的总功率等于各电阻消耗的功率之和，即

$$P = UI = U_1 I_1 + U_2 I_2 + \cdots + U_n I_n$$

（二）电阻的并联

把多个元件并列地连接起来，由同一电压供电，就组成了并联电路。

两个或两个以上的电阻接在电路中相同的两点之间，承受同一电压，这样的连接方式叫作电阻的并联，如图 1-21 所示。

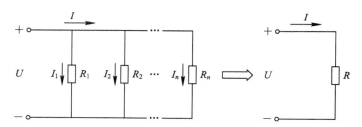

图 1-21　电阻的并联及其等效电路

电阻并联的特点如下：

（1）等效电阻为

$$\frac{1}{R} = \frac{1}{R_1} + \frac{1}{R_2} + \cdots + \frac{1}{R_n}$$

当两只电阻 R_1、R_2 并联时，

$$R = R_1 // R_2 = \frac{R_1 R_2}{R_1 + R_2}$$

（2）各电阻电压相等。

（3）并联总电流等于各电阻上电流之和，即

$$I = I_1 + I_2 + \cdots + I_n$$

（4）分流公式为

$$I_1 = \frac{R_2}{R_1 + R_2} I, \ I_2 = \frac{R_1}{R_1 + R_2} I$$

（5）电路消耗的总功率等于各电阻消耗的功率之和，即

$$P = UI = U_1 I_1 + U_2 I_2 + \cdots + U_n I_n$$

（三）电阻的混联

实际电路中，既有电阻的串联，又有电阻的并联，即为电阻的混联。对于混联电路的计算，只要按照串、并联的计算方法，把电路逐步简化，求出总等效电阻后便可根据要求进行电路计算。

混联电路计算的一般步骤如下：

（1）对电路进行等效变换，即把不容易看清串、并联关系的电路，整理、简化成容易看清串、并联关系的电路；

（2）先分别计算各电阻串联和并联的等效电阻，再计算电路的总等效电阻；

（3）由电路的总等效电阻和电路的端电压计算电路的总电流；

（4）根据电阻串联的分压公式和电阻并联的分流公式，逐步推算出各部分的电压和电流。

任务二 // 复杂直流电路的分析

任务目标

掌握复杂直流电路中电源、电阻、开关等元件的基本特性及其连接方式；能够识别并分析不同元件在电路中的作用和相互影响；熟练运用电路理论，如基尔霍夫定律、戴维南定理等，对复杂直流电路中的电流和电压进行理论分析；能够通过计算得出电路中各点或各元件两端的电压值以及通过各支路的电流大小；通过分析复杂直流电路，培养解决电路问题的能力，包括识别问题、分析问题、提出解决方案等；能够将所学知识应用于实际电路中，解决相关的电路问题；熟悉复杂直流电路在实际生活和工作中的应用案例；理解复杂直流电路在不同场景下的应用原理。

一、电压源与电流源及其等效变换

把其他形式的能量转换成电能的装置称为有源元件。有源元件经常采用两种模型表示，即电压源模型和电流源模型。

（一）电压源

一个实际的电源含有电动势和内阻。当电源工作时，端电压会随着输出电流的变化而变化，为了便于分析，用一个电压源模型对其进行等效，如图 1-22(a)所示。图中 U_s 为电压源的电动势，R_0 为电压源的内阻，U 为电压源的端电压且有

$$U = U_s - IR_0 \tag{1-23}$$

在输出电流相同的情况下，电压源的内阻 R_0 越大，端电压越低；R_0 越小，端电压越高。

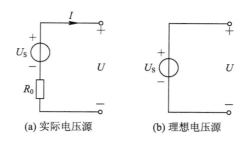

(a) 实际电压源　　　　(b) 理想电压源

图 1-22　电压源

实际电压源的伏安特性如图 1-23(a)所示。如果 $R_0 = 0\ \Omega$，端电压 $U = U_s$，与输出电流无关，此电压源称为理想电压源或恒压源，其电路模型符号如图 1-22(b)所示。实际电源是否可以看作理想电压源，由电源的内电阻 R_0 和电源的负载相比较而定。当 $R_L \gg R_0$ 时，可将电源视为理想电压源。

理想电压源具有如下几个性质：

(1) 理想电压源的端电压是 U_s，与输出电流无关。

(2) 理想电压源的输出电流和输出功率取决于与它连接的外电路。

理想电压源伏安特性曲线如图 1-23(b)所示，它是一条平行于横轴的直线，表明其端电压与电流的大小及方向无关。

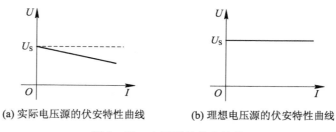

(a) 实际电压源的伏安特性曲线　　　(b) 理想电压源的伏安特性曲线

图 1-23　电压源的伏安特性

(二) 电流源

一个实际的电源除了用电压源模型等效之外，还可以用电流源模型来等效，如图 1-24(a)所示，图中 I_s 为电流源的电流，R_s 为电流源的内阻，U 为电流源的开路电压，I 为输出电流，且有

$$I = I_s - \frac{U}{R_s} \tag{1-24}$$

电流源的内阻 R_s 越大，I_s 在 R_s 上的分流越小，输出电流 I 越接近 I_s。

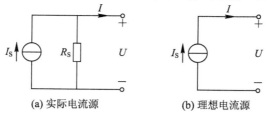

(a) 实际电流源　　　　(b) 理想电流源

图 1-24　电流源

实际电流源的伏安特性曲线如图 1-25(a)所示。

当 $R_\mathrm{S} \to \infty$ 时，I_S 在 R_S 上的分流趋于零，输出电流 I 几乎等于 I_S，即输出电流与端电压无关，电流源呈恒流特性，称为理想电流源或恒流源，其模型符号如图 1-24(b)所示。在实际电源中，当电源的内阻 $R_\mathrm{S} \gg R_\mathrm{L}$ 时，可将其视为理想电流源。

理想电流源具有如下几个性质：

（1）理想电流源的输出电流是 I_S，不会因为所连接的外电路的不同而改变，与理想电流源的端电压无关。

（2）理想电流源的端电压和输出功率取决于它所连接的外电路。

理想电流源的伏安特性曲线如图 1-25(b)所示，它是一条平行于纵轴的直线，表明其输出电流与端电压的大小无关。

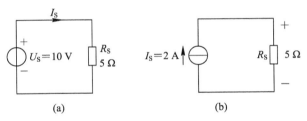

(a) 实际电流源的伏安特性曲线　　　(b) 理想电流源的伏安特性曲线

图 1-25　电流源的伏安特性

【例 1-1】　试求图 1-26(a)所示实际电压源的电流与图 1-26(b)中实际电流源的电压。

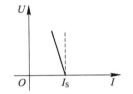　

　　　　　　(a)　　　　　　　　　　　　　　(b)

图 1-26

解　图 1-26(a)中流过电压源的电流也是流过 5 Ω 电阻的电流，所以流过电压源的电流为

$$I_\mathrm{S} = \frac{U_\mathrm{S}}{R_\mathrm{S}} = \frac{10\ \mathrm{V}}{5\ \Omega} = 2\ \mathrm{A}$$

图 1-26(b)中电流源两端的电压也是加在 5 Ω 电阻两端的电压，所以电流源的电压为

$$U_\mathrm{S} = I_\mathrm{S} R_\mathrm{S} = 2\ \mathrm{A} \times 5\ \mathrm{V} = 10\ \mathrm{V}$$

（三）电压源与电流源的等效变换

由于电压源和电流源均为实际电源的等效电路模型，故两者在外特性上可以等效变换，下面分析等效变换的条件。

比较式(1-23)和式(1-24)，如果两电源模型的端口电压 U 和电流 I 都相等，则这两种电源模型可以等效。根据这一等效条件，有

$$\frac{U_\mathrm{S}}{R_0} - \frac{U}{R_0} = I_\mathrm{S} - \frac{U}{R_\mathrm{S}}$$

即

$$U_{\mathrm{s}} = I_{\mathrm{s}} R_0 \tag{1-25}$$

$$R_{\mathrm{s}} = R_0 \tag{1-26}$$

只要满足式(1-25)和式(1-26)的等效条件，电压源和电流源就可以等效变换。

需要说明的是，在应用式(1-25)和式(1-26)进行等效变换时应注意：

（1）两种电源模型的等效变换是对外特性而言的，对电源的内部是不等效的。因为电压源在开路时内阻消耗为零，而电流源开路时内阻消耗最大。

（2）理想电压源和理想电流源不能进行等效变换。因为当电压源内阻 R_0 很小时，按等效条件 I_{s} 将无穷大，这是不可能的；当 $R_{\mathrm{s}} = \infty$ 时，按等效条件 U_{s} 也将无穷大，这也是不可能的。

【例 1-2】　将图 1-27 中的两个实际电源的电路模型进行等效变换。

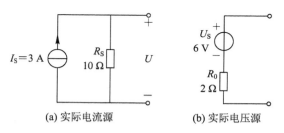

(a) 实际电流源　　　　(b) 实际电压源

图 1-27　实际电流源与实际电压源

解　图 1-27(a)中，根据 $R_0 = R_{\mathrm{s}} = 10\ \Omega$，可知开路电压为

$$U = I_{\mathrm{s}} R_{\mathrm{s}} = 3\ \mathrm{A} \times 10\ \Omega = 30\ \mathrm{V}$$

等效电压源模型如图 1-28(a)所示。

图 1-27(b)中有

$$I_{\mathrm{s}} = \frac{U_{\mathrm{s}}}{R_0} = \frac{6}{2}\mathrm{A} = 3\ \mathrm{A}$$

$$R_{\mathrm{s}} = R_0 = 2\ \Omega$$

等效电流源模型如图 1-28(b)所示。

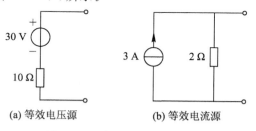

(a) 等效电压源　　　　(b) 等效电流源

图 1-28　例 1-2 的等效电路

二、基尔霍夫定律

电路有简单电路和复杂电路之分。不能用电阻串、并联关系化简的电路叫作复杂电路。分析电路的方法很多，但它们的依据是电路的两条基本定律——欧姆定律和基尔霍夫定律。基尔霍夫定律既适用于直流电路，又适用于交流电路。它包括基尔霍夫电流定律和基尔霍夫电压定律。基尔霍夫电流定律应用于节点，基尔霍夫电压定律应用于回路。

(一) 基本概念

1. 支路

电路中的每一个分支称为支路。它由一个或几个相互串联的电路元件构成。在同一支路内，流过所有元件的电流相等。图 1-29 所示电路中有 3 条支路，分别是 ab、acb、adb。其中，含有电源的支路称有源支路，不含电源的支路称无源支路。

2. 节点

三条或三条以上支路所汇成的交点叫节点。图 1-29 中共有 4 个节点，分别是节点 a、b、c、d。

3. 回路

电路中任意由支路组成的闭合路径叫回路。图 1-29 中共有 3 个回路，分别是 abca、abda、adbca。

4. 网孔

中间无支路穿过的简单回路叫网孔或独立回路。图 1-29 中共有 2 个网孔，分别是 abca、abda。

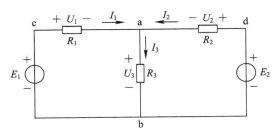

图 1-29　复杂电路

(二) 基尔霍夫电流定律(第一定律,简称 KCL)

1. 表述方法一

基尔霍夫电流定律表述方法一：在任一瞬间，流入某一节点的电流之和等于流出该节点的电流之和。其表达式为

$$\sum I_{入} = \sum I_{出}$$

如图 1-29 所示，对于节点 a，有 $I_3 = I_1 + I_2$，将该式改写成 $I_3 - I_1 - I_2 = 0$ A，因此得到 $\sum I = 0$ A。

2. 表述方法二

基尔霍夫电流定律表述方法二：在任一瞬间，流入(或流出)该节点的电流代数和恒等于零。规定流入节点的电流取"+"号；流出节点的电流取"-"号。其表达式为

$$\sum I = 0 \text{ A}$$

【例 1-3】　电路如图 1-30 所示，已知 $I_1 = 2$ A，$I_2 = 3$ A，$I_3 = -0.5$ A，$I_4 = 1$ A，求：

（1）AB 支路的电流 I_R；（2）交于 B 点的另一支路电流 I_5。

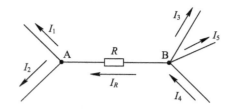

图 1-30 例 1-3 图

解 （1）对于节点 A，有

$$I_R = I_1 + I_2 = 2 \text{ A} + 3 \text{ A} = 5 \text{ A}。$$

（2）对于节点 B，有

$$I_4 = I_R + I_3 + I_5$$

因此

$$I_5 = I_4 - I_R - I_3 = 1 \text{ A} - 5 \text{ A} - (-0.5 \text{ A}) = -3.5 \text{ A}$$

3. 推广应用

基尔霍夫电流定律不仅适用于节点，还适用于任一假设的闭合面。把该闭合面看成广义大节点，可以列写电流方程。如图 1-31 所示，若把虚线所围的闭合面看成一个节点，应有 $I_a = I_b + I_c$。

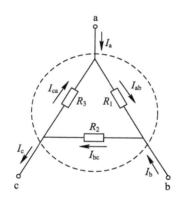

图 1-31 基尔霍夫电流定律的推广应用

【例 1-4】 电路如图 1-32 所示，已知 $I_1 = 1$ A，$I_2 = 3$ A，$I_5 = 9$A，求：I_3、I_4 和 I_6。

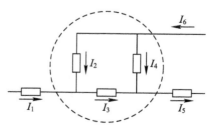

图 1-32 例 1-4 图

解　对图中几个节点，运用 KCL，有

$$I_3 = I_1 + I_2 = 1 \text{ A} + 3 \text{ A} = 4 \text{ A}$$
$$I_4 = I_5 - I_3 = 9 \text{ A} - 4 \text{ A} = 5 \text{ A}$$
$$I_6 = I_4 + I_2 = 5 \text{ A} + 3 \text{ A} = 8 \text{ A}$$

求 I_6 时，或用基尔霍夫电流定律的推广形式，将中间三条支路看成一个广义节点，则有 $I_6 = I_5 - I_1 = 9 \text{ A} - 1 \text{ A} = 8 \text{ A}$。两种结果完全相同。

（三）基尔霍夫电压定律（第二定律，简称 KVL）

基尔霍夫电压定律的内容为：在任一闭合回路中，沿回路绕行方向各部分电压的代数和等于零。其数学表达式为

$$\sum U = 0 \text{ V}$$

2. 符号的规定

（1）电源：正极指向负极的方向与绕行方向一致，取"＋"号；正极指向负极的方向与绕行方向不一致，取"－"号。

（2）负载：电流 I 的参考方向与绕行方向一致，电阻上的压降 IR 取"＋"号；电流 I 的参考方向与绕行方向不一致，电阻上的压降 IR 取"－"号。图 1-33 中，对于回路 abca，按顺时针方向绕行一周，根据电压和电流的参考方向可列出 $R_1 I_1 + R_3 I_3 - E_1 = 0 \text{ V}$。

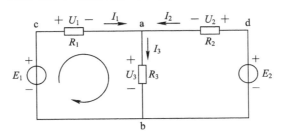

图 1-33　基尔霍夫电压定律的描述

【例 1-5】　电路如图 1-34 所示，列出相应的回路电压方程。

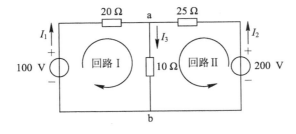

图 1-34　例 1-5 图

解　对于回路 I，电压方程为 $20 I_1 + 10 I_3 = 100 \text{ V}$。

对于回路 II，电压方程为 $25 I_2 + 10 I_3 = 200 \text{ V}$。

3. 推广应用

基尔霍夫电压定律不仅适用于电阻、电源等实际元件构成的回路，也适用于假想的

回路。

如图 1-35 所示，电路中 a、b 两点间开路无电流，设其间电压为 U_{ab}，对假想回路 abdca，其绕行方向为顺时针方向，列出电压方程

$$U_{ab}+R_4 I_2-R_3 I_1=0 \text{ V}$$

因此可求出

$$U_{ab}=R_3 I_1-R_4 I_2$$

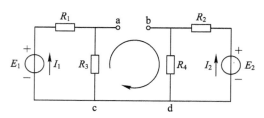

图 1-35　基尔霍夫电压定律的推广应用

三、支路电流法

1. 定义

支路电流法就是应用基尔霍夫定律对节点和回路列方程组，从而解出各支路电流的方法。下面以一个实例说明支路电流法的解题过程。

【例 1-6】　如图 1-36 所示电路，已知 $E_1=70$ V，$E_2=45$ V，$R_1=20$ Ω，$R_2=5$ Ω，$R_3=6$ Ω。试用支路电流法求各支路电流。

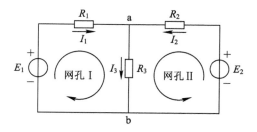

图 1-36　例 1-6 图

解　节点个数 $n=2$，支路条数 $m=3$。

对于节点 a，有 $I_3=I_1+I_2$，即

$$I_1+I_2-I_3=0 \text{ A}$$

对于网孔I，按顺时针方向绕行一周，根据电压和电流的参考方向可列出 $R_1 I_1+R_3 I_3-E_1=0$ V，即

$$20I_1+6I_3=70 \text{ V}$$

对于网孔II，按逆时针方向绕行一周，根据电压和电流的参考方向可列出 $R_2 I_2+R_3 I_3-E_2=0$ V，即

$$5I_2+6I_3=45 \text{ V}$$

联立上面 3 个方程，有

$$\begin{cases} I_1 + I_2 - I_3 = 0 \text{ A} \\ 20I_1 + 6I_3 = 70 \text{ V} \\ 5I_2 + 6I_3 = 45 \text{ V} \end{cases}$$

解得 $I_1 = 2$ A，$I_2 = 3$ A，$I_3 = 5$ A。

2．求解步骤

支路电流法求解电路的步骤如下：

(1) 在电路图中选定各支路(m 条)电流的参考方向，设出各支路电流。

(2) 设节点数为 n。对独立节点列出 $n-1$ 个 KCL 方程。

(3) 设定各网孔绕行方向，列出 $m-(n-1)$ 个 KVL 方程。

(4) 联立求解上述 m 个独立方程，便得出待求的各支路电流。

(5) 检验计算结果的正确性。

3．特点

支路电流法理论上可以求解任何复杂电路。但当支路数较多时，需求解的方程数也较多，人工计算很困难，若采用计算机计算则很容易。

实验一 // 万用表的使用

(一) 实验目的

(1) 了解万用表的面板结构和用途。

(2) 掌握使用万用表测量电阻、电压、电流的基本方法和操作技能。

(3) 掌握有效的电路测量方法及测量技能。

(二) 实验器材

通用电学实验台、万用表(指针万用表 MF47、数字万用表 MY60)及配套表笔、直流电路实验板、导线。

(三) 实验内容与步骤

1．认识万用表

万用表是一种多功能、多量程的测量仪表，电子电工技术中时常用到它。一般万用表可测量直流电流、直流电压、交流电流、交流电压、电阻和音频电平等，有的还可以测量电容量、电感量及半导体的一些参数(如 β)等。若按显示方式简单区分，万用表可分为指针万用表和数字万用表。

数字万用表是一种多用途电子测量仪器，针对多功能、高分辨率、高精度和自动化测量的需求而设计的产品。它在具有准和稳的同时，集高速数据采集、自动化测量等多种功能于一身。

1) 万用表面板结构说明(数字万用表)

万用表面板如图 1－37 所示。

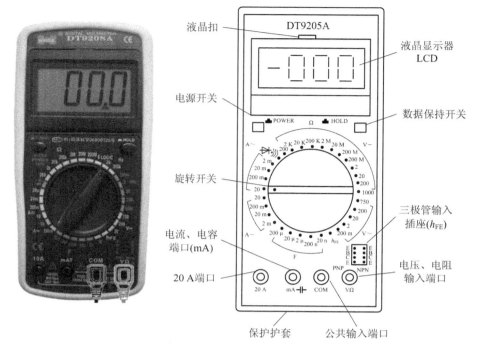

图 1-37 万用表面板结构

2）万用表使用说明

（1）测量电阻的步骤如下：

第一步：将红表笔插入 VΩ 孔，黑表笔插入 COM 孔。

第二步：把旋转开关旋转到电阻挡。

第三步：将红黑表笔的另一端（表头）分别接到电阻两端，读出显示器上的数据，该数据就是该电阻的阻值。

注意：若量程选小了，则显示器上会显示"1."，此时应换较大的量程；反之，若量程选大了，则显示器上会显示一个接近于"0"的数，此时应换较小的量程。

（2）测量直流电压的步骤如下：

第一步：正确插入表笔，将红表笔插入 VΩ 孔，黑表笔插入 COM 孔。

第二步：把万用表的旋转开关旋转到直流电压的挡位。

第三步：将两表笔的另一端分别和电池的正负极连接。

第四步：读出显示器上的数据。

注意：把旋转开关旋到比估计值大的量程挡，接着把表笔接电源或电池两端，保持接触稳定，数值可以直接从显示器上读取。

（3）测量交流电压的步骤如下：

第一步：将红表笔插入 VΩ 孔，黑表笔插入 COM 孔。

第二步：将旋转开关旋到 V～适当位置。

第三步：将红黑表笔的另一端分别插入插座的两孔内。

第四步：读出显示器上的数据。

注意：测试市电时一定要把旋转开关旋到 750 V 位置，测量量程一定要比待测试量的电压高，如不了解待测量的电压是多少伏，先用大的量程，如测量的值太小，再慢慢换小量程。

（4）测量直流电流的步骤如下：

第一步：断开电路。

第二步：将黑表笔插入 COM 孔，红表笔插入 mA 孔。

第三步：将旋转开关旋至 A-（直流），并选择合适的量程。

第四步：将数字万用表串联接入被测线路中。

第五步：接通电路。

第六步：读出显示器上的数据。

注意：若测量大于 200 mA 的电流，则要将红表笔插入"20A"孔并将旋转开关旋到直流"20A"挡；若测量小于 200 mA 的电流，则将红表笔插入"mA"孔，将旋转开关旋到直流 200 mA 以内的合适量程。

（5）测量电容的步骤如下：

第一步：将电容两端短接，对电容进行放电，确保数字万用表的安全。

第二步：将旋转开关旋至电容"F"测量挡，并选择合适的量程。

第三步：将电容插入万用表电容插孔。

第四步：读出显示器上的数据。

注意：测量前电容需要放电，否则容易损坏万用表，测量后也要放电，避免埋下安全隐患。

（6）测量二极管的步骤如下：

第一步：将红表笔插入 VΩ 孔，黑表笔插入 COM 孔。

第二步：将旋转开关旋至二极管挡。

第三步：判断正负极。

第四步：红表笔接二极管正极，黑表笔接二极管负极。

第五步：读出显示器上的数据。

第六步：交换两表笔，若显示器上为"1"，表明二极管正常；否则此管被击穿。

注意：二极管的好坏及其正负极的判断，可将红表笔插入 VΩ 孔，黑表笔插入 COM 孔，旋转开关旋至二极管挡，然后交换表笔再测一次。

2. 使用万用表测量电阻、电压、电流

1）测量电阻

测量表 1-3 中给定电阻的阻值，正确读取数据并记录结果。

表 1-3 电阻测量数据

标称值	5.1/Ω	47/Ω	680/Ω	1.1/kΩ
测量值				

2）测量交直流电压

测量实验台上三相交流电源输出端的线电压 U_{VW} 和相电压 U_{UN}；测量实验台上直流稳压电源的输出电压。将相关数据填入表 1-4 中。

表 1-4　交直流电压测量数据

给定电压	U_{VW}	U_{UN}	5/V	−12/V
测量电压				

3）测量直流电流

按表 1-5 要求测量图 1-38 所示电路中的电流，正确读取数据并记录结果。

表 1-5　交直流电流测量数据

给定电压 U/V	5	12	−15
测量电流 I/mA			

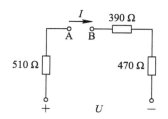

图 1-38　直流电流测量

（四）思考题

（1）使用万用表时应注意哪些问题？

（2）测电阻时手能否同时碰及黑、红表笔？为什么？如何读取电阻值？

实验二　直流电路电流、电压、电位的测量

（一）实验目的

（1）熟悉数字万用表的使用方法。

（2）掌握测量直流电路中电流、电压、电位的方法。

（3）理解电压和电位的关系。

（4）掌握测量误差的计算方法。

（二）实验器材

数字万用表、直流电源、电阻、导线。

（三）实验内容与步骤

搭建复杂直流电路，如图 1-39 所示，电路中各参数分别为 $E_1=8$ V，$E_2=4$ V，$E_3=6$ V，$R_1=1$ kΩ，$R_2=2$ kΩ，$R_3=3$ kΩ，$R_4=4$ kΩ。

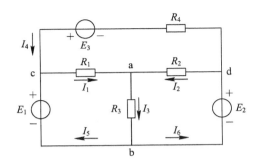

图 1-39 复杂直流电路

（1）用万用表测量电路中各支路电流，测量结果填入表 1-6 中。

（2）用支路电流法计算电路中各支路电流，计算结果填入表 1-6 中。

（3）根据测量结果和计算结果，计算电流测量的相对误差。

表 1-6 支路电流的测量与计算

支路电流	I_1/mA	I_2/mA	I_3/mA	I_4/mA	I_5/mA	I_6/mA
测量结果						
计算结果						
相对误差/%						

（4）把 b 点作为参考点，用万用表测量电路中各点的电位。测量结果填入表 1-7 中。

（5）分别测量 U_{ab}、U_{ac}、U_{ad}、U_{bc}、U_{bd}、U_{cd} 的电压，测量结果填入表 1-7 中。

（6）比较分析电位与电压的关系。

（7）依据基尔霍夫定律，计算 U_{ab}、U_{ac}、U_{ad}、U_{bc}、U_{bd}、U_{cd} 的电压。

（8）根据测量结果和计算结果，计算电压测量的相对误差。

表 1-7 电压和电位的测量与计算

电位	V_a/V	V_b/V	V_c/V	V_d/V	—	—
测量结果					—	—
电压	U_{ab}/V	U_{ac}/V	U_{ad}/V	U_{bc}/V	U_{bd}/V	U_{cd}/V
测量结果						
计算结果						
相对误差/%						

（五）注意事项

（1）测电流时，万用表应选择合适的电流挡位，且串联到要测量的支路中，注意表笔的接入方向。

（2）测电压时，万用表应选择合适的电压挡位，且并联到要测量的支路两端，注意表笔的接入方向。

（3）相对误差的计算公式如下：

$$相对误差 = \left| \frac{计算结果 - 测量结果}{计算结果} \right| \times 100\%$$

习　题

（一）填空题

1. 电流所经过的路径叫作_____，通常由_____、_____和_____三部分组成。

2. 实际电路按功能可分为两大类，其中电力系统的电路其主要功能是对发电厂发出的电能进行_____、_____和_____；扩音机电路主要功能则是对电信号进行_____、_____、_____、和_____。

3. 由_____元件构成的、与实际电路相对应的电路称为_____，这类电路只适用参数元件构成的低、中频电路的分析。

4. _____是电路中产生电流的根本原因，数值上等于电路中_____的差值。

5. _____具有相对性，其大小正负相对于电路参考点而言。

6. 衡量电源力做功本领的物理量称为_____，它只存在于_____内部，其参考方向规定由_____电位指向_____电位，与_____的参考方向相反。

7. 电流所做的功称为_____，其单位有_____和_____；单位时间内电流所做的功称为_____，其单位有_____和_____。

8. _____定律体现了线性电路元件上电压、电流的约束关系，与电路的连接方式无关。

9. 电源多以_____与_____串联的形式表示，这种电源称为电压源。

10. 理想电压源又称为恒压源。它的外特征是_____的直线，表明电源端电压恒等于_____，而_____为_____。

11. 有的电源可以用_____和_____并联形式表示，这种电源称为电流源。当 I 恒等于 I_s 时，这样的电流源称为_____。

12. 对于负载来说，一个实际的电源既可用_____表示，也可用_____表示。

13. 电压源 $E = 20$ V，$R_0 = 10$ Ω，变换成等效电流源，则 $I_s = $ _____，$R_s = $ _____。

14. 电流源 $I_s = 5$ A，$R_0 = 2$ Ω，若变换成等效电压源，则 $E = $ _____，$R_0 = $ _____。

15. 对于一个有 n 个节点和 m 条支路的复杂电路，可运用基尔霍夫第一定律列出_____个独立的节点方程，运用基尔霍夫第二定律列出_____个独立的回路方程。

16. 若线性电阻上电压为 10 V 时，电流为 5 A，则该电阻上电压为 20 V 时，电流为 _____ A，功率为 _____ W，这时电流是原来的 _____ 倍，功率是原来的 _____ 倍。

17. 测量直流电流时，电流表应该 _____ 在被测电路中，电流应从 _____ 端流入。

(二) 选择题

1. 下列设备中，其中 (　　) 必是电源。

A. 发电机　　　　　　B. 蓄电池　　　　　　C. 电视机　　　　　　D. 电炉

2. 下列设备中，隶属于中间环节的是 (　　)。

A. 蓄电池　　　　　　B. 开关　　　　　　　C. 熔断器　　　　　　D. 测量仪表

3. 常见负载在电路中起的作用是 (　　)。

A. 连接和控制　　　　　　　　　　　B. 保护和测量

C. 将非电能转换成电能　　　　　　　D. 将电能转换成其他形式的能

4. 电荷的基本单位是 (　　)。

A. 安秒　　　　　　　B. 安培　　　　　　　C. 库仑　　　　　　　D. 千克

5. R_1 和 R_2 是两个并联的电阻，已知 $R_1 = 4R_2$，若 R_1 上消耗的功率为 1 W，则 R_2 上消耗的功率为 (　　)。

A. 5 W　　　　　　　B. 20 W　　　　　　　C. 0.25 W　　　　　　D. 4 W

6. 在电路中，流经负载上的电流是由 (　　)。

A. 低电位流至低电位　　　　　　　　B. 低电位流至高电位

C. 高电位流至高电位　　　　　　　　D. 高电位流至低电位

7. 电气设备在额定功率下的工作状态称为额定工作状态，也称为 (　　)。

A. 轻载　　　　　　　B. 过载　　　　　　　C. 满载　　　　　　　D. 空载

8. 下列说法正确的是 (　　)。

A. 电位随着参考点 (零电位点) 的选取不同数值而变化

B. 电位差随着参考点 (零电位点) 的选取不同数值而变化

C. 电路中两点的电位很高，则其间电压也很大

D. 电路上两点的电位很低，则其间电压也很小

9. 用万用表测量电流时需要将两个表笔 (　　) 在待测电路中。

A. 串联　　　　　　　B. 并联

10. 串联电路具有 (　　) 的特点。

A. 各电阻两端电压相等

B. 各电阻上分配的电压与各自电阻的阻值成反比

C. 各电阻上消耗的功率之和等于电路所消耗的总功率

D. 流过每一个电阻的电流不相等

11. 下列关于电压源和电流源等效变换的说法正确的是 (　　)。

A. 电压源和电流源等效变换前后对外不等效

B. 恒压源和恒流源可以等效变换

C. 电压源和电流源等效变换前后电源内部是不等效的

D. 以上说法都不正确

12. 线性电阻的伏安特性曲线为（　　）。

A. 直线　　　　　　　　　　　　　　B. 通过坐标原点的直线

C. 曲线　　　　　　　　　　　　　　D. 折线

13. 两只电阻值不等的电阻，如果串联接到电源上，则电阻值小的电阻其电功率（　　）；如果并联接到电源上，则电阻值小的电阻其电功率（　　）。

A. 大　　　　　　　B. 小　　　　　　　C. 一样　　　　　　D. 可能大也可能小

14. 一只阻值为 100 Ω，额定功率为 4 W 的电阻接在 20 V 的电源上使用，（　　）；如果接在 40 V 的电源上使用，则（　　）。

A. 电阻的功率小于其额定功率，可正常使用

B. 电阻的功率等于其额定功率，可正常使用

C. 电阻的功率大于其额定功率，不能正常使用

D. 电阻的功率等于其额定功率，不能正常使用

15. 额定电压都是 220 V 的 60 W 和 40 W 两只白炽灯串联接在 220 V 电源上，则（　　）。

A. 60 W 的白炽灯较亮　　　　　　　　B. 40 W 的白炽灯较亮

C. 两只白炽灯一样亮　　　　　　　　D. 无法判断

16. 电功率的单位是（　　）。

A. 焦［耳］(J)　　　　　　　　　　　B. 瓦［特］(W)

C. 千瓦时（kW·h）　　　　　　　　　D. 以上说法都不正确

17. 有一个复杂电路，其中节点 A 由 4 条支路连接而成，$I_1 = 2$ A，$I_2 = 3$ A，$I_3 = 6$ A，其中 I_1、I_2、I_4 都是流入节点的电流，I_3 是流出节点的电流，问 I_4 的数值是（　　）。

A. 1 A　　　　　　B. 5 A　　　　　　C. 2 A　　　　　　D. 6 A

18. 电路中某一节点接有四条支路，其中由两条支路流入该节点的电流分别为 2 A 和 −1 A，第三条支路流出该节点的电流为 3 A，则流出第四条支路的电流为（　　）。

A. −2 A　　　　　　B. −1 A　　　　　　C. 2 A　　　　　　D. 1 A

（三）判断题

1. 电路是由电源、负载和导线三部分组成的。　　　　　　　　　　　　　　　（　　）

2. 中间环节的作用是把电源和负载连接起来，从而形成闭合回路，并完成对电路实行控制、保护或测量的功能。　　　　　　　　　　　　　　　　　　　　　　　　（　　）

3. 蓄电池在电路中必是电源，总是把化学能转换成电能。　　　　　　　　　　（　　）

4. 电荷的定向移动形成电流。　　　　　　　　　　　　　　　　　　　　　　（　　）

5. 大小和方向均不随时间变化的电压和电流称为直流电。　　　　　　　　　　（　　）

6. 电流的参考方向，可能是电流的实际方向，也可能与实际方向相反。　　　　（　　）

7. 电路中某一点的电位具有相对性，只有参考点（零势点）确定后，该点的电位值才能确定。　　　　　　　　　　　　　　　　　　　　　　　　　　　　　　　　　　（　　）

8. 电源力所做的功与被移动电荷之比，定义为电源电动势，电动势的方向规定为从电源正极指向电源负极。　　　　　　　　　　　　　　　　　　　　　　　　　　　　（　　）

9. 电路处于开路状态时，电路中既没有电流，也没有电压。　　　　　　　　　（　　）

10. 电阻元件是储能元件，电感和电容是耗能元件。 （　　）

11. 电气设备在额定功率下的工作状态称为额定工作状态，也称为满载。 （　　）

12. 电阻并联时，各电阻上消耗的功率与其电阻的阻值成反比。 （　　）

13. 用万用表测直流电流时，把万用表串联在被测电路中，正接线柱（表的"＋"端）接电流流出端，负接线柱接电流流入端。 （　　）

14. 电气设备处于额定工作运行状态、轻载运行状态或过载运行状态。这三种情况均说明电路隶属于通路状态下。 （　　）

15. 在任何闭合回路中，各段电压的代数和为零。 （　　）

16. 电路中某点的电位就是由该点到参考点的电压。 （　　）

17. 在几个电动势串联的无分支电路中，某点的电位就等于该点到参考点路径上所有电动势的代数和。 （　　）

18. 恒压源与恒流源不能等效变换。 （　　）

19. 电路中某支路电流为负值，说明它的实际方向与假设方向相反。 （　　）

20. 一只"220 V，40 W"的白炽灯接在 110 V 电源上，因为电压减半，所以其电功率也减半，为 20 W。 （　　）

（四）计算题

1. 阻值为 2 kΩ，额定功率为 0.25 W 的电阻器，在使用时其最大工作电流和电压是多少？

2. 有一只"220V，100W"的电灯泡，接到 220 V 电源上，求它工作时的电流和电阻。

3. 用支路电流法求图 1-40 所示电路中各支路的电流 I_1、I_2、I_3。

4. 求图 1-41 所示电路中的 I_1、I_2 和各电源产生的功率及各电阻吸收的功率。

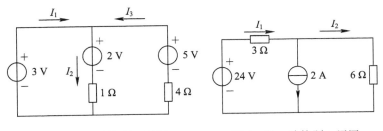

图 1-40　计算题 3 用图　　　　图 1-41　计算题 4 用图

5. 图 1-42 所示电路中，已知 $I_1=5$ A、$I_2=-2$ A，求 I_3。

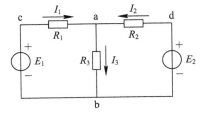

图 1-42　计算题 5 用图

6. 图 1-43 所示有源支路中，已知 $E=12$ V、$U=8$ V、$R=5$ Ω，求电流 I。

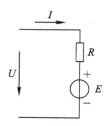

图 1-43 计算题 6 用图

7. 在图 1-44 的电路中，已知 $E_1=90$ V、$E_2=60$ V、$R_1=6$ Ω、$R_2=12$ Ω、$R_3=36$ Ω，试用支路电流法求各支路电流。

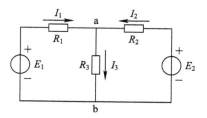

图 1-44 计算题 7 用图

8. 用电源等效变换和基尔霍夫定律，求图 1-45 所示电路中 12 V 电源发出的功率。

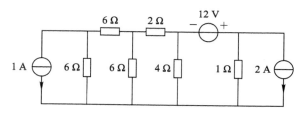

图 1-45 计算题 8 用图

9. 求图 1-46 所示电路中的 I_1、I_2 和各电源产生的功率及各电阻吸收的功率。

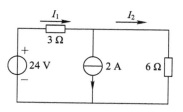

图 1-46 计算题 9 用图

项目二

正弦交流电路的分析与测量

知识目标

（1）了解正弦交流电的产生过程，掌握交流电波形图；掌握频率、角频率、周期的概念及其关系；掌握最大值、有效值的概念及其关系。

（2）了解初相位与相位差的概念，会进行同频率正弦量相位的比较；了解正弦量的矢量表示法，能进行正弦量解析式、波形图和矢量图的相互转换。

（3）理解电阻元件的电压与电流的关系，了解其有功功率；理解电感元件的电压与电流的关系，了解其感抗、有功功率和无功功率；理解电容元件的电压与电流的关系，了解其容抗、有功功率和无功功率。

（4）理解 RL 串联电路的阻抗概念，了解电压三角形、阻抗三角形的应用。

（5）理解电路有功功率、无功功率和视在功率的概念；理解功率三角形和电路的功率因数，了解功率因数的意义；了解提高功率因数的方法及其在实际生产生活中的意义。

（6）了解三相交流电的应用；了解三相正弦交流电的产生，理解相序的意义。

（7）了解星形连接方式下线电压和相电压的关系以及线电流、相电流和中性线电流的关系，了解中性线的作用；了解三角形连接方式下线电压和相电压的关系以及线电流和相电流的关系；理解三相电功率的概念。

技能目标

（1）了解实训室工频电源；了解交流电压表、交流电流表、单相和三相调压器等仪器、仪表的外形、结构和使用方法；了解试电笔的构造，掌握其使用方法。

（2）了解照明电路配电板的组成，并能安装照明电路配电板，掌握单相电能表的接线；会按照图样要求安装荧光灯电路并能排除荧光灯电路的简单故障。

（3）能连接一个三相负载电路，会观察三相星形负载电路在有、无中性线时的运行情况，能测量相关数据，并会进行比较。

思政目标

（1）强化责任意识与团队合作精神。

（2）提升思辨能力与创新能力。

（3）增强诚信意识。

（4）强化工程伦理意识。

任务一　正弦交流电的表示与运算

任务目标

理解正弦交流电的基本概念；掌握正弦交流电的三要素；掌握正弦交流电的表示方法；掌握两个同频率正弦交流电的相位差计算，理解相位差的概念及其在电路分析中的应用；能够根据正弦交流电的最大值计算其有效值。

一、正弦交流电的基本概念

（一）正弦交流电的概念

一个直流理想电压源作用于电路时，电路中的电压和电流是不随时间变化的，即电压的大小和极性、电流的大小和方向都是不随时间变化的，这种恒定的电压和电流统称为直流电量。如果一个随时间按正弦规律变化的理想电压源作用于电路，则电路中的电压和电流也将随时间按正弦规律变化。这种随时间按正弦规律周期性变化的电量称为正弦电量（如电压和电流，称为正弦电压和正弦电流），简称正弦量。电路中各部分的电压和电流都是同一频率的正弦量，这种电路称为正弦交流电路。正弦量在电力、电子和电信工程中都得到了广泛的应用。正弦交流电路的基本理论和基本分析方法是学习交流电机、电器及电子技术的重要基础。

正弦交流电可以用解析式（表达式）和波形图来表示。振幅（最大值）、频率、初相位是确定一个正弦量的三要素。

（二）正弦量的数学表达式

正弦量在任意瞬时的值称为瞬时值，用英文小写字母 e、u、i 分别表示正弦电动势、电压和电流的瞬时值。

表达交流电随时间按正弦规律变化的数学表达式称为解析式，正弦电动势、电压和电流的一般表达式为

$$\begin{cases} e = E_m \sin(\omega t + \psi_e) \\ u = U_m \sin(\omega t + \psi_u) \\ i = I_m \sin(\omega t + \psi_i) \end{cases} \tag{2-1}$$

式中：E_m、U_m、I_m 分别表示正弦电动势、正弦电压、正弦电流的振幅值；ω 表示角频率，$\omega = 2\pi f$，f 表示频率；ψ_e、ψ_u、ψ_i 分别表示正弦电动势、正弦电压、正弦电流的初相位。

　　表达交流电随时间按正弦规律变化的图像称为波形图，图 2 - 1 就是正弦电动势 $e = E_m \sin(\omega t)$ 的波形图。

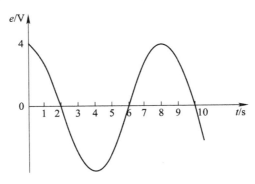

图 2 - 1　正弦电动势的波形图

（三）正弦交流电的三要素

　　现以电压为例说明正弦交流电的三要素。图 2 - 2 给出了电压 $u = U_m \sin(\omega t + \psi_u)$ 的波形图。

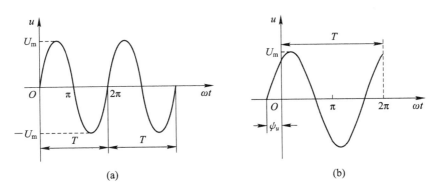

图 2 - 2　正弦电压波形图

　　波形图中 T 为电压 u 变化一周所用的时间，称为周期，其单位为秒(s)。电压 u 每秒变化的周期数为 $1/T$，称为频率，用 f 表示，其单位为赫兹(Hz)。我国和大多数国家都采用 50 Hz 作为电力系统的供电频率，有些国家(如美国、日本等)采用 60 Hz，这种频率习惯上称为工频。音频信号的频率为 20～20 kHz。无线广播电台的发射频率比较高，中波段发射频率为 500～1600 kHz，短波段发射频率可高达 20 MHz。

　　由电压的表达式 $u = U_m \sin(\omega t + \psi_u)$ 可知，如果 U_m、ω、ψ_u 已知，则电压 u 与时间 t 的函数关系就是唯一确定的，因此 U_m(最大值)、ω(角频率)、ψ_u(初相位)称为正弦电压 u 的三要素。

1. 最大值

　　正弦交流电在变化过程中出现的最大瞬时值称为最大值，规定用大写字母并加下标 m 表示，如 E_m、U_m、I_m 分别表示电动势最大值、电压最大值、电流最大值。

2. 角频率

正弦交流电在单位时间内变化的电角度称为角频率，用 ω 表示，单位为弧度/秒（rad/s）。它是描述正弦交流电变化快慢的一个重要物理量。ω 与 T、f 的关系为

$$\omega = \frac{2\pi}{T} = 2\pi f \tag{2-2}$$

式（2-2）表明了正弦量的角频率 ω 与周期 T、频率 f 之间的关系。ω、T、f 都是表示正弦量变化快慢的物理量，只要知道其中的一个，另外两个就可以求出。

3. 初相位

解析式 $u = U_m \sin(\omega t + \psi_u)$ 中辐角（$\omega t + \psi_u$）称为正弦量的相位角，简称相位。当 $t = 0$ 时的相位角 ψ_u 称为初相角或初相位。初相位的单位为弧度（rad），有时为方便也可以用度（°）表示。习惯上把初相位的取值范围定为 $-\pi \sim +\pi$。

由上述可知，某一个正弦量，只要求出它的最大值、角频率（或频率）与初相位，就可以写出它的解析式，画出它的波形图。

【**例 2-1**】 已知正弦量电流 i 的最大值 $I_m = 10$ A，频率 $f = 50$ Hz，初相位 $\psi = -450°$。

（1）求此电流的周期和角频率；

（2）写出电流 i 解析式，并画出波形图。

解 （1）周期为

$$T = \frac{1}{f} = \frac{1}{50\ \text{Hz}} = 0.02\ \text{s}$$

角频率为

$$\omega = 2\pi f \approx 2 \times 3.14 \times 50\ \text{Hz} = 314\ \text{rad/s}$$

（2）解析式 i 为

$$i = I_m \sin(\omega t + \psi) \approx 10 \sin\left(314t - \frac{\pi}{4}\right)\ \text{A}$$

波形图如图 2-3 所示。

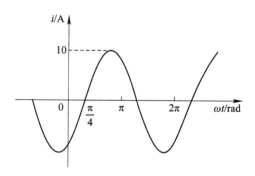

图 2-3 例 2-1 电流波形图

4. 相位差

线性电路中，两个正弦量在任一瞬间的相位之差称为相位差。相位差用 φ 表示。例如两个正弦电流分别为 $i_1 = I_{1m}\sin(\omega t + \psi_1)$、$i_2 = I_{2m}\sin(\omega t + \psi_2)$，则其相位差 φ 为

$$\varphi = (\omega t + \psi_1) - (\omega t + \psi_2) = \psi_1 - \psi_2 \qquad (2-3)$$

不同频率正弦量的相位差是随时间变化的。但同频率正弦量的相位差是不随时间变化的，等于它们的初相位之差。两个正弦量的相位差不为零，说明它们不同时到达零值或最大值，规定 φ 的取值范围是 $|\varphi| \leqslant \pi$。

下面分别对相位差加以讨论。

（1）如果 $\varphi = (\psi_2 - \psi_1) < 0$，则说明 i_1 比 i_2 随时间变化时先到达零值或正的最大值，称 i_1 超前 i_2 φ 角，或称 i_2 滞后 i_1 φ 角，如图 2-4(a) 所示。

（2）如果 $\varphi = (\psi_2 - \psi_1) > 0$，则说明 i_2 比 i_1 随时间变化时先到达零值或正的最大值，称 i_2 超前 i_1 φ 角，或称 i_1 滞后 i_2 φ 角，如图 2-4(b) 所示。

（3）如果两个同频率正弦量的相位差等于零，即 $\varphi = (\psi_2 - \psi_1) = 0$，则称它们同相位，如图 2-4(c) 所示。

（4）如果它们的相位差为 π，即 $\varphi = (\psi_2 - \psi_1) = \pm\pi$，则称这两个正弦量反相。其特点是，当一个正弦量为正的最大值时，另一个正弦量刚好为负的最大值，图 2-4(d) 所示图形中 i_2 与 i_1 反相。

（5）如果两个同频率正弦量的相位差 $\varphi = (\psi_2 - \psi_1) = \pm\pi/2$，则称 i_2 与 i_1 正交。正交的特点是，当一个正弦量的值为最大值时，另一个正弦量刚好为零。

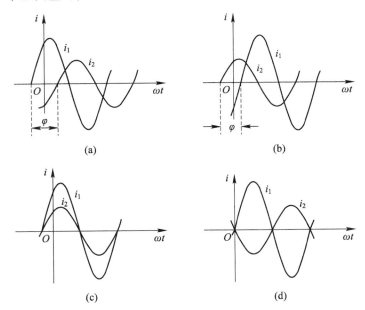

图 2-4 相位差

【例 2-2】 某电路中，电流、电压的表达式分别为 $i = 8\cos(\omega t + 30°)\text{A}$、$u_1 = 120\sin(\omega t + 60°)\text{V}$、$u_2 = 90\sin(\omega t + 45°)\text{V}$。

（1）分别求 i 与 u_1、u_2 的相位关系；

（2）如果选择 i 作为参考正弦量，写出 i、u_1 与 u_2 的瞬时值表达式。

解 $\qquad i = 8\cos(\omega t + 30°)\text{A} = 8\sin(\omega t + 30° + \dfrac{\pi}{2})\text{A} = 8\sin(\omega t + 120°)\text{A}$

（1）i 与 u_1 的相位差为

$$\varphi_1 = 120° - 60° = 60°$$

取 φ_1 在 π 与 $-\pi$ 之间，$\varphi_1 = 60° > 0°$，i 超前 u_1 60°。

u_2 与 i 的相位差为

$$\varphi_2 = 45° - 120° = -75° < 0°，则 u_2 滞后 i 75°。$$

（2）设 i 为参考正弦量，则 $\psi_i = 0°$、$\psi_{u1} = -60°$、$\psi_{u2} = -75°$，所以

$$i = 8\sin(\omega t) \text{ A}$$

$$u_1 = 120\sin(\omega t - 60°) \text{ V}$$

$$u_2 = 90\sin(\omega t - 75°) \text{ V}$$

5. 有效值

在工程技术中用瞬时值或波形图表示正弦电压（电流）常常不方便，需要用一个特定值表示周期电压（电流），这就是有效值。有效值是按能量等效的概念定义的。以电流为例，设两个相同的电阻 R 分别通入周期电流 i 和直流电流 I，周期电流 i 通过 R 在一个周期内消耗的能量为

$$\int_0^T p\,dt = \int_0^T i^2 R\,dt = R\int_0^T i^2\,dt$$

直流电 I 通过 R 在相同时间 T 内产生的能量为

$$PT = I^2 RT$$

如果以上两种情况下的能量相等，即

$$I^2 RT = R\int_0^T i^2\,dt$$

则有

$$I = \sqrt{\frac{1}{T}\int_0^T i^2\,dt} \tag{2-4}$$

式（2-4）是周期电流有效值的定义式。它表明周期电流有效值等于它的瞬时值的平方在一个周期内的积分取平均值后再开平方，因此有效值又称为方均根值。

类似地，周期电压有效值可以定义为

$$U = \sqrt{\frac{1}{T}\int_0^T u^2\,dt}$$

将周期电流有效值的定义用于正弦电流。设 $i = I_m\sin(\omega t)$，则其有效值为

$$I = \sqrt{\frac{1}{T}\int_0^T I_m^2 \sin^2(\omega t)\,dt} = \sqrt{\frac{I_m^2}{T}\int_0^T \frac{1-\cos 2(\omega t)}{2}\,dt}$$

$$= \sqrt{\frac{I_m^2}{T} \times \frac{T}{2}} = \frac{I_m}{\sqrt{2}} \approx 0.707 I_m$$

或表示为

$$I_m = \sqrt{2}\,I \tag{2-5}$$

类似地，正弦电压有效值与最大值（振幅）间的关系为

$$U = \frac{U_m}{\sqrt{2}}，E = \frac{E_m}{\sqrt{2}} \tag{2-6}$$

总之，正弦量的有效值等于其振幅（最大值）除以 $\sqrt{2}$。

在交流电路中，一般所讲的电压或电流的大小都是指有效值。例如交流电压 220 V，指这个正弦交流电压的有效值为 220 V，其最大值为 $220\sqrt{2}$ V$\approx$310 V。一般交流电压表或电流表的读数，均指有效值。电器设备铭牌标注的额定值也是指有效值。但电器设备和器件的击穿电压或绝缘耐压指的电压都是最大值。电容器的额定电压值指振幅（最大值）电压。

【例 2 - 3】　已知某正弦交流电压在 $t=0$ 时，其值 $u_0=110\sqrt{2}$ V，初相为 30°，求其有效值。

解　此正弦交流电压的表达式为 $u=U_m\sin(\omega t+30°)$ V。当 $t=0$ 时，有 $u_0=U_m\sin30°$ V，所以

$$U_m=\frac{u_0}{\sin30°}=\frac{110\sqrt{2}}{1/2}\text{ V}=220\sqrt{2}\text{ V}$$

其有效值为

$$U=\frac{U_m}{\sqrt{2}}=\frac{220\sqrt{2}}{\sqrt{2}}\text{ V}=220\text{ V}$$

二、正弦交流电的相量表示法与同频率交流电的加减运算

在分析交流电路时，必然涉及正弦量的代数运算，甚至还有微分、积分运算。如果用三角函数来表示正弦量进行运算，则计算非常烦琐。为此，人们引入一个数学工具"复数"来表示正弦量，从而使正弦交流电路的分析和计算得到简化。

（一）复数

一个复数有多种表达形式，常见的有代数形式、三角函数形式、指数形式和极坐标形式四种。复数的代数形式是

$$A=a+jb$$

式中，a、b 均为实数，分别称为复数的实部和虚部，复数 A 也可以用由实轴与虚轴组成的复平面上的有向线段 OA 来表示，如图 2-5 所示。在图 2-5 中，相量长度 $r=|A|$ 称为复数的模；相量与实轴的夹角 ψ 称为复数的辐角，各量之间的关系为

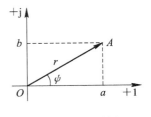

$$r=|A|=\sqrt{a^2+b^2}$$

$$\psi=\arctan\frac{b}{a}$$

图 2-5　相量图

$$a=r\cos\psi,\ b=r\sin\psi$$

于是可得复数的三角函数形式为

$$A=|A|(\cos\psi+j\sin\psi) \tag{2-7}$$

将欧拉公式 $e^{j\psi}=\cos\psi+j\sin\psi$ 代入式（2-7），可得复数的指数形式

$$A=|A|e^{j\psi} \tag{2-8}$$

实际使用时，为了便于书写，常把指数形式写成极坐标形式，即

$$A=|A|\angle\psi \tag{2-9}$$

（二）旋转相量表示法

对照图 2-6，如果有向线段 OA 的模 r 等于某正弦量的振幅，OA 与横轴的夹角为正弦量的初相，OA 沿逆时针方向以正弦量角速度旋转，则这一旋转矢量任一时刻在虚轴上的投影为 $r\sin(\omega t + \psi)$。它正是该正弦量在此时的瞬时值表达式。

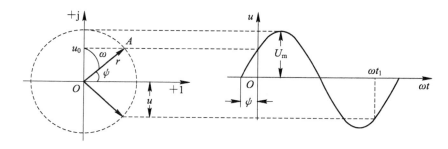

图 2-6　用旋转相量表示正弦量

若 $r = U_m$，则在任意时刻 t，OA 在虚轴上的投影为 $u = U_m\sin(\omega t + \psi)$。这就是说，正弦量以用一个旋转相量来表示，该相量的模等于正弦量的振幅，相量与横轴的夹角等于正弦量的初相，相量的旋转角速度等于正弦量的角频率。

一般情况下，求解一个正弦量必须求得它的三要素，但在分析正弦稳态电路时，由于电路中所有的电压、电流都是同频率的正弦量，且它们的频率与正弦电源的频率相同，而电源频率往往是已知的，因此通常只要分析最大值（或有效值）和初相两个要素就够了，旋转相量的角速度 ω 可以省略，所以我们只需用一个有一定长度、与横轴有一定夹角的相量就可以表示正弦量了。

（三）静止相量表示法

由上述可知，正弦量可以用相量来表示，而相量可以用复数来表示，因而，我们可以借用复数来表示正弦量，利用复数的运算规则来处理正弦量的有关运算问题，从而简化运算过程。如正弦交流电流 $i = I_m\sin(\omega t + \psi_i)$ 可用复平面上的相量表示，相量的模等于正弦量的最大值 I_m，相量与横轴的夹角等于正弦量的初相 ψ_i，如图 2-7 所示。

复平面上的这个相量又可用复数表示为

$$\dot{I} = I_m \angle \psi_i \qquad (2-10)$$

可以看出上式既可表示正弦量的大小，又可表示正弦量的初相。我们把这个表示正弦量的复数称作相量，将图 2-7 所示的图形称为相量图，用一个复数来表示正弦量的方法称为正弦量的相量表示法。交流电的相量表示法既可以用最大值表示，也可以用有效值表示。

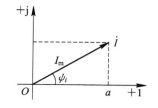

图 2-7　正弦量的相量表示法

注意事项：

（1）相量只是代表正弦量，并不等于正弦量。

（2）只有当电路中的电动势、电压和电流都是同频率的正弦量时，才能用相量来进行运算。

（3）同频率正弦量可以画在同一相量图上。规定，若相量的辐角为正，相量从正实轴绕坐标原点逆时针方向绕行一个辐角；若相量的辐角为负，相量从正实轴绕坐标顺时针绕行一个辐角，如图 2-8(a)所示。相量的加减法符合相量运算平行四边形法则，如图 2-8(b)所示。

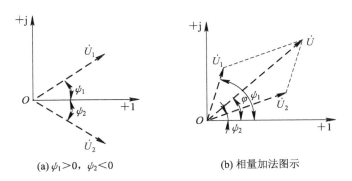

(a) $\psi_1>0$, $\psi_2<0$　　　　　　(b) 相量加法图示

图 2-8　相量图

通常在分析电路时，用相量图易于理解，用复数计算会得出较准确的结果。此外，为了使相量图简洁明了，有时不画出复平面的坐标轴，只标出原点和正实轴方向即可。

【例 2-4】　已知 $i_1=4\sin(\omega t+90°)\text{A}$，$i_2=3\sin(\omega t)\text{A}$。求 $i=i_1+i_2$。

解　解法 1：相量运算法。

根据交流电的解析式可以写出相量表示式

$$\dot{I}_1=4\angle 90°\text{A}, \quad \dot{I}_2=3\angle 0°\text{A}$$

$$\begin{aligned}\dot{I}&=\dot{I}_1+\dot{I}_2=(4\angle 90°+3\angle 0°)\text{A}\\&=[(0+\text{j}4)+(3+\text{j}0)]\text{A}\\&=(3+\text{j}4)\text{A}=5\angle 53°\text{A}\end{aligned}$$

$$\psi=\arctan\frac{4}{3}=53°$$

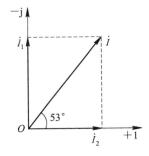

图 2-9　例 2-4 相量图

故 $i=5\sin(\omega t+53°)\text{A}$。

解法 2：相量图法（见图 2-9）。

由 $I_{1\text{m}}=4\text{A}$，$I_{2\text{m}}=3\text{A}$，得

$$I_\text{m}=\sqrt{4^2+3^2}\text{A}=5\text{A}, \quad \psi=\arctan\frac{4}{3}=53°$$

故 $i=5\sin(\omega t+53°)\text{A}$。

任务二　单相交流电路的分析

任务目标

　　理解单相交流电及功率等基本概念；掌握单相交流电路的基本元件特性以及提高功率因数的方法；能分析单相交流电路的电路特性与参数关系；理解提高功率因数对电源设备

利用率、减小输电线路损耗等方面的意义。

一、单一参数的正弦交流电路

（一）电阻元件

1. 直流电路中电压与电流的关系

电阻元件是反映电流热效应这一物理现象的理想电路元件。在图 2-10(a)中，电压 U 和电流 I 的参考方向相同，R 是线性电阻元件，其伏安特性是

$$U = RI \qquad\qquad (2-11)$$

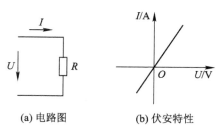

(a) 电路图　　　　(b) 伏安特性

图 2-10　电阻元件

式(2-11)这个关系称为欧姆定律，它表示线性电阻元件的端电压和流过它的电流成正比。比例常数 R 称为电阻，是表示电阻元件特性的参数。图 2-10(b)是其伏安特性曲线。

习惯上我们常把电阻元件称为电阻，故"电阻"这个名词既表示电路元件，又表示元件的参数。电阻元件消耗的功率为

$$P = UI = RI^2 = \frac{U^2}{R} = U^2 G \qquad\qquad (2-12)$$

式中 $G = 1/R$，称为电导。式(2-12)表明，不论 U、I 是正值或负值，P 总是大于零，电阻元件总是消耗功率，与电压、电流的实际方向无关，因而电阻元件是一种消耗电能，并把电能转变为热能的元件。工程上常利用电阻器来实现限流、降压、分压，如各种碳膜电阻、金属膜电阻及绕线电阻等。对于各种电热器件，如电烙铁、电熨斗、电炉及白炽灯等，常忽略电感、电容的性质，而认为它们是只具有消耗电能特性的电阻元件。

2. 交流电路中电压与电流的关系

图 2-11(a)是一个线性电阻的正弦交流电路，电阻元件的电压与电流关系由欧姆定律确定，当 u、i 参考方向一致时，两者的关系为

$$u = Ri$$

设电阻元件的正弦电流 $i = \sqrt{2} I \sin(\omega t + \psi_i)$，则电阻元件的电压

$$u = Ri = \sqrt{2} RI \sin(\omega t + \psi_i) = \sqrt{2} U \sin(\omega t + \psi_u)$$

式中，$U = RI$，$\psi_u = \psi_i$。

可见，正弦交流电路中，电阻元件的电压、电流是同频率的正弦量，最大值之间符合欧姆定律，在关联参考方向下的电压和电流是同相位的。

图 2-11(b)画出了电压、电流的波形图（设 $\psi_i = 0°$）。

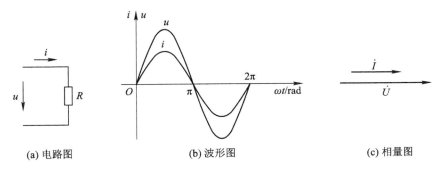

(a) 电路图　　　　(b) 波形图　　　　(c) 相量图

图 2-11　电阻元件的交流电路

若电流相量为

$$\dot{I} = I \angle \psi_i$$

则电压相量为

$$\dot{U} = U \angle \psi_u = R\dot{I} = RI \angle \psi_i \qquad (2-13)$$

图 2-11(c)是电阻元件的电流、电压的相量图。

3. 功率

电阻元件的电流、电压在关联参考方向下，$p = ui$，为该元件消耗的电功率，在正弦交流电路中，功率 p 随时间而变化，称为瞬时功率。

在正弦交流电路中，电阻元件的瞬时功率为

$$p = ui = U_m I_m \sin^2 \omega t = \frac{U_m I_m}{2}(1 - \cos 2\omega t) = UI(1 - \cos 2\omega t) \qquad (2-14)$$

由式(2-14)可知，瞬时功率 p 的变化频率是电源频率的两倍，其波形图如图 2-12 所示。

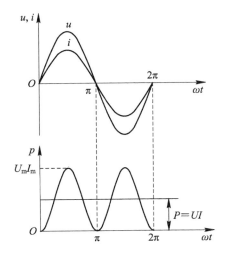

图 2-12　电阻元件的瞬时功率

由瞬时功率 p 的波形图可知，它是随时间以两倍于电流的频率变化的，但 p 的值总是正的，因为电阻元件的电压和电流方向总是一致的，电阻总是消耗能量并将能量转变为热能的。图中曲线 p 和时间轴 t 所包围的面积相当于一个周期内电阻元件消耗的电能。

在电工技术中，要计算和测量电路的平均功率。平均功率是指电路实际消耗的功率，又称有功功率。平均功率用大写字母 P 表示，其值等于瞬时功率 p 在一个周期内的平均值，即

$$P = \frac{1}{T}\int_0^T p\,\mathrm{d}t \tag{2-15}$$

电阻元件的平均功率为

$$P = \frac{1}{T}\int_0^T p\,\mathrm{d}t = \frac{1}{T}\int_0^T UI(1 - \cos2\omega t)\,\mathrm{d}t = UI$$

电阻元件的平均功率等于电压和电流有效值的乘积。由于电压有效值 $U = RI$，所以

$$P = UI = RI^2 = \frac{U^2}{R} = U^2 G \tag{2-16}$$

【例 2-5】　已知白炽灯泡，工作时的电阻为 484 Ω，其两端的正弦电压为 $u = 311\sin(314t - 60°)$ V。试求：

（1）通过白炽灯电流的相量 $\dot{I}$ 及瞬时值表达式 i；

（2）白炽灯工作时的功率。

解　（1）电压相量为

$$\dot{U} = U\angle\psi_u = \frac{311}{\sqrt{2}}\angle -60° \text{ V} = 220\angle -60° \text{ V}$$

电流相量为

$$\dot{I} = \frac{\dot{U}}{R} = \frac{220\angle -60° \text{ V}}{484 \ \Omega} = \frac{5}{11}\angle -60° \text{ A} \approx 0.45\angle -60° \text{ A}$$

瞬时值表达式为

$$i = \sqrt{2}\,I\sin(\omega t + \psi_i) \text{ A} = 0.45\sqrt{2}\sin(314t - 60°) \text{ A}$$

（2）平均功率为

$$P = UI = 220 \text{ V} \times \frac{5}{11}\text{A} = 100 \text{ W}$$

（二）纯电感电路

1. 电感元件

图 2-13 所示为一个忽略电阻不计的纯电感线圈，由此称它为电感元件。设线圈中通过的电流为 i，其产生的自感磁通为 Φ 和自感磁链为 $\psi = N\Phi$，N 为线圈的匝数。电流愈强，自感磁链也愈大。将自感磁链与电流的比值定义为电感线圈的自感系数，简称电感，用 L

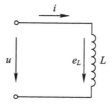

图 2-13　电感元件

表示，即

$$L = \frac{\psi}{i}$$

电感的大小取决于线圈的尺寸、匝数和线圈所包围材料的性质。电感元件是反映电流周围存在磁场、储存磁场能这一物理现象的理想电路元件。

根据电磁感应定律，电流 i 通过电感元件 L 时，将在线圈周围产生磁场，当电流 i 变化时，磁场也随之变化，并在线圈中产生自感电动势 e_L，如图 2-13 所示。各电量在关联参考方向下有

$$e_L = -L \frac{\mathrm{d}i}{\mathrm{d}t} \qquad (2-17)$$

故

$$u = -e_L = L \frac{\mathrm{d}i}{\mathrm{d}t} \qquad (2-18)$$

式(2-18)表明，电感元件两端的电压与它的电流对时间的变化率成正比，故比例常数 L(电感)是表征电感元件特性的参数。习惯上我们常把电感元件称为电感，故"电感"这个名词既表示电路元件，又表示元件的参数。由式(2-18)还可以看到，电感元件中的电流 i 不能跃变，因为如果 i 跃变，$\frac{\mathrm{d}i}{\mathrm{d}t}$ 为无穷大，电压 u 也为无穷大，而这实际上是不可能的。当 u、i 的参考方向一致时，电感元件的功率为

$$p = ui = Li \frac{\mathrm{d}i}{\mathrm{d}t} \qquad (2-19)$$

在 t 时刻电感元件中储存的磁场能量为

$$w_L = \int_0^t p\,\mathrm{d}t = \int_0^t ui\,\mathrm{d}t = \int_0^t Li\,\mathrm{d}i = \frac{1}{2}Li^2 \qquad (2-20)$$

式中，w_L 的单位为焦耳(J)。

在工程上，各种实际的电感线圈，如日光灯上用的镇流器，电子线路中的扼流线圈等，当忽略其线圈的电阻及匝间电容，便可认为它们是理想电感元件。

2. 电压、电流的关系

在图 2-14(a)中，当 u、i 的参考方向一致时，电感元件的电压和电流关系为

$$u_L = L \frac{\mathrm{d}i}{\mathrm{d}t} \qquad (2-21)$$

在正弦交流电路中，若设电流 i 为参考正弦量，即

$$i_L = \sqrt{2}\,I_L \sin(\omega t + \psi_i)$$

则根据式(2-21)有

$$u_L = L \frac{\mathrm{d}}{\mathrm{d}t}\sqrt{2}\,I_L \sin(\omega t + \psi_i) = \sqrt{2}\,\omega L I_L \cos(\omega t + \psi_i)$$

$$= \sqrt{2}\,\omega L I_L \sin\left(\omega t + \psi_i + \frac{\pi}{2}\right) = \sqrt{2}\,U\sin(\omega t + \psi_u)$$

式中，$U = \omega L I_L$，$\psi_u = \psi_i + \frac{\pi}{2}$。

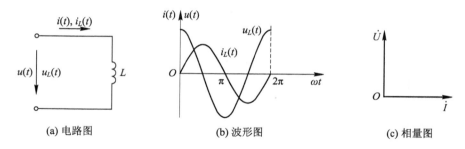

图 2-14 电感元件的交流电路

可见，正弦交流电路中，电感元件的电压和电流是同频率的正弦量，其有效值及最大值的关系为

$$\frac{U}{I} = \frac{U_{\mathrm{m}}}{I_{\mathrm{m}}} = \omega L = 2\pi f L = X_L \tag{2-22}$$

在关联参考方向下，电感元件的电压比电流超前 $\pi/2$。

由式(2-21)可知，电感元件的电压的大小并非取决于电流的大小，而是与电流的变化率成正比。因为正弦量在瞬时值为零时变化率最大，达到最大值的瞬间变化率为零，所以在正弦交流电路中的电感元件，电流为零时电压达到最大值，电流达到最大值时电压为零。这样，在关联参考方向下，电感元件的电压达到零值比电流早 1/4 个周期，所以电压比电流超前 $\pi/2$。

式(2-22)中的 X_L 称为感抗，单位为欧(Ω)。在同样的 U 下，X_L 越大，I 越小，所以感抗反映了电感元件对正弦电流的限制能力。感抗和频率成正比，因为电流大小一定时，频率越高，电流变化越快，感应电动势越大；感抗又和电感成正比，因为电流一定时，电感越大，感应电动势越大。在直流电路中，$\omega = 0$ rad/s，感抗为零，电感元件如同短路。感抗的倒数称为感纳，即 $B_L = \dfrac{1}{X_L} = \dfrac{1}{\omega L}$，$B_L$ 的单位为 S(西)。

从电压、电流的有效值关系而言，电感元件的感抗、感纳分别和电阻元件的电阻、电导相当。但是，感抗、感纳只有在正弦交流电路中有意义，感抗不等于电感元件的电压和电流瞬时值的比值，即

$$X_L \neq \frac{u}{i}, \quad B_L \neq \frac{i}{u}$$

由 $u = L \dfrac{\mathrm{d}i}{\mathrm{d}t}$ 可知，若电感元件的电流相量为 $\dot{I}$，则其电压相量为

$$\dot{U} = \mathrm{j}\omega L \dot{I} = \mathrm{j}X_L \dot{I} \tag{2-23}$$

式(2-23)既包含了电感元件电压与电流有效值之比 X_L 的关系，又包含了电压比电流超前 $\pi/2$ 的关系。图 2-14(c)示出了电感元件的电流、电压的相量图。

3. 功率和能量

电感元件上当 u、i 参考方向一致时，设

$$i_L = \sqrt{2}\,I\sin(\omega t)$$

$$u_L = \sqrt{2}\,U\sin\left(\omega t + \frac{\pi}{2}\right)$$

电感元件的瞬时功率为

$$p = u_L i_L = \sqrt{2}\,U\sin\left(\omega t + \frac{\pi}{2}\right) \times \sqrt{2}\,I\sin(\omega t)$$

$$= 2UI\cos(\omega t) \times \sin(\omega t)$$

$$= UI\sin(2\omega t) = I^2 X_L \sin(2\omega t) \tag{2-24}$$

由式(2-24)可知，电感元件的瞬时功率是以两倍电流的频率并按正弦规律变化的，最大值为 $I^2 X_L$（或 UI）。

瞬时功率 p 的波形如图 2-15 所示。

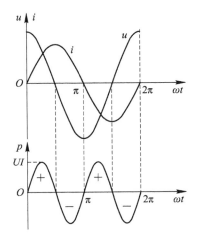

图 2-15　电感元件的瞬时功率

在 $\omega t = 0 \sim \frac{\pi}{2}$ 和 $\omega t = \pi \sim \frac{3}{2}\pi$ 期间，$p > 0$，电感元件相当于负载，从电源吸收功率。在此期间 $|i|$ 增大，线圈中的磁场增强，电感元件的储能 $\frac{1}{2}Li^2$ 增加，电感元件把电能转变为磁场能量而存储于线圈的磁场中。

在 $\omega t = \frac{1}{2}\pi \sim \pi$ 和 $\omega t = \frac{3}{2}\pi \sim 2\pi$ 期间，$p < 0$，电感元件实际上是发出电功率。在此期间 $|i|$ 减小，线圈磁场减弱，电感元件的储能 $\frac{1}{2}Li^2$ 减小，电感元件把它存储的磁场能量转变为电能送还给电源。

电感元件的平均功率为瞬时功率在一周期内的平均值，即

$$P = \frac{1}{T}\int_0^T p\,\mathrm{d}t = \frac{1}{T}\int_0^T UI\sin(2\omega t)\,\mathrm{d}t = 0 \quad \mathrm{W} \tag{2-25}$$

从以上分析可知，电感元件的平均功率为零，说明电感元件是储能元件，不消耗能量，只与外部进行能量的交换。瞬时功率的大小反映了这种能量交换的速率。交流电路与电源之间进行能量交换的最大速率称为无功功率。把电感元件瞬时功率的最大值定义为无功功率，即

$$Q_L = U_L I_L = I^2 X_L = \frac{U_L^2}{X_L} \tag{2-26}$$

无功功率的单位为乏(var)或千乏(kvar)，1 kvar $=10^3$ var。

【例 2-6】 已知一电感元件，$L=7.01$ H，接入电源电压 $u_L=\sqrt{2} \cdot 220\sin(314t+30°)$ V，频率 $f=50$ Hz 的交流电路中。试求：

(1) 通过电感元件的电流，并写出电流的瞬时值表达式 i；

(2) 求电路中的无功功率。

解 (1)
$$X_L=2\pi fL\approx 2\times 3.14\times 50 \text{ Hz}\times 7.01 \text{ H}\approx 2200 \text{ }\Omega$$

$$I_L=\frac{U_L}{X_L}\approx\frac{220 \text{ V}}{2200 \text{ }\Omega}\approx 0.1 \text{ A}$$

或
$$\dot{I}_L=\frac{\dot{U}}{jX_L}\approx\frac{220\angle 30°}{j2200}\text{ A}\approx 0.1\angle -60° \text{ A}$$

$$i\approx 0.1\sqrt{2}\sin(314t-60°) \text{ A}$$

(2) 电路中的无功功率为
$$Q_L=U_LI_L\approx (220\times 0.1) \text{ var}=22 \text{ var}$$

或
$$Q_L=I_L^2X_L\approx (0.1^2\times 2200) \text{ var}=22 \text{ var}$$

(三) 纯电容电路

1. 电容元件

电容元件存储电荷而在其内部产生电场，是储存电场能量的理想电路元件。在图 2-16 中，当在电容元件两端施加电压时，两块极板上将出现等量的异性电荷，并在两极板间形成电场。电容器极板所储存的电量 q 与外加电压 u 成正比，即

$$q=Cu \tag{2-27}$$

图 2-16　电容元件

式(2-27)中比例常数 C 称为电容，是表征电容元件特性的参数。电容元件简称电容，电容既表示电路元件，又表示元件的参数。

当电压 u 和电流 i 的参考方向一致时，有

$$i=\frac{dq}{dt}=C\frac{du}{dt} \tag{2-28}$$

式(2-28)表明，只有当电容元件两端的电压发生变化时，电路中才有电流通过，电压变化越快，电流也越大。当电容元件两端施加直流电压 U，因 $\frac{du}{dt}$ 为零，故电流 $i=0$ A，因此电容元件对于直流稳态电路相当于断路，即电容有隔断直流的作用。

由式(2-28)还可以看到，电容元件两端的电压不能跃变。因为如果电压跃变，则 $\frac{du}{dt}$ 为无穷大，电流 i 也为无穷大，这对实际电容器来说是不可能的。

当 u、i 的参考方向关联时，电容元件的功率为

$$p=ui=Cu\frac{du}{dt} \tag{2-29}$$

在 t 时刻电容元件存储的电场能量为

$$w_C=\int_0^t p\,dt=\int_0^t ui\,dt=\int_0^u Cu\,du=\frac{1}{2}Cu^2 \tag{2-30}$$

式中，w_C 的单位是焦耳(J)。

在工程上，各种实际的电容器常以空气、云母、绝缘纸、陶瓷等材料作为极板间的绝缘介质，当忽略其漏电阻和引线电感时，可以认为它是只具有存储电场能量特性的电容元件。

2. 电压、电流的关系

在图 2-17(a) 中，当 u、i 的参考方向一致时，电容元件的电压、电流关系为

$$i = C \frac{\mathrm{d}u}{\mathrm{d}t}$$

在正弦交流电路中，若设电压 u 为参考正弦量，即

$$u = \sqrt{2} U \sin(\omega t + \psi_u)$$

$$i = C \frac{\mathrm{d}u}{\mathrm{d}t} = C \frac{\mathrm{d}}{\mathrm{d}t} \sqrt{2} U \sin(\omega t + \psi_u) = \sqrt{2} \omega C U \sin\left(\omega t + \psi_u + \frac{\pi}{2}\right) = \sqrt{2} I \sin(\omega t + \psi_i)$$

$$(2-31)$$

式中：$U = \frac{1}{\omega C} I$，$\psi_u = \psi_i - \frac{\pi}{2}$。

由式(2-31)可以看出，u、i 为同频率的正弦量，电压、电流的有效值及最大值的关系为

$$\frac{U}{I} = \frac{U_m}{I_m} = \frac{1}{\omega C} = \frac{1}{2\pi f C} = X_C \qquad (2-32)$$

式中，$I_m = \omega C U_m$ 或 $U_m = \frac{1}{\omega C} I_m$。

当 u、i 的参考方向关联时，电容元件的电压比电流超前 $-\pi/2$。

由式(2-28)看出，电容元件电流的大小并非取决于电压的大小，而是和电压的变化率成正比。所以在正弦交流电路中的电容元件，电压为零时电流达到最大值，电压达到最大值时电流为零。这样，在关联参考方向下，电流达到零值比电压早 1/4 个周期，所以电流比电压超前 $\pi/2$，或者说电压比电流超前 $-\pi/2$，如图 2-17(b) 所示。

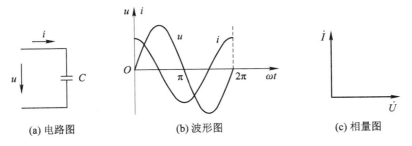

(a) 电路图　　　　　(b) 波形图　　　　　(c) 相量图

图 2-17　电容元件的交流电路

式(2-32)中的 X_C 叫容抗。在同样电压 U 的作用下，X_C 越大，电流 I 越小，所以容抗反映了电容元件对正弦电流的限制能力。容抗与频率成反比，因为电压大小一定时，频率越高，电压的变化越快，电流越大，容抗就越小。容抗与电容成反比，因为电压一定时，电容越大，电流越大，容抗就越小。在直流即 $\omega = 0$ rad/s 的情况下，容抗为无限大，电容元件如同开路。容抗的倒数称为容纳，单位是 S(西)。容纳 B_C 为

$$B_C = \frac{1}{X_C} = \omega C \tag{2-33}$$

从电压、电流的有效值关系而言，电容元件的容抗、容纳也分别和电阻元件的电阻、电导相当。但是，容抗、容纳只有在正弦交流电路中才有意义，容抗同样不等于电容元件的电压和电流瞬时值的比值。

图 2-17(c)示出了电容元件的电流、电压的相量图。

3. 功率和能量

电容元件上当 u、i 的参考方向一致时，设

$$u_C = \sqrt{2}U\sin(\omega t)$$

$$i_C = \sqrt{2}I\sin\left(\omega t + \frac{\pi}{2}\right)$$

电容元件的瞬时功率为

$$\begin{aligned} p &= u_C i_C = \sqrt{2}U\sin(\omega t) \cdot \sqrt{2}I\sin\left(\omega t + \frac{\pi}{2}\right) \\ &= 2UI\sin(\omega t) \cdot \cos(\omega t) = UI\sin(2\omega t) \\ &= I^2 X_L \sin(2\omega t) \end{aligned} \tag{2-34}$$

由式(2-34)可知，电容元件的瞬时功率 p 是以两倍的电流的频率并按正弦规律变化的，最大值为 $I^2 X_C$（或 UI）。电容元件的瞬时功率的波形如图 2-18 所示。

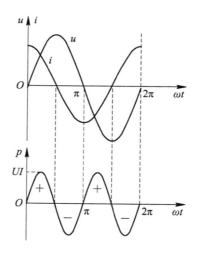

图 2-18 电容元件的瞬时功率

当 ωt 在 $0 \sim \frac{\pi}{2}$ 和 $\pi \sim \frac{3\pi}{2}$ 期间，$p > 0$，电容元件相当于负载，从电源吸收功率。在此期间 $|u|$ 增大，电容器中的电场增强，电容元件的储能（$\frac{1}{2}Cu^2$）增加，电容元件是把从电源吸收的电能存储在它的电场中。

当 ωt 在 $\frac{\pi}{2} \sim \pi$ 和 $\frac{3}{2}\pi \sim 2\pi$ 期间，$p < 0$，电容元件实际上是发出电功率。在此期间的 $|u|$ 减小，电容器中的电场减弱，电容元件的储能减小，电容元件把它存储的电场能量送还给电源。

电容元件的平均功率为

$$P = \frac{1}{T}\int_0^T p\,\mathrm{d}t = \frac{1}{T}\int_0^T UI\sin(2\omega t)\,\mathrm{d}t = 0 \text{ W} \tag{2-35}$$

在正弦交流电路中,电容元件与电源之间不停地有能量的往返交换,在一个周期内电容元件从电源吸收的能量等于它送还给电源的能量。电容元件不消耗能量,因此平均功率为零。

我们也把电容元件瞬时功率的最大值定义为无功功率,用 Q_C 表示,即

$$Q_C = UI = X_C I^2 \tag{2-36}$$

【例 2 - 7】 已知一电容元件,$C = 4.7\ \mu\text{F}$,接入 $f = 50\ \text{Hz}$,$i = 0.2\sqrt{2}\sin(\omega t + 60°)\text{A}$ 的交流电路中。

(1) 求电容两端 $\dot{U}$;

(2) 若电流的有效值不变,电源的频率改为 1000 Hz,求电路中的 u。

解 (1) $\quad X_C = \dfrac{1}{2\pi f C} \approx \dfrac{1}{2 \times 3.14 \times 50 \times 4.7 \times 10^{-6}}\ \Omega \approx 677.3\ \Omega$

$\qquad\qquad \dot{I} = 0.2\angle 60°\ \text{A}$

$\qquad\qquad \dot{U} = -\mathrm{j}X_C\dot{I} \approx 677.3\angle -90°\ \Omega \times 0.2\angle 60°\ \text{A} \approx 135.5\angle -30°\ \text{V}$

(2) $\quad X_C = \dfrac{1}{2\pi f C} \approx \dfrac{1}{2 \times 3.14 \times 1000 \times 4.7 \times 10^{-6}}\ \Omega \approx 33.88\ \Omega$

或

$$X_C \approx \frac{677.3\ \Omega}{\dfrac{1000\ \text{Hz}}{50\ \text{Hz}}} = 33.88\ \Omega$$

$\qquad\qquad \dot{U} = -\mathrm{j}X_C\dot{I} \approx 33.88\angle -90°\ \Omega \times 0.2\angle 60°\ \text{A} \approx 6.77\angle -30°\ \text{V}$

$\qquad\qquad u \approx \sqrt{2} \cdot 6.77\sin(\omega t - 30°)\ \text{V} \approx 6.77\sqrt{2}\sin(2000\pi t - 30°)\ \text{V}$

二、RLC 串联电路

(一) RLC 串联电路的电压、电流关系

RLC 串联电路如图 2-19(a)所示,图中标出了各电压、电流的参考方向。为了方便起见,选电流为参考正弦量,即设电流的相量为 $\dot{I} = I\angle 0°$,则各元件的电压相量分别为

$$\dot{U}_R = R\dot{I}$$

$$\dot{U}_L = \mathrm{j}X_L\dot{I},\ \dot{U}_C = -\mathrm{j}X_C\dot{I}$$

由基尔霍夫电压定律知,端口电压相量为

$$\dot{U} = \dot{U}_R + \dot{U}_L + \dot{U}_C = [R + \mathrm{j}(X_L - X_C)]\dot{I} = (R + \mathrm{j}X)\dot{I} = |Z|\mathrm{e}^{\mathrm{j}\varphi}\dot{I} = Z\dot{I} \tag{2-37}$$

式(2-37)便是电路的端口电压、电流相量的关系式,其中包含了电压、电流的有效值关系,也包含了相位关系,这两方面的关系都包含在 Z 这一复数中。

设 $\dot{I} = I\mathrm{e}^{\mathrm{j}\psi_i}$,$\dot{U} = U\mathrm{e}^{\mathrm{j}\psi_u}$,则

$$\frac{\dot{U}}{\dot{I}} = \frac{U \mathrm{e}^{\mathrm{j}\psi_u}}{I \mathrm{e}^{\mathrm{j}\psi_i}} = \frac{U}{I} \mathrm{e}^{\mathrm{j}(\psi_u - \psi_i)} = Z = |Z| \mathrm{e}^{\mathrm{j}\varphi} = R + \mathrm{j}X \tag{2-38}$$

式(2-37)、式(2-38)中，Z 叫复阻抗，它是关联参考方向下二端网络的电压相量与电流相量的比值，单位为 Ω。Z 只是一个复数，为与相量区别，代表它的字母 Z 上不加圆点。

复阻抗 Z 的实部为电路的电阻 R，Z 的虚部为 $X = X_L - X_C$，叫电抗，单位为 Ω。X 为有正、负的代数量。当 $X_L > X_C$ 时，X 为正值；当 $X_L < X_C$ 时，X 为负值。

复阻抗 Z 的模为

$$|Z| = \sqrt{R^2 + X^2} = \sqrt{R^2 + (X_L - X_C)^2} \tag{2-39}$$

$|Z|$ 叫阻抗模，单位为 Ω。$|Z|$ 就是端口电压与电流有效值的比值，即

$$|Z| = \frac{U}{I}$$

复阻抗 Z 的辐角 φ 叫阻抗角，表达式为

$$\varphi = \arctan \frac{X}{R} = \arctan \frac{X_L - X_C}{R} \tag{2-40}$$

阻抗角 φ 就是在关联参考方向下端口电压超前电流的相位差，即

$$\varphi = \psi_u - \psi_i$$

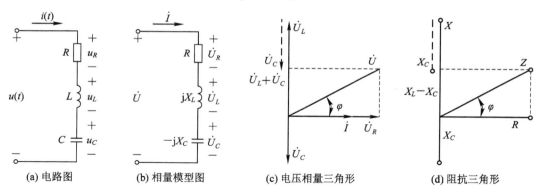

(a) 电路图　　(b) 相量模型图　　(c) 电压相量三角形　　(d) 阻抗三角形

图 2-19　RLC 串联电路

当 X 为正值时，φ 为正值；当 X 为负值时，φ 为负值。

由图 2-19(b)可知

$$\dot{U}_R = R\dot{I}, \dot{U}_X = X\dot{I}, \dot{U} = Z\dot{I}$$

R，X，Z 组成一个与电压三角形相似的，以 $|Z|$ 为斜边的直角三角形，叫作阻抗三角形，见图 2-19(d)所示。

已知 R、X_L、X_C，可求出 Z，再由 Z、$\dot{I}$ 可求得 $\dot{U} = Z\dot{I}$，或由 Z、$\dot{U}$ 求得 $\dot{I} = \dfrac{\dot{U}}{Z}$，所以，$\dot{U} = Z\dot{I}$ 这一关系是相量形式的欧姆定律。

（二）RLC 串联电路中的功率

1. 瞬时功率

由图 2-19(a)所示电路，已知 RLC 串联电路中的端口电压、电流分别为

$$u = U_m \sin(\omega t + \varphi)$$
$$i = I_m \sin(\omega t)$$

则瞬时功率为

$$p = ui = U_m \sin(\omega t + \varphi) I_m \sin(\omega t) = UI\cos\varphi - UI\cos(2\omega t + \varphi)$$

2. 有功功率(平均功率)

有功功率等于瞬时功率的平均值，即

$$P = \frac{1}{T}\int_0^T p\,\mathrm{d}t = \frac{1}{T}\int_0^T [UI\cos\varphi - UI\cos(2\omega t + \varphi)]\,\mathrm{d}t = UI\cos\varphi \qquad (2-41)$$

从电压三角形可知：$UI\cos\varphi = U_R I = IR$，于是 $P = UI\cos\varphi = U_R I = I^2 R = \dfrac{U^2}{R}$。这说明，在交流电路中只有电阻元件消耗电能，交流电路有功功率的大小不但与总电压和电流两者有效值的乘积有关，还与电压和电流的相位差 φ 的余弦 $\cos\varphi$ 成正比。$\cos\varphi$ 称为电路的功率因数，φ 称为功率因数角。

3. 无功功率、视在功率和功率三角形

RLC 串联电路中，感性无功功率 $Q_L = U_L I$，容性无功功率 $Q_C = U_C I$，由于 $\dot{U}_L$ 与 $\dot{U}_C$ 反相，因此总无功功率为

$$Q = Q_L - Q_C = (U_L - U_C)I = UI\sin\varphi$$

U 和 I 的乘积称为视在功率，用 S 表示，即

$$S = UI$$

视在功率 S 虽具有功率的形式，但并不表示交流电路实际消耗的功率，而只表示电源可能提供的最大有功功率或电路可能消耗的最大有功功率。其单位用伏安(V·A)表示。

由于

$$P = UI\cos\varphi = S\cos\varphi$$

所以功率因数可写成

$$\cos\varphi = \frac{P}{S}$$

交流电源设备的额定电压 U_N 与额定电流 I_N 的乘积称为额定视在功率 S_N，即 $S_N = U_N I_N$，又称额定容量，它表明电源设备允许提供的最大有用功率。

由于

$$P^2 + Q^2 = (S\cos\varphi)^2 + (S\sin\varphi)^2 = S^2$$

即

$$S = \sqrt{P^2 + Q^2}$$
$$\varphi = \arctan\frac{Q}{P}$$

所以 P、Q、S 可构成直角三角形，称为功率三角形。在同一个 RLC 串联电路中，阻抗、电压、功率三个三角形是相似三角形，如图所示 2-20 所示。

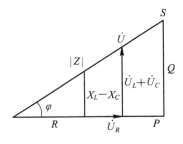

图 2-20　功率、电压、阻抗三个三角形

【例 2-8】　将电阻 $R = 30\ \Omega$、电感 $L = 31.53\ \mathrm{mH}$ 和电容 $C = 79.6\ \mu\mathrm{F}$ 三个元件串联

接入频率 $f=50$ Hz，电压 $U=220$ V 的交流电源上。试计算：

（1）电路中的电流 I；

（2）各元件两端的电压 U_R、U_L、U_C；

（3）电路的功率因数 $\cos\varphi$ 及电路中的功率 P、Q、S。

解 （1）$X_L = 2\pi f L \approx 2 \times 3.14 \times 50 \text{ Hz} \times 31.53 \times 10^{-3} \text{ H} \approx 10 \text{ }\Omega$

$$X_C = \frac{1}{2\pi f C} \approx \frac{10^6}{2 \times 3.14 \times 50 \text{ Hz} \times 79.6 \text{ }\mu\text{F}} \approx 40 \text{ }\Omega$$

$$Z = R + j(X_L - X_C) = 30 \text{ }\Omega + j(10-40)\Omega = (30-j30)\Omega \approx 42.42\angle-45° \text{ }\Omega$$

$$I = \frac{U}{|Z|} \approx \frac{220 \text{ V}}{42.42 \text{ }\Omega} \approx 5.19 \text{ A}$$

（2）
$$U_R = IR \approx 5.19 \text{ A} \times 30 \text{ }\Omega \approx 155.7 \text{ V}$$
$$U_L = IX_L \approx 5.19 \text{ A} \times 10 \text{ }\Omega \approx 51.9 \text{ V}$$
$$U_C = IX_C \approx 5.19 \text{ A} \times 40 \text{ }\Omega \approx 207.6 \text{ V}$$

（3）
$$\cos\varphi = \cos(-45°) \approx 0.707$$
$$P = U_R I \approx 155.7 \text{ V} \times 5.19 \text{ A} \approx 808 \text{ W}$$
$$Q = (U_L - U_C)I \approx (51.9 - 207.6) \text{ V} \times 5.19 \text{ A} \approx -808 \text{ var}$$
$$S = UI \approx 220 \text{ V} \times 5.19 \text{ A} \approx 1142 \text{ V}\cdot\text{A}$$

4. 电路的三种情况

图 2-20 是按 $X_L > X_C$ 作出的，随着 ω、L、C 的值不同，RLC 串联电路有三种情况：

（1）当 $X_L > X_C$ 时，电抗 $X = X_L - X_C$ 为正值，此时电感电压的有效值大于电容电压的有效值，$\dot{U}_X = \dot{U}_L + \dot{U}_C$，$\dot{U}$ 比 $\dot{I}$ 超前 φ，阻抗角 φ 为正值，端口电压比电流超前，这种情况的电路呈感性，其相量图重作于图 2-21(a)。

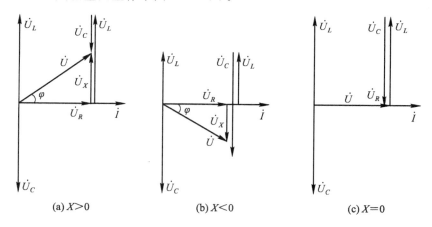

(a) $X>0$ (b) $X<0$ (c) $X=0$

图 2-21 RLC 串联电路的三种情况

就能量方面而言，电感和电容都是储能元件，只与其外部进行能量的交换。但在一个电路中它们并不是同时从外部吸收，或同时向外部释放能量，它们要相互交换。它们相互交换的不足或多余的能量，才与其外部进行交换。RLC 串联电路中，电流增加时电感吸收能量。而与之串联的电容的电压却在减少，即电容释放能量；电流减少时，电感释放能量，

电容电压增加且吸收能量，它们在能量方面是相互补偿的。RLC 电路中，电感的磁场储能的最大值为

$$W_{Lm} = \frac{1}{2}LI_m^2 = LI^2 = \frac{1}{\omega}X_LI^2$$

电容的电场储能的最大值为

$$W_{Cm} = \frac{1}{2}CU_{Cm}^2 = CU_C^2 = CX_C^2I^2 = \frac{1}{\omega}X_CI^2$$

当 $X_L > X_C$ 时，$W_{Lm} > W_{Cm}$，此时电容释放的储能不能满足电感的需要，电感还需从电路外部吸收能量。若电感释放的储能已能满足电容的需要，多余的能量向电路外部释放，这样的 RLC 串联电路，除电阻的耗能外，与其外部进行着磁场能量交换，呈现为感性。

（2）当 $X_L < X_C$ 时，电抗 X 为负值，$U_L < U_C$，$\dot{U}$ 比 $\dot{I}$ 滞后 $|\varphi|$，φ 为负值，端口电压滞后电流，电路除电阻的耗能外，与其外部进行着电场能量的交换，这种电路呈容性，其相量图如图 2-21(b)所示。

（3）当 $X_L = X_C$ 时，$X = 0\ \Omega$，$U_L = U_C$，$U_X = 0\ \text{V}$，$\varphi = 0°$，$Z = R$，$\dot{U} = \dot{U}_R$，电感、电容自给自足地交换储能，这样的电路叫谐振电路，其相量图如图 2-21(c)所示。

三、复阻抗的串联和并联

（一）复阻抗的串联电路

图 2-22(a)所示是两个复阻抗 Z_1 和 Z_2 串联的电路。根据基尔霍夫定律，可得

$$\dot{U} = \dot{U}_1 + \dot{U}_2 = Z_1\dot{I} + Z_2\dot{I} = (Z_1 + Z_2)\dot{I} = Z\dot{I}$$

式中，Z 为电路的等效复阻抗，如图 2-22(b)所示。

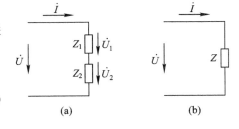

图 2-22 复阻抗的串联

若 n 个复阻抗串联，则其等效复阻抗的一般式为

$$Z = \sum_{i=1}^{n} Z_i$$

各个复阻抗上的电压分配为

$$\dot{U}_i = \frac{Z_i}{Z}\dot{U}$$

式中，$\dot{U}$ 为总电压，$\dot{U}_i$ 为第 i 个复阻抗 Z_i 上的电压。

【例 2-9】 图 2-22 中，已知 $Z_1 = (2 + j9)\Omega$，$Z_2 = (4 - j17)\Omega$，Z_1 和 Z_2 串联接在电压 $u = 220\sqrt{2}\sin(18\ 000t - 45°)\ \text{V}$ 的电压上。求：

（1）等效复阻抗；

（2）电流 i 的瞬时值表达式；

（3）阻抗 Z_1 和 Z_2 上的电压 u_1 和 u_2 的瞬时值表达式。

解 （1）等效复阻抗为

$$Z = Z_1 + Z_2 = (2+j9)\ \Omega + (4-j17)\Omega = (6-j8)\ \Omega \approx 10e^{j-53.1°}\ \Omega$$

(2) 由 $\dot{I} = \dfrac{\dot{U}}{Z} \approx \dfrac{220e^{j(-45°)}\ \text{V}}{10e^{j(-53.1°)}\ \Omega} = 22e^{j8.1°}$ A 知电流 i 的瞬时值表达式为

$$i \approx 22\sqrt{2}\sin(18\ 000t + 8.1°)\ \text{A}$$

(3)
$$Z_1 = (2+j9)\ \Omega \approx 9.22e^{j77.5°}\ \Omega$$

$$Z_2 = (4-j17)\ \Omega = 17.5e^{j(-76.8°)}\ \Omega$$

$$\dot{U}_1 = \dot{I}Z_1 \approx 22e^{j8.1°}\ \text{A} \times 9.22e^{j77.5°}\ \Omega \approx 203e^{j85.6°}\ \text{V}$$

$$\dot{U}_2 = \dot{I}Z_2 \approx 22e^{j8.1°}\ \text{A} \times 17.5e^{j(-76.8°)}\ \Omega = 385e^{j(-67.8°)}\ \text{V}$$

电压 u_1 和 u_2 的瞬时值表达式为

$$u_1 \approx 203\sqrt{2}\sin(18\ 000t + 85.6°)\text{V}$$

$$u_2 \approx 385\sqrt{2}\sin(18\ 000t - 68.7°)\text{V}$$

（二）复阻抗的并联电路

图 2-23(a) 是两个复阻抗的并联电路，根据基尔霍夫定律可得

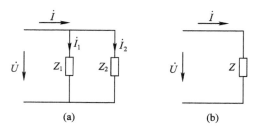

图 2-23　复阻抗的并联

$$\dot{I} = \dot{I}_1 + \dot{I}_2 = \frac{\dot{U}}{Z_1} + \frac{\dot{U}}{Z_2} = \dot{U}\left(\frac{1}{Z_1} + \frac{1}{Z_2}\right) = \frac{\dot{U}}{Z}$$

式中，Z 为并联电路的等效复阻抗，如图 2-23(b) 所示。其中，推广到若干复阻抗并联情况。若 n 个复阻抗并联，则其等效复阻抗的一般式为

$$Z = \frac{1}{\displaystyle\sum_{i=1}^{n} \frac{1}{Z_i}}$$

复阻抗的倒数称为导纳，用 Y 表示，单位为西门子(S)。若 n 个导纳相并联，则其等效导纳为

$$Y = Y_1 + Y_2 + \cdots + Y_n = \sum_{i=1}^{n} Y_i$$

式中

$$Y_1 = \frac{1}{Z_1},\ Y_2 = \frac{1}{Z_2},\ \cdots,\ Y_n = \frac{1}{Z_n},\ Y = \frac{1}{Z}$$

各导纳的电流分配为

$$\dot{I}_i = \frac{Y_i}{Y}\dot{I}$$

式中，$\dot{I}$ 是总电流，$\dot{I}_i$ 是第 i 个导纳 Y_i 的电流。

四、电感性负载功率因数的提高

（一）提高功率因数的意义

功率因数是电力系统中很重要的经济指标，其大小取决于所接负载的性质。提高功率因数可以减少电网中的无功功率流动，降低线路损耗，提高电网的输电效率和稳定性。实际用电器的功率因数都在 0 和 1 之间，例如白炽灯的功率因数接近 1，荧光灯的功率因素在 0.5 左右，工农业生产中大量使用的异步电动机满载时功率因数可达 0.9 左右，而空载时会降到 0.2 左右。一般情况下，电力系统的负载多属电感性负载，电路功率因数一般不高，这将使电源设备的容量不能得到充分利用。提高功率因数对国民经济发展有着极其重要的现实意义。

（二）提高电感性电路功率因数的方法

提高电感性电路功率因数的方法是在电感性负载两端并联一个适当的电容器，如图 2-24(a)所示。以电压为参考相量，可画出其相量图，如图 2-24(b)所示。

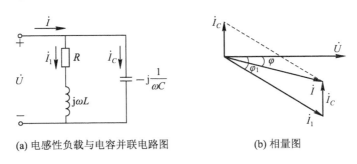

(a) 电感性负载与电容并联电路图　　　　(b) 相量图

图 2-24　电感性负载功率因数的提高

由图 2-24(b)可知，并联电容前，电路的电流为电感性负载的电流 I_1，电路的功率因数为电感性负载的功率因数 $\cos\varphi_1$；并联电容后，电路的总电流为 $\dot{I}=\dot{I}_1+\dot{I}_C$，电路的功率因数变为 $\cos\varphi$。

根据以上分析，得出如下结论：

（1）并联电容器后，电感性负载的功率因数没有改变，但整个电路的功率因数提高了，即 $\cos\varphi > \cos\varphi_1$。

（2）并联电容器后，流过电感性负载的电流没有改变，但电路的总电流减小了。

（3）并联电容器后，电感性负载所需的无功功率大部分可由电容的无功功率补偿，减小了电源与负载之间的能量交换。

注意：并联电容的电容量要适当，如果电容量过大，电路的性质就改变了，反而会使电路的功率因数可能降低，这种情况称为过补偿，实际中是不允许的。

目前我国有关部门规定，电力用户功率因数不得低于 0.85。但是当 $\cos\varphi=1$ 时，电路会发生谐振，这在电力电路中是不允许的，所以通常用户应把功率因数提高到略小于 1。

【例 2-10】　某电源 $S_N=20$ kV·A，$U_N=220$ V，$f=50$ Hz。

（1）求该电源的额定电流；

（2）该电源若供给 $\cos\varphi_1=0.5$、额定功率为 40 W 的荧光灯，最多可点多少盏荧光灯？

（3）若将电路的功率提高到 $\cos\varphi_2=0.9$，此时电路的电流是多少？

解 （1）额定电流为

$$I_N=\frac{S_N}{U_N}=\frac{20\times10^3}{220}A\approx91\ A$$

（2）设荧光灯的盏数为 n，即

$$n=\frac{S_N\cos\varphi_1}{U_N}=\frac{20\times10^3\times0.5}{40}盏=250\ 盏$$

此时电路电流为额定电流，即 $I_1\approx91\ A$。

（3）因电路总的有功功率 $P=n\times40=250\times40\ W=10\ kW$，故此时电路中的电流为

$$I=\frac{P}{U\cos\varphi_2}=\frac{10\times10^3}{220\times0.9}A\approx50.5\ A$$

五、谐振电路

在具有 R、L、C 元件的正弦交流电路中，电路两端的电压与电流，一般是不同相位的。如果改变电路的参数值或调节电源频率，促使电压与电流同相位，则电路呈纯电阻性质。这种现象称为谐振现象。处于谐振状态的电路，称为谐振电路。

（一）串联谐振

在 RLC 串联电路中，当 $X_L=X_C$ 时，阻抗角 $\varphi=0$，即电源电压和电路中的电流同相位，这时电路产生串联谐振。因此，串联谐振时的条件为

$$X_L=X_C$$

$$\omega L=\frac{1}{\omega C}\quad 或\quad 2\pi fL=\frac{1}{2\pi fC}$$

即谐振时的频率为

$$f_0=\frac{1}{2\pi\sqrt{LC}}\qquad\qquad(2-42)$$

式（2-42）中，f_0 称为谐振电路的固有频率，它们由电路的参数决定。若改变电源频率，或电路参数 R、L、C 三个量中的任意一个，电路都能产生谐振，则这个调节过程称为调谐。

串联谐振电路的特点如下：

（1）谐振时的阻抗值最小，即为

$$|Z_0|=\sqrt{R^2+(X_L-X_C)^2}=R$$

（2）谐振时的电流最大，即为

$$I_0=\frac{U}{|Z_0|}=\frac{U}{R}$$

（3）串联谐振时 $\dot{U}_L=-\dot{U}_C$，所以电阻上的电压等于电源电压，即

$$U_R=U$$

电感上的电压为

$$U_L = I_0 X_L = \frac{X_L}{R} U$$

电容上的电压为

$$U_C = I_0 X_C = \frac{X_C}{R} U$$

若 $X_L = X_C \gg R$，$U_L = U_C \gg U$，则可能出现电感元件的电压和电容元件上的电压远远大于电源电压的现象，所以串联谐振又称电压谐振。

电力工程中应尽量避免串联谐振现象，因为串联谐振时，电感或电容元件上的电压增高，可能导致电感线圈和电容绝缘材料被击穿。在无线电工程中，串联谐振现象得到了广泛的应用。

【例 2 - 11】 某线圈 $R = 10\ \Omega$，$L = 10\ \text{mH}$，将它与电容 $C = 0.1\ \mu\text{F}$ 串联。

（1）求电路的谐振频率；

（2）若电路发生谐振时，电源电压为 10 V，则电路中的电流 I、电压 U_R、U_L、U_C 的值为多少？

解 （1）$f_0 = \dfrac{1}{2\pi\sqrt{LC}} = \dfrac{1}{2\pi\sqrt{10\times10^{-3}\times0.1\times10^{-6}}} \text{Hz} \approx 5035\ \text{Hz}$

（2）
$$I = \frac{U}{R} = \frac{10}{10}\ \text{A} = 1\ \text{A}$$

$$U_R = U = 10\ \text{V}$$

$$U_L = U_C = I_0 2\pi f_0 L = I_0 \frac{1}{2\pi f_0 C} \approx 1\ \text{A}\times2\times3.14\times5035\ \text{Hz}\times10\times10^{-3}\ \text{H} \approx 316.2\ \text{V}$$

（二）并联谐振

图 2 - 25（a）是 R、线圈 L 与电容器 C 并联的电路。当发生并联谐振时，相量图如图 2 - 25（b）所示。

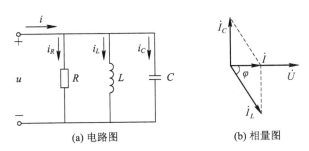

(a) 电路图   (b) 相量图

图 2 - 25 R、L 与 C 的并联电路

当电源电压 u 与电路中的电流 i 同相时，这时电路发生谐振，称为并联谐振。在并联电路中有如下关系式：

$$\dot{I} = \dot{I}_R + \dot{I}_L + \dot{I}_C = \left[\frac{1}{R} + \text{j}\left(\omega C - \frac{1}{\omega L}\right)\right]\dot{U} \tag{2-43}$$

在上式中，若要使电压与电流同相位，虚部必须为零，即

$$\omega C = \frac{1}{\omega L} = 0 \qquad (2-44)$$

此时谐振角频率和谐振频率分别为

$$\omega_0 = \frac{1}{\sqrt{LC}} , \quad f_0 = \frac{1}{2\pi\sqrt{LC}}$$

这与串联电路谐振的表达式相同。

电路处于并联谐振状态时，具有下列特征：

（1）电路端电压与电流同相位，电路呈电阻性。

（2）电路并联谐振时阻抗最大，等于电阻值。因此，当电压一定时，电路中的总电流最小。

（3）电感电流与电容电流的振幅相等，相位相反，互相补偿，电路总电流等于电阻支路的电流。

（4）各并联支路的电流为

$$\dot{I}_L = \frac{\dot{U}}{j\omega_0 L} = \frac{R}{j\omega_0 L}\dot{I}$$

$$\dot{I}_C = j\omega_0 C\dot{U} = j\omega_0 CR\dot{I}$$

电路并联谐振时，$I_L = I_C$，它们比并联总电流大许多倍。因此，并联谐振也称为电流谐振。

任务三　三相交流电源的分析

任务目标

了解三相交流电的产生原理，包括三相交流发电机的工作原理；理解三相正弦量、相序的概念，以及它们在电力系统中的应用；掌握三相电源的星形连接、三角形连接两种方式以及它们的特点和应用场景；理解星形连接中线电压和相电压之间的关系以及三角形连接中电压的特点；掌握相量法的原理和应用，能够使用相量图对三相电路进行分析；关注三相电路技术的发展动态和应用前景，不断更新知识和技能储备。

一、三相交流电的产生及特点

三相交流电源是一个由频率相同、最大值相等、相位互差120°的三个单相交流电源按一定方式组合而成的整体供电系统，简称三相电源。

（一）三相交流电的产生

三相交流电源是利用电磁感应的原理，由三相交流发电机来产生电能的。三相交流发电机的结构示意图如图2-26所示，主要由磁极和电枢组成，其中转动的部分叫转子，不动的部分叫定子。电枢是由三个结构相同，彼此相隔120°机械角的绕组（由线圈绕在铁芯上制成）构成的。为了区分三个绕组，采用 A、B、C 表示三相，三相也可表示为 U 相（黄）、V 相（绿）和 W 相（红）。用 U_1U_2、V_1V_2 和 W_1W_2 分别表示三个绕组，其中 U_1、V_1 和 W_1 分别表示三个绕组的始端，U_2、V_2 和 W_2 分别表示三个绕组的末端。当转子以角速度 ω 逆时针匀速旋转时，三个绕组由于切割磁力线便产生了三个频率相同、最大值相等、相位互差120°的正弦电动势，这样的电动势，称为对称三相电动势。

图 2-26　三相交流发电机结构示图

三相绕组及其电动势示意图如图 2-27 所示。若不考虑三相绕组的电阻和电抗，则三相电源可用三个电压源进行等效，其电路符号如图 2-28 所示。

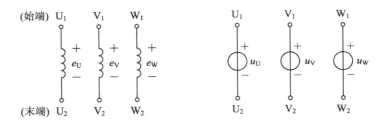

图 2-27　三相绕组及其电动势示意图　　图 2-28　三相电源电路符号

（二）表达方法及特点

1. 解析式（瞬时值表达式）表示法

假设每个绕组的电动势参考方向都是由绕组的末端指向始端，若以 U 相电动势作为参考相，则三个电动势的解析式为

$$\begin{cases} e_U = E_m\sin(\omega t) = \sqrt{2}\,E\sin(\omega t) \\ e_V = E_m\sin(\omega t - 120°) = \sqrt{2}\,E\sin(\omega t - 120°) \\ e_W = E_m\sin(\omega t + 120°) = \sqrt{2}\,E\sin(\omega t + 120°) \end{cases} \tag{2-45}$$

2. 波形图表示法

三相交流电动势的波形图如图 2-29 所示，由波形图可以看出，任意时刻对称三相电源的电动势瞬时值之和为零，即

$$e_U + e_V + e_W = 0 \text{ V}$$

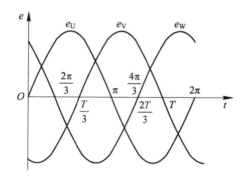

图 2-29 三相交流电动势的波形图

3. 相量表示法及相量图

三相交流电动势用相量形式表示为

$$\begin{cases} \dot{E}_U = E\angle 0° = E\,e^{j0°} \\ \dot{E}_V = E\angle -120° = E\,e^{-j120°} \\ \dot{E}_W = E\angle 120° = E\,e^{j120°} \end{cases} \qquad (2-46)$$

三相交流电动势的相量图如图 2-30 所示，可见对称三相电源的电动势相量和为零，即 $\dot{E}_U + \dot{E}_V + \dot{E}_W = 0$ V，如图 2-31 所示。

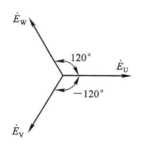

图 2-30 对称三相电动势的相量图

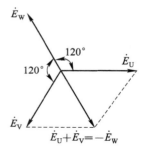

图 2-31 对称三相电动势的相量合成

（三）相序

三相交流电瞬时值达到正的最大值的先后顺序称为相序。如果三个电动势的相序为 U 相→V 相→W 相，则称为正序；若三个电动势的相序为 U 相→W 相→V 相，则称为逆序。若不加特殊说明，则三相电动势的相序均指正序。

二、三相电源的星形（Y）连接

（一）电路图

如图 2-32 所示，将发电机三相绕组的末端 U_2、V_2、W_2 连成一点 N，而把始端 U_1、V_1、W_1 作为与外电路相连接的端点，就构成了三相电源的星形连接。N 点称为中性点，从中性点引出的导线称为中性线。从始端 U_1、V_1、W_1 引出的三根导线称为相线或端线，俗称火线，常用 L_1、L_2、L_3 表示。

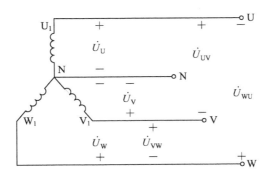

图 2 - 32　三相电源的星形连接

这种由三根相线和一根中性线构成的供电方式称为三相四线制（通常在低压供电电网中采用），日常生活中见到的单相供电电路是由一根相线和一根中性线组成的。只由三根相线所组成的供电方式称为三相三线制（在高压输电工程中采用）。

（二）相电压与线电压

三相四线制供电系统可输送两种电压：一种是相线与中性线之间的电压 u_U、u_V、u_W，称为相电压；另一种是相线与相线之间的电压 u_{UV}、u_{VW}、u_{WU}，称为线电压。由基尔霍夫定律可以得出线电压与相电压之间的关系式为

$$u_{UV} = u_U - u_V$$
$$u_{VW} = u_V - u_W$$
$$u_{WU} = u_W - u_U$$

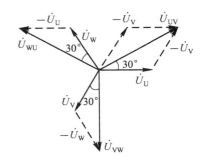

它们的相量图如图 2 - 33 所示。由相量图可知，线电压也是对称的，在相位上比相应的相电压超前 30°；若线电压的有效值用 U_L 表示，相电压的有效值用 U_P 表示，则它们的大小关系为

$$U_L = \sqrt{3} U_P \qquad (2-47)$$

通过以上分析，我们知道对称三相电源采用星形连接时，三个线电压和三个相电压都是对称的，各线电压的有效值等于相电压有效值的 $\sqrt{3}$ 倍，而且各线电压在相位上比其对应的相电压超前 30°。

图 2 - 33　三相电源各电压相量之间的关系

我们通常所说的 220 V、380 V 电压，就是指对称三相电源采用星形连接时的相电压和线电压的有效值。

【例 2 - 12】　已知三相四线制供电系统，线电压为 380 V。试求相电压的大小。

解
$$U_P = \frac{U_L}{\sqrt{3}} = \frac{380}{\sqrt{3}} \text{ V} \approx 220 \text{ V}$$

【例 2 - 13】　在星形连接的对称三相电源中，已知线电压 $u_{UV} = 380\sin(\omega t)$ V。试求出其他各线电压和各相电压的解析表达式。

解　根据星形连接的对称三相电源的特点，求得各线电压分别为

$$u_{VW} = 380\sin(\omega t - 120°) \text{ V}$$

$$u_{WU} = 380\sin(\omega t + 120°)\ \text{V}$$

根据 $\dot{U}_L = \sqrt{3}\dot{U}_P \angle 30°$ 得各相电压分别约为

$$u_V \approx 220\sin(\omega t - 150°)\ \text{V}$$
$$u_W \approx 220\sin(\omega t + 90°)\ \text{V}$$

三、三相电源的三角形(△)连接

(一)电路图

三相电源的三角形连接就是把每相绕组的末端与它相邻的另一相绕组的始端依次相连,即 U_1 连 W_2、V_1 连 U_2、W_1 连 V_2,使三绕组构成一闭合回路,U_1、V_1、W_1 上分别引出三相端线连接负载,电路及相量图如图 2-34 所示。

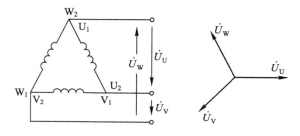

图 2-34　三相电源的三角形连接

(二)电压

从图 2-34 中可看出,三相电源采用三角形连接时,电源线电压就等于电源相电压,即 $U_L = U_P$。应当指出,电源在三相绕组的闭合回路中同时作用着三个电压源,且三相电压源瞬时值的代数和或其相量和均等于零,回路中不会发生短路而引起很大的电流。但若三相电源不对称或电路接错(绕组始末端接反),那么在三相绕组中便会产生一个很大的环流,致使发电机烧坏,因此使用时应加以注意。

在生产实践中,发电机绕组基本上采用星形连接;三相电力变压器二次侧也相当于一个三相电源,星形连接、三角形连接都有采用。

任务四　三相负载的分析

任务目标

掌握三相负载的定义、分类及其在电力系统中的应用;理解三相负载的两种主要连接方式;掌握分析三相负载在不同连接方式下线电压、相电压、线电流、相电流之间的关系;理解对称三相负载和非对称三相负载的特性及其对电路性能的影响;熟悉三相负载的功率计算。

使用交流电的电气设备非常多,这些电气设备统称为负载。按它们对电源的要求分为单相负载和三相负载。单相负载是指只需单相电源供电的设备，如荧光灯、电炉、电视机等。三相负载是指需要三相电源供电的负载，如三相异步电动机等。因为使用任何电气设备都要求负载所承受的电压等于它的额定电压，所以，负载要采用一定的连接方式来满足其对电压的要求。

一、三相负载的星形连接

图 2-35 所示为三相电源和三相负载都为星形连接方式组成的三相四线制电路。每相负载的阻抗为 Z_U、Z_V、Z_W，如果 $Z_U = Z_V = Z_W = Z$，则称为对称三相负载。其中流过相线的电流称为线电流，分别用 i_U、i_V、i_W 表示，其有效值用 I_L 表示；流过每相负载的电流称为相电流，分别用 i_{UN}、i_{VN}、i_{WN} 表示，其有效值用 I_P 表示；流过中性线的电流称为中性线电流，用 i_N 表示，其有效值用 I_N 表示；加在负载上的电压称为相电压，分别用 U_U、U_V、U_W 表示，为有效值。

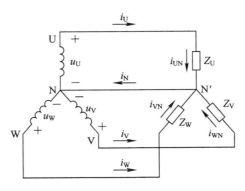

图 2-35　三相负载的星形连接

由图 2-35 可知，负载采用星形连接时，三相负载的线电压就是电源的线电压，而加在各相负载两端的相电压等于电源的相电压，负载相电流等于线电流。每一相电源与负载、中性线构成独立的回路，故可采用单相交流电的分析方法对每相负载进行独立分析。

相电流、相电压与各相负载的相量关系为

$$\begin{cases} \dot{I}_U = \dfrac{\dot{U}_U}{Z_U} \\[2mm] \dot{I}_V = \dfrac{\dot{U}_V}{Z_V} \\[2mm] \dot{I}_W = \dfrac{\dot{U}_W}{Z_W} \end{cases} \tag{2-48}$$

电源相电压与线电压的有效值关系为

$$U_P = \frac{U_L}{\sqrt{3}}$$

相电流与线电流相同，且

$$\begin{cases} I_P = I_L = \dfrac{U_P}{|Z_P|} \\[2mm] \varphi_P = \arccos \dfrac{R}{|Z_P|} \end{cases} \tag{2-49}$$

式中，φ_P 为相电压与相电流之间的相位差（阻抗角），R 为负载电阻。

根据 KCL，中性线上的电流为

$$\dot{I}_N = \dot{I}_U + \dot{I}_V + \dot{I}_W$$

在通常情况下，中性线电流总是小于线电流，而且各相负载越接近对称，中性线电流就越小。因此，中性线的导线截面可以比相线的小一些。

（一）对称三相负载

如果三相负载对称，即

$$Z_U = Z_V = Z_W = Z_P$$

此时有

$$I_U = I_V = I_W = I_P = \frac{U_P}{|Z_P|} \tag{2-50}$$

$$\varphi_U = \varphi_V = \varphi_W = \varphi_P = \frac{R_P}{|Z_P|} \tag{2-51}$$

即每相电流的大小、相电流与相电压的相位差均相同，各负载中的相电流是对称的。若以 $\dot{I}_U$ 为参考相量，相电流的相量关系如图 2-36 所示。根据相量图可知，有 $I_U = I_V = I_W = I_P = 0$ A。因此，星形连接对称三相负载的中性线可省去，电路可简化为三相三线制，如图 2-37 所示。中性线省去后，并不影响三相负载的工作，三个相电流便借助各相线及各相负载互成回路，各相负载的相电压仍为对称的电源相电压。

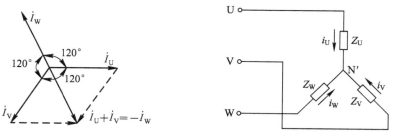

图 2-36　星形连接对称三相负载电流相量图　图 2-37　对称三相负载的星形连接

（二）不对称三相负载

在不对称三相负载的星形连接中，中性线的作用在于能使三相负载成为三个互不影响的独立回路，从而保证各相负载正常工作。所以，在三相四线制中，规定中性线不能去掉，并且不准安装熔断器和开关，有时中性线还要采用刚性导线来加强机械强度，以免断开。另一方面，在连接三相负载时，应尽量使其平衡，以减小中性线上的电流。

图 2-38 所示为常见的楼宇照明电路和动力电路，包括大量的单相负载（如照明灯具）和对称的三相负载（如三相异步电动机）。这些单相负载被接在每条相线与中性线之间，组成一条供电电路，由于各楼层负载不尽相同，也不可能在同一时间内使用，所以这是一典

型的不对称负载，应尽量均衡地分别接到三相电路中去，以减少中性线的电流，而不应把它们集中在三相电路中的某一相电路里。像这样把各相负载分别接在每条相线与中性线之间的供电形式称为三相四线制。目前我国低压配电系统普遍采用三相四线制，线电压是380 V，相电压为220 V。我们平时所接触的负载，如电灯、电视机、电冰箱、电风扇等家用电器，它们工作时都是用两根导线接到电路中，采用的就是三相四线制。

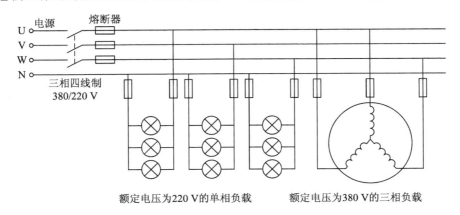

图 2-38　三相四线制供电电路图

采用三相四线制供电方式有如下特点：

（1）不对称三相负载连成星形连接且无中性线时，由于负载阻抗不对称，因此三相负载的相电压也不对称，且负载电阻越大，负载承受的电压越高。也就是说有的相电压可能超过负载的额定电压，负载可能被损坏（白炽灯过亮烧毁）；有的相电压可能低些，负载不能正常工作（白炽灯暗淡无光）。

（2）中性线的作用是保证星形连接时不对称三相负载的相电压对称不变。

（3）对于不对称的三相负载，如照明系统，必须采用三相四线制供电方式，中性线不能去掉，且中性线上不允许接熔断器或刀开关。

（4）有时为了增加中性线的强度以防拉断，还要采用带有钢丝芯的导线作为中性线。

二、三相负载的三角形连接

如果单相负载的额定电压等于三相电源的线电压，则必须把负载接于三相电源的两根相线之间，这类负载分为三组，分别接于电源的 U-V、V-W、W-U 之间，构成负载的三角形连接，如图 2-39 所示。这时，无论负载是否对称，各相负载所承受的电压均为对称的电源线电压，即

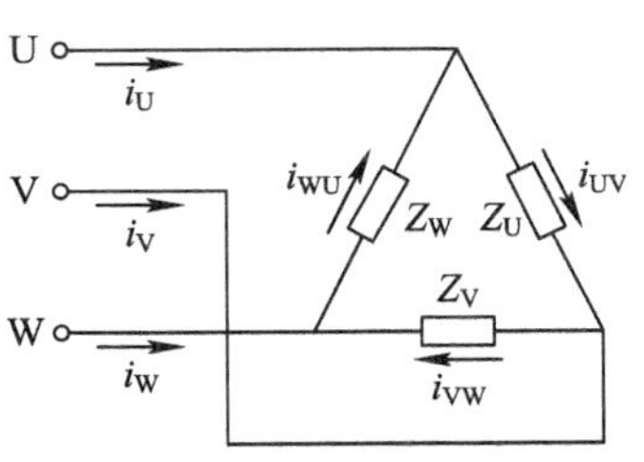

$$U_{\triangle P} = U_L, \quad \varphi_U = \varphi_V = \varphi_W = \varphi_P = \arccos \frac{R}{|Z_P|}$$

$$(2-52)$$

图 2-39　三相负载的三角形连接

以下仅讨论对称三相负载的情况。

分析图 2-39 可知，三相负载连成三角形连接时，相电流与线电流是不相同的。对于这种电路的每一相，可按照单相交流电路的方法来计算相电流。在三相负载对称的情况下，

各相电流也是对称的，其大小为

$$I_{UV} = I_{VW} = I_{UW} = I_{\triangle P} = \frac{U_{\triangle P}}{|Z_P|} = \frac{U_L}{|Z_P|} \tag{2-53}$$

同时，各相电流与各相电压的相位差也相同，即

$$\varphi_U = \varphi_V = \varphi_W = \varphi_P = \arccos \frac{R}{|Z_P|} \tag{2-54}$$

根据 KCL 可求出，各线电流与相电流之间的关系为，三个相电流的相位差互为 120°，各相电流的正方向由加在该相的电压的正方向来确定，即

$$\dot{I}_U = \dot{I}_{UV} - \dot{I}_{WU}$$

$$\dot{I}_V = \dot{I}_{VW} - \dot{I}_{UV}$$

$$\dot{I}_W = \dot{I}_{WU} - \dot{I}_{VW}$$

由此可作出线电流和相电流的相量图，如图 2-40 所示。

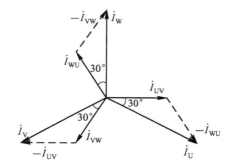

图 2-40 对称三相负载的线电流和相电流的相量图

从相量图中可得到线电流和相电流的大小关系，即

$$I_{\triangle L} = \sqrt{3} I_{\triangle P} \tag{2-55}$$

可见，对称三相负载为三角形连接时，各线电流、相电流均是对称的，线电流的大小为相电流的 $\sqrt{3}$ 倍；各线电流在相位上比其对应的相电流滞后 30°。

综上所述，三相负载既可连成星形连接，也可连成三角形连接，具体如何连接，应根据负载的额定电压和电源线电压的关系而定。当各相负载的额定电压等于电源相电压（线电压的 $1/\sqrt{3}$）时，三相负载应连成星形连接；如果各相负载的额定电压等于电源的线电压，三相负载就必须连成三角形。

三、三相交流电路的功率

三相交流电路中，无论连接方式是星形还是三角形，负载对称还是不对称，三相电路总的有功功率等于各相负载的有功功率之和，即

$$P = P_U + P_V + P_W \tag{2-56}$$

三相电路总的无功功率等于各个负载的无功功率之和，即

$$Q = Q_U + Q_V + Q_W \qquad (2-57)$$

三相电路总的视在功率根据功率三角形为

$$S = \sqrt{P^2 + Q^2} \qquad (2-58)$$

如果三相负载是对称的，则三相电路总的有功功率等于每相负载上所消耗的有功功率的三倍，即

$$P = 3P_P = 3U_P I_P \cos\varphi_P \qquad (2-59)$$

在实际应用中，因为三相电路中的线电压和线电流比较容易测量，故常用它们来表示三相功率。将上述几个公式代入，则可得到

$$P = \sqrt{3} U_L I_L \cos\varphi_P \qquad (2-60)$$

注意：式中的 φ_P 仍为相电压与相电流之间的相位差。

同理，可得到用线电压和线电流表示的无功功率和视在功率，

$$Q = \sqrt{3} U_L I_L \sin\varphi_P \qquad (2-61)$$
$$S = \sqrt{3} U_L I_L$$

注意：对称三相负载连接方式不同，其有功功率也不同，接成"△"时的有功功率是接成"Y"时有功功率的三倍，即

$$P_\triangle = 3P_Y \qquad (2-62)$$

虽然当三相负载对称时，三相电路的功率计算公式在形式上是统一的，但实质上是不一的。因为同样线电压作用下，同一三相负载采用星形连接和三角形连接时的线电流是不一样的，因此两种情况下电路的功率并不相同。这一点，在计算三相电路的功率时必须注意。

实验一 // 荧光灯电路的安装及功率因数的提高

（一）实验目的

（1）学习功率因数表（或功率表）的使用。

（2）学会安装荧光灯电路，了解各元器件的作用。

（3）理解提高功率因数的意义和方法。

（二）实验器材

荧光灯灯具、交流电流表、万用表、电容箱、单刀双掷开关、双极刀开关、功率因数表（或功率表）、导线（若干）。

（三）实验内容与步骤

按图 2-41 接线。电路在连接时注意功率因数表（或功率表）的正确安装。电路连接准确无误之后方可通电。电源接通之后，先断开开关 S，当荧光灯正常工作后，根据表 2-1 要求进行测量，分别测量电源电压有效值 U、灯管电压 U_R、电路的电流 I、镇流器电压 U_L

及 $\cos\varphi$（或荧光灯消耗的有功功率 P），且将测量结果和计算结果均填入表 2-1 中。然后接入电容箱（分别接入不同电容值）重复测量，且将测量结果填入表 2-1 中。

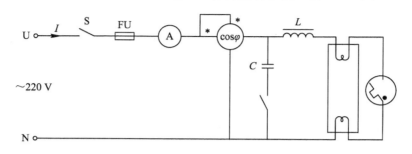

图 2-41　荧光灯实验电路

表 2-1　荧光灯电路的测试数据

电容值/μF	测量结果					计算结果
	U/V	U_R/V	U_L/V	I/mA	$\cos\varphi$（或 P/W）	P/W（或 $\cos\varphi$）
0						
1						
2						
3						
4						

（四）思考题

1. 并联电容前后，观察电路中的灯管电压 U_R、电路的电流 I，镇流器电压 U_L 及 $\cos\varphi$（或荧光灯消耗的有功功率 P）有无变化？为什么有的量不变而有的量改变？

2. 并联电容可提高功率因数，是否并联电容的值越大，功率因数越高，为什么？

3. 将负载与电容器串联能否提高功率因数？

实验二　三相负载的连接与测量

（一）实验目的

（1）学习三相电路中负载的星形连接方法；学习常用电工仪表的使用。

（2）通过实验验证负载星形连接时，线电压 U_L 和相电压 U_P、线电流 I_L 和相电流 I_P 的关系。

（3）了解不对称负载星形连接时中性线的作用。

（二）实验器材

通用电学实验台、三相调压器、白炽灯组、万用表、500 mA 交流电流表及导线。

（三）实验内容与步骤

（1）选取白炽灯组，按图2-42实验电路的接法连接电路。

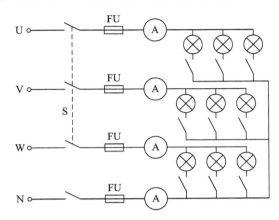

图2-42　三相负载的星形连接

（2）每相均开三盏灯（对称负载），测量各线电压、线电流、相电压及中性线电流，并将所测得的数据填入表2-2中。

（3）将三相负载分别开一盏灯、两盏灯和三盏灯（不对称负载），再分别测量各线电压、线电流、相电压及中性线电流，并将所测得的数据填入表2-2中。

表2-2　三相负载的星形连接的测量数据

负载情况	中性线	线电压/V			相电压/V			白炽灯亮度		
		U_{L1}	U_{L2}	U_{L3}	U_{P1}	U_{P2}	U_{P3}	L_U	L_V	L_W
对称	有									
	无									
不对称	有									
	无									

负载情况	中性线	线电流/A			相电流/A			中性线电流/A
		I_{L1}	I_{L2}	I_{L3}	I_{P1}	I_{P2}	I_{P3}	I_N
对称	有							
	无							
不对称	有							
	无							

（四）注意事项

每次实验完毕，均需将三相调压器旋钮调回零位，如改变接线，切断三相电源，待检查无误后重新接通电源，以确保人身安全。

（五）思考题

（1）用实验数据具体说明中性线的作用以及线电压 U_L 和相电压 U_P、线电流 I_L 和相电流 I_P 的关系，并画出它们的相量图。

（2）为什么照明供电电路均采用三相四线制？

（3）在三相四线制中，中性线是否允许接入熔断器或开关？

习 题

（一）填空题

1. 交流电流是指电流的大小和_____都随时间周期变化，且在一个周期内其平均值为零的电流。

2. 正弦交流电路是指电路中的电压、电流均随时间按_____规律变化的电路。

3. 正弦交流电的瞬时表达式为_____、_____。

4. 角频率是指交流电在_____时间内变化的电角度。

5. 正弦交流电的三个基本要素是_____、_____和_____。

6. 我国工业及生活中使用的交流电频率_____，周期为_____。

7. 已知两个正弦交流电流，它们的相位差为_____，则_____超前_____。

8. 有一正弦电流，有效值为 20 A，其最大值为_____，平均值为_____。

9. 电容器和电阻器都是构成电路的基本元件，但它们在电路中所起的作用却是不同的，从能量上来看，电容器是一种_____元件，而电阻器则是_____元件。

10. 当 $R = 2 \ \Omega$ 的电阻通入交流电，已知交流电流的表达式为 $i = 4\sin(314t - 45°)\mathrm{A}$，则电阻上消耗的功率是_____。

11. 在纯电感交流电路中，电感两端的电压_____电流 $\dfrac{\pi}{2}$；在纯电容电路中，电容两端的电压_____电流 $\dfrac{\pi}{2}$。

12. 纯电感交流电路中，电感两端电压为 $u = \sin(100\pi t)\mathrm{V}$，$L = 10 \ \mathrm{mH}$，瞬时功率最大值为_____ var，一个周期内的平均功率为_____ W。

13. 在某交流电路中，电源电压 $u = 100\sin(\omega t - 30°)\mathrm{V}$，电路中的电流 $i = \sin(\omega t - 90°)\mathrm{A}$，则电压和电流之间的相位差为_____，电路中的有功功率 $P =$_____，电路中的无功功率 $Q =$_____，电源输出的视在功率 $S =$_____。

14. 若家用电器两端加电压 $u = 60\sin(314t)\mathrm{V}$，流过的电流为 $i = 2\sin(314t - \dfrac{\pi}{2})\mathrm{A}$，用万用表测量该家用电器的电压为_____，电流为_____。电压与电流的相位差是_____。该家用电器的阻抗是_____，它是_____性的负载。

15. 在 RLC 串联电路中，当 $X_L > X_C$ 时，电路呈_____性，当 $X_L < X_C$ 时，电路呈_____性，当 $X_L = X_C$ 时，电路呈_____性。

16. 电阻、电感、电容串联电路发生谐振的条件是_____，谐振频率为_____。

17. 对称三相负载为"Y"形连接时，线电压与相电压的相位关系是_____。

18. 三相交流电按其到达正的(或负的)最大值的先后顺序称为_____。

19. 三条相线具有_____、_____、_____的正弦交流电压，称为三相对称电压。

20. 三相电源为三角形连接时，线电压就是相应的_____。

21. 对称三相电源的三个相电压瞬时值之和为_____。

22. 对称三相负载"Y"形连接，接在 380 V 的三相四线制电源上。此时负载端的相电压等于_____倍的线电压；相电流等于_____倍的线电流；中线电流等于_____。

23. 有一星形连接的对称三相负载，每相阻抗均为 22 Ω，功率因数为 0.8，又测出负载中的电流为 10 A，那么三相电路的有功功率为_____；无功功率为_____；视在功率为_____。假如负载为感性设备，则等效电阻是_____；等效电感量为_____。

24. 三相负载可有_____和_____两种接法，这两种接法应用都很普遍。

25. 为了可靠，中性线(干线)必须牢固，不允许_____，不允许_____。

26. 对称三相电路是指_____。

27. 三相四线制供电线路中，已知星形连接的三相负载中，U 相为纯电阻，V 相为纯电感，W 相为纯电容，通过三相负载的电流均为 10 A，则中性线电流为_____。

28. 在三相电路中，如果不对称三相负载采用星形连接，则每相负载_____相同。

(二)选择题

1. 频率是 50 Hz 的交流电，其周期为(　　)s。

A. 0.2　　　　　　B. 0.02　　　　　　C. 0.002　　　　　　D. 50

2. 正弦交流电是指电压、电流、电动势的(　　)。

A. 大小随时间周期性变化

B. 大小和方向都随时间按正弦规律周期性变化

C. 大小和方向都随时间重复性变化

D. 方向随时间非周期性变化

3. 如果交流电压有效值为 220 V，则其电压最大值为(　　)V。

A. 110　　　　　　B. 440　　　　　　C. 380　　　　　　D. 311

4. 正弦交流电的三要素是指(　　)。

A. 电阻、电感、电容　　　　　　　B. 最大值、频率、初相

C. 电流、电压、电功率　　　　　　D. 瞬时值、最大值、有效值

5. 交流电压 $u_1 = 10\sin(100\pi t)$ V，$u_2 = 10\sin(100\pi t - 60°)$ V，则(　　)。

A. u_1 超前 u_2 60°　　　　　　B. u_1 滞后 u_2 60°

C. u_1 滞后 u_2 30°　　　　　　D. u_1 超前 u_2 30°

6. 正弦交流电压 $u = 311\sin(314t + 30°)$ V，此电压的角频率为(　　)。

A. 311 V　　　　　　B. 220 V　　　　　　C. 314 rad/s　　　　　　D. 30°

7. 正弦交流电流 $i = 10\sin(314t + 45°)$ A，此电流的初相角为(　　)。

A. 45°　　　　　　B. 10 A　　　　　　C. 314 rad/s　　　　　　D. 0.02 s

8. 若正弦交流电压的周期为 0.02 s，那么它的变化周期为（　　）。

A. 50 Hz　　　　　　B. 314 rad/s　　　　C. 0.02 s　　　　　D. 314 rad/s

9. 交流电压表和电流表读取的数据值是交流电的（　　）值。

A. 最大值　　　　　　B. 有效值　　　　　　C. 瞬时值　　　　　D. 皆有可能

10. 电力系统负载大多数是电感性负载，要提高电力系统的功率因数常采用（　　）。

A. 串联电容补偿　　　B. 并联电容补偿　　　C. 串联电感　　　　D. 并联电感

11. RLC 串联交流电路，用万用表测电阻、电感、电容两端电压都是 100 V，则电路端电压是（　　）。

A. 0 V　　　　　　　B. 300 V　　　　　　C. 200 V　　　　　D. 100 V

12. 纯电感电路中，电压的相位（　　）电流 90°。

A. 超前　　　　　　　　　　　　　　　　B. 滞后

13. 纯电容电路中，电压的相位（　　）电流 90°。

A. 超前　　　　　　　　　　　　　　　　B. 滞后

14. 纯电阻电路中，电压与电流的相位关系是（　　）。

A. 电压超前于电流　　　　　　　　　　　B. 电压滞后于电流

C. 与电流相同，既不超前也不滞后　　　　D. 无法判断相位关系

15. 电阻 $R=60\ \Omega$，电感 $L=255$ mH 两个元件，串联接入频率为 50 Hz、电压为 220 V 的交流电路上，电路的阻抗为（　　）。

A. 140 Ω　　　　　B. 20 Ω　　　　　C. 100 Ω　　　　D. 80 Ω

16. 电阻 $R=60\ \Omega$，电感 $L=255$ mH 两个元件，串联接入频率为 50 Hz、电压为 220 V 的交流电路上，电感两端的电压为（　　）。

A. 220 V　　　　　　B. 311 V　　　　　　C. 176 V　　　　　D. 132 V

17. 电阻 $R=60\ \Omega$，电感 $L=255$ mH 两个元件，串联接入频率为 50 Hz、电压为 220 V 的交流电路上，电路的无功功率为（　　）。

A. 484 W　　　　　　B. 290 W　　　　　　C. 387 var　　　　D. 132 W

18. 电阻 $R=60\ \Omega$，电感 $L=255$ mH 两个元件，串联接入频率为 50 Hz、电压为 220 V 的交流电路上，电路的有功功率为（　　）。

A. 484 W　　　　　　B. 290 W　　　　　　C. 387 W　　　　　D. 132 W

19. 在 RLC 串联电路中，当 $X_L > X_C$ 时，此电路呈现（　　）性质。

A. 电感性　　　　　　B. 电阻性　　　　　　C. 电容性　　　　D. 任何性质均可能

20. 若在电感为 $X_L=50\ \Omega$ 的纯电感电路两端加上正弦交流电压 $u=20\sin(100\pi t+\frac{\pi}{3})$ V，则通过它的瞬时电流为（　　）。

A. $i=20\sin(100\pi t-\frac{\pi}{3})$ A　　　　　　B. $i=0.4\sin(100\pi t-\frac{\pi}{3})$ A

C. $i=0.4\sin(100\pi t+\frac{\pi}{3})$ A　　　　　　D. $i=0.4\sin(100\pi t+\frac{\pi}{3})$ A

21. 功率表测量的是( )。

A. 有功功率 B. 无功功率 C. 视在功率 D. 瞬时功率

22. 三相交流电是由三个频率相同，在相位上互差( )、最大值大小相等的三个相电压组成的供电系统。

A. 30° B. 60° C. 90° D. 120°

23. 三相交流电产生后，通过三相变压器( )后进行远距离输送。

A. 降压 B. 升压 C. 不变 D. 升压和降压都可能

24. 把三相电压到达正的最大值、零、负的最大值的先后次序称为( )。

A. 相位 B. 相位差 C. 相序 D. 时序

25. 将发电机的三个绕组的末端连接在一起的接法，称为( )形连接。

A. 星 B. 三角 C. 菱 D. 环

26. 星形连接三相电源的线电压是相电压的( )倍。

A. 1 B. 2 C. $\sqrt{3}$ D. 不能确定

27. 已知三相四线制供电系统中，相电压有效值为 220 V，则线电压有效值是( )。

A. 110 V B. 220 V C. 380 V D. 不能确定

28. 三相四线制供电电源有三根端线，一根( )。

A. 中性线 B. 相线 C. 地线 D. 火线

29. 通常三相四线制用 L_1、L_2、L_3 表示三根相线，用( )表示中性线。

A. X B. Y C. Z D. N

30. 三角形连接的三相电源，线电压是相电压的( )倍。

A. 1 B. 2 C. 3 D. 不能确定

31. 三相电源采用星形连接时，线电压与相电压的相位关系是( )。

A. 线电压超前相电压 B. 线电压滞后相电压

C. 线电压与相电压同相位 D. 线电压与相电压反相位

32. 我国低压制式为线电压 380 V，相电压 220 V，如三相电动机每相绕组额定电压为 220 V，则应将该电动机三相绕组接成( )连接。

A. 星形 B. 三角形 C. 星形或三角形

33. 我国低压制式为线电压 380 V，相电压 220 V，如三相电动机每相绕组额定电压为 380 V，则应将该电动机三相绕组接成( )连接。

A. 星形 B. 三角形 C. 星形或三角形

34. 使用三相交流电源供电的电器或设备有( )。

A. 冰箱 B. 计算机 C. 三相异步电动机 D. 白炽灯

35. 工作在交流电路中的电动机当相序改变后，电动机会( )。

A. 加运转 B. 停止运转 C. 反向旋转

36. 在三相电路中，如果不对称三相负载采用星形连接，则每相负载( )相同。

A. 电流 B. 电压 C. 阻抗 D. 功率

（三）判断题

1. 正弦量的初相角与起始时间的选择有关，而相位差则与起始时间无关。 ( )

2. 两个不同频率的正弦量可以求相位差。 （　）

3. 正弦量的三要素是最大值、频率和相位。 （　）

4. 人们平时所用的交流电压表、电流表所测出的数值是有效值。 （　）

5. 正弦交流电在正半周期内的平均值等于其最大值的 $\sqrt{2}$ 倍。 （　）

6. 交流电的有效值是瞬时电流在一周期内的均方根值。 （　）

7. 交流电的振幅就是有效值。 （　）

8. 大小和方向都变化的电流称为正弦交流电流。 （　）

9. 正弦交流电压 $u=311\sin(314t+30°)$ V，此电压的有效值为 220 V。 （　）

10. 正弦交流电流 $i=10\sin(314t-45°)$ A，此电流的初相角为 45°。 （　）

11. 纯电感电路中，电压与电流的相位差为 90°。 （　）

12. 纯电阻电路中，电压与电流同相。 （　）

13. 纯电容电路中，电压与电流的相位差为 90°。 （　）

14. 在 RL 串联的交流电路中，电路负载表现为电感性负载。 （　）

15. 在 RL 串联的交流电路中，电路的总电压等于电感两端电压与电阻两端电压的和。

　（　）

16. 在 RL 串联的交流电路中，电路的总功率等于电感的功率与电阻功率的和。

　（　）

17. 在纯电阻电路中，电压和电流的有效值关系为 $U=IR$。 （　）

18. 在纯电容电路中，电压和电流的有效值关系为 $U=IX_C$。 （　）

19. 三相交流电是由三个在相位上互差 90°、最大值大小相等的三个相电压组成的供电系统。 （　）

20. 电路中线电压等于相电压。 （　）

21. 三相电源连成星形连接时，线电压在数值上等于相电压的 3 倍。 （　）

22. 三相电源连成星形连接时，线电压等于相电压。 （　）

23. 三相电源连成星形连接时，线电压超前相电压 30°。 （　）

24. 中性线的作用就是使不对称 Y 形连接的负载的端电压保持对称。 （　）

25. 三相电路的有功功率，在任何情况下都可以用二瓦计法进行测量。 （　）

26. 三相负载采用星形连接时，必有线电流等于相电流。 （　）

27. 不对称三相负载越接近对称，中性线上通过的电流就越小。 （　）

28. 中性线不允许断开。因此不能安装保险丝和开关，并且中性线截面比火线粗。

　（　）

29. 工作在交流电路中的电动机，当相序改变后，要反向旋转。 （　）

30. 三相负载采用星形连接时，中性线中没有电流流过。 （　）

31. 为了确保安全用电，在供电电路中无论是相线还是中性线都必须安装熔断器。

　（　）

32. 在三相四线制中，如果三相负载对称，则四根线中的电流均相等。 （　）

33. 在三相电路中，如果负载对称，则每相负载消耗的功率相同。 （　）

34. 在三相电路中，如果负载的额定电压等于电源的线电压，则应接成三角形。

　（　）

35. 在三相电路中，如果负载的额定电压等于电源的相电压，应接成星形。 （   ）

（四）计算题

1. 三个正弦量 i_1、i_2 和 i_3 的最大值分别为 1 A、2 A 和 3 A。若 i_3 的初相角为 $60°$，i_1 较 i_2 超前 $30°$，较 i_3 滞后 $150°$，试分别写出这三个电流的解析式（设正弦量的角频率为 ω）。

2. 已知某正弦交流电压在 $t=0$ 时，其值 $u_0=110\sqrt{2}$ V，初相角为 $60°$，求有效值。

3. 已知交流电压 $u_1=220\sqrt{2}\sin(100\pi t+\frac{\pi}{6})$ V，$u_2=380\sqrt{2}\sin(100\pi t-\frac{\pi}{3})$ V。求各交流电压的最大值、有效值、角频率、频率、初相角和它们之间的相位差，指出它们之间的"超前"或"滞后"关系，并画出它们的相量图。

4. 已知正弦电压 $u=100\sin(100\pi t-30°)$ V。

（1）求它的最大值、有效值和初相位；

（2）求角频率和频率；

（3）当 $t=0$ s 与 $t=0.01$ s 时，电压的瞬时值各为多少？

5. 已知三个电流的瞬时值分别为 $i_1=5\sin(\omega t+30°)$ A，$i_2=10\sin(\omega t+60°)$ A，$i_3=3\sin(\omega t)$ A。

（1）画出这三个电流的相量图；

（2）判断 i_1 与 i_2 的超前或滞后的情况；

（3）判断 i_3 与 i_2 的超前或滞后的情况。

6. 将一个阻值为 48.4 Ω 的电炉，接到电压为 $u=220\sqrt{2}\sin(\omega t-\frac{\pi}{3})$ V 的电源上。

（1）通过电炉的电流为多少？写出电流的解析式；

（2）白炽灯消耗的功率是多少？

7. 一个电感为 20 mH 的纯电感线圈，接在电压 $u=311\sin(314t+300)$ V 的电源上。

（1）通过线圈的电流为多少？写出电流的解析式；

（2）电路的无功功率是多少？

8. 一个容量为 637 μF 的电容器，接在电压 $u=220\sqrt{2}\sin(314t-600)$ V 的电源上。

（1）通过电容器的电流为多少？写出电流的解析式；

（2）电路的无功功率是多少？

9. 在 RLC 串联交流电路中，已知 $R=40$ Ω，$L=223$ mH，$C=80$ μF，电路两端交流电压 $u=311\sin(314t)$ V。

（1）求电路阻抗；

（2）求电流有效值；

（3）求各元件两端电压有效值；

（4）求电路的有功功率、无功功率、视在功率；

（5）分析电路的性质。

10. 对称三相负载采用三角形连接，每相电阻为 38 Ω，接于线电压为 380 V 的对称三相电源上。试求负载相电流 I_P、线电流 I_L 和三相有功功率 P，并绘出各电压电流的相量图。

11. 对称三相电源向对称"Y"形连接的负载供电，如图 2-43 所示。当中性线开关 S 闭合时，电流表读数为 2 A。试说明：

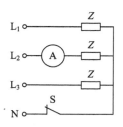

图 2-43　计算题 11 用图

(1) 若开关 S 打开，电流表读数是否改变，为什么？

(2) 若 S 闭合，L_1 相负载 Z 断开，电流表读数是否改变，为什么？

12. 如图 2-44 所示，电路为对称三相四线制电路，电源线电压有效值为 380 V，$Z=(6+j8)$。求线电流 $\dot{I}_1$、$\dot{I}_2$、$\dot{I}_3$。

13. 对称三相电源向三角形连接的负载供电，如图 2-45 所示，已知三相负载对称，$Z_1=Z_2=Z_3$，各电流表读数均为 1.73 A；突然负载 Z_3 断开，此时三相电源不变，问各电流表读数如何变化，是多少？

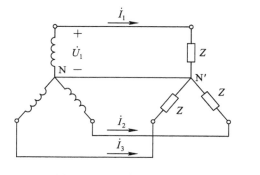

图 2-44　计算题 12 用图

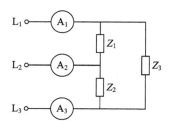

图 2-45　计算题 13 用图

14. 一对称三相负载连成星形连接后接在线电压为 380 V 的对称三相电源上，已知每相电阻为 6 Ω，感抗为 8 Ω。试求各相负载的相电流及线电流。

项目三
磁路与变压器

知识目标

（1）了解磁场的基本概念、磁场的产生及磁场（或磁感线）方向的判断。

（2）理解磁性材料的磁性能。

（3）掌握磁路的基本定律和磁路的计算。

（4）掌握变压器的基本结构及其作用。

（5）掌握变压器的变压、变流和变阻抗作用。

（6）理解互感线圈的同名端概念，掌握同名端的判别方法及连接。

（7）掌握特殊变压器在实际中的应用。

技能目标

（1）能使用指针万用表判别变压器的同名端。

（2）能使用钳形电流表。

思政目标

（1）提升工程伦理意识。

（2）增强团队协作与沟通能力。

（3）树立创新思维与实践能力。

（4）培养持续学习与自我提升的习惯。

（5）强化社会责任感与使命感。

任务一 // 认 识 磁 路

任务目标

掌握磁路的基本概念，了解磁路的基本定律，了解磁性材料的分类；理解磁性材料的磁化过程，学会磁路计算，理解磁路设计原则；培养综合素质，激发创新精神。

一、磁场的基本物理量

(一)磁感应强度

磁感应强度 **B** 是描述磁场内某点的磁场强弱和方向的物理量，它是矢量。磁场中，不同点的磁感应强度一般不同，常用磁力线的分布来描述磁场的强弱及方向。磁力线的疏密描述磁场的强弱，磁力线上任何一点的切线就是该点磁感应强度 **B** 的方向。磁感应强度也可用通以单位电流的导线的电流方向与磁场垂直时，导线所受的磁场力的大小来表示。它与电流(电流产磁场)之间的方向关系可用右手螺旋定则来确定，其大小定义为

$$B = \frac{F}{IL} \tag{3-1}$$

式中，F 为导线所受的力(N·m)，L 为导线的长度(m)，I 为导线中通过的电流(A)。

如果磁场内各点的磁感应强度的大小相等，方向相同，这样的磁场称为均匀磁场。图3-1为几种不同形状的导体通入电流后产生的磁力线的分布情况，

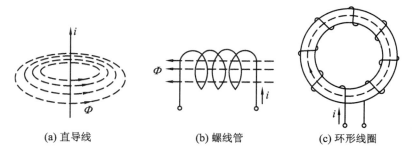

(a) 直导线   (b) 螺线管   (c) 环形线圈

图 3-1 磁力线图

磁感应强度 **B** 的 SI 单位是特[斯拉](T)，**B** 在电磁单位制中也用高斯(Gs)作为单位，$1\ \text{T} = 10^4\ \text{Gs}$。

(二) 磁通

磁通可以用通过与磁感线相垂直的某一截面的磁感线总数来表示。磁感应强度大小 B (如果不是均匀磁场，则取 B 大小的平均值)与垂直于磁场方向的面积 S 的乘积，称为通过该面积的磁通 Φ，即

$$\Phi = BS \quad 或 \quad B = \frac{\Phi}{S} \tag{3-2}$$

由上式可见，磁感应强度在数值上可以看成与磁场方向相垂直的单位面积所通过的磁场，故又称磁通密度，简称磁密。

磁通的单位为韦伯(Wb)，即伏·秒每平方米($V \cdot s/m^2$)，在实际中常用韦伯(Wb)作为单位。

式(3-2)只适用于磁场方向与面积垂直的均匀磁场。当磁场方向与面积不垂直时，则磁通为

$$\Phi = BS \sin\theta \tag{3-3}$$

式中，θ 为磁场方向与面积 S 的法线方向的夹角。

（三）磁场强度

在分析计算各种铁磁材料中的磁感应强度与电流的关系时，还要考虑磁介质的影响。为了区别导线电流与磁介质对磁场的影响以及计算上的方便，引入了一个仅与导线中电流和载流导线的结构有关而与磁介质无关的辅助物理量来表示磁场的强弱，称为磁场强度，用 $\boldsymbol{H}$ 表示，即

$$\boldsymbol{H} = \frac{\boldsymbol{B}}{\mu} \tag{3-4}$$

磁场强度的单位是安[培]每米(A/m)，磁场强度是矢量，其方向与磁场中该点的磁感应强度的方向一致。

（四）磁导率

磁导率 μ 是一个用来表示磁场媒质磁性的物理量，也就是用来衡量物质导磁力的物理量。它与磁场强度的乘积等于磁感应强度，即

$$\boldsymbol{B} = \mu \boldsymbol{H} \tag{3-5}$$

磁导率 μ 的单位是亨[利]每米(H/m)。各种物质都有自己的磁导率，由实验测出，真空的磁导率 $\mu_0 = 4\pi \times 10^{-7}$ H/m，是个常数。空气的磁导率与真空的磁导率非常接近。任意一种物质的磁导率 μ 和真空的磁导率 μ_0 的比值，称为该物质的相对磁导率 μ_r，即

$$\mu_r = \frac{\mu}{\mu_0} \tag{3-6}$$

对于非磁性材料，如铜、铝、纸张、空气等，其磁导率小于且接近于 1，而磁性材料的磁导率 μ_r 远大于 1。

二、磁路及其基本定律

（一）磁路

由磁性材料(可以含少量气隙)构成，并能使绝大部分磁力线通过的闭合路径称为磁路，常见的几种磁路形式如图 3-2 所示。

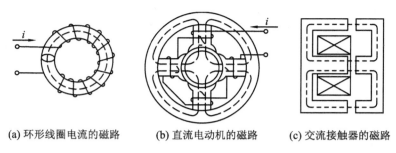

(a) 环形线圈电流的磁路　　(b) 直流电动机的磁路　　(c) 交流接触器的磁路

图 3-2　磁路

（二）安培环路定律

安培环路定律描述为，在磁路中，沿任一闭合路径，磁场强度的线积分等于与该闭合路径相交链的电流的代数和，即

$$\oint \boldsymbol{H} \mathrm{d}l = \sum I \tag{3-7}$$

它反映了磁场强度与励磁电流之间的矢量关系。对于环形线圈磁路，如果磁场是均匀的，上式可表示为

$$Hl = \sum I = Nl \tag{3-8}$$

式中，N 是线圈的匝数；l 是磁路（闭合回线）的平均长度。线圈匝数与电流的乘积 NI 称为磁通势，用字母 F 来表示，即

$$F = NI$$

磁通就是由磁势产生的，它的单位是安培（A）。

（三）磁路的欧姆定律

将 $\boldsymbol{H} = \boldsymbol{B}/\mu$ 和 $B = \Phi/S$ 代入式(3-8)，得

$$\Phi = \frac{NI}{l/\mu S} = \frac{F}{R_{\mathrm{m}}} \tag{3-9}$$

式中，R_{m} 称为磁路的磁阻，S 为磁路的截面积。式(3-9)与电路的欧姆定律在形式上相似，所以称为磁路的欧姆定律。但是必须注意，因为 R_{m} 不是常数，所以它主要用于磁路的定性分析。

关于磁路的计算简单介绍如下。在计算电机、电器等的磁路时，往往预先给定铁芯中的磁通（或磁感应强度），而后按照所给的磁通及磁路各段的尺寸和材料去求产生预定磁通所需的磁通势 $F = NI$。

如上所述，计算磁路不能应用磁路的欧姆定律，而要环路安培定律，即 $NI = Hl$。

上式是对均匀磁路而言的。如果磁路是由不同的材料或不同长度和截面积的几段组成的，即磁路由磁阻不同的几段串联而成，则

$$NI = H_1 l_1 + H_2 l_2 + \cdots = \sum (Hl) \tag{3-10}$$

式(3-10)是计算磁路的基本公式，式中 $H_1 l_1$，$H_2 l_2 \cdots$ 也常称为磁路各段的磁压降。具体计算步骤如下：

（1）由于各段磁路的截面积不同，但其中又通过同一磁通，因此各段磁路的磁感应强

度也就不同，可分别按下列公式计算：

$$B_1 = \frac{\Phi}{S_1}, \qquad B_2 = \frac{\Phi}{S_2}$$

（2）根据各段磁路材料的磁化曲线 $B = f(H)$，找出与上述 B_1，B_2…相对应的磁场强度 H_1，H_2…。各段磁路的 H 也是不同的。

（3）计算空气隙或其他非磁性材料的磁场强度 H_0 时，可直接应用下式

$$H_0 = \frac{B_0}{\mu_0} = \frac{B_0}{4\pi \times 10^{-7}} \text{ A/m}$$

（4）计算各段磁路的磁压降 Hl。

（5）应用式 $NI = H_1 l_1 + H_2 l_2 + \cdots = \sum (Hl)$，求出磁通势 F。

【**例 3-1**】　一个由硅钢片制成的铁芯铁圈，磁路的平均长度 l 为 500 mm，其中含有 5 mm 的空气隙，若要使铁芯中的磁感应强度 B 为 1.17 T，问需要多大的磁通势？若线圈匝数 N 为 1500，励磁电流 I 应为多大？

解　查硅钢片的磁化曲线，当 $B = 1.17$ T 时，$H = 600$ A/m。

空气隙磁导率近似取 μ_0，于是空气隙中的磁场强度为

$$H_0 = \frac{B_0}{\mu_0} = \frac{1.17}{4\pi \times 10^{-7}} \text{ A/m} \approx 0.93 \times 10^6 \text{ A/m}$$

总磁通势为

$$F = NI = \sum (Hl) = Hl + H_0 \delta$$
$$= 600 \times (500 - 5) \times 10^{-3} \text{ A} + 0.93 \times 10^6 \times 5 \times 10^{-3} \text{ A}$$
$$= (297 + 4650) \text{ A} = 4947 \text{ A}$$

线圈的励磁电流为 $I = \dfrac{F}{N} = \dfrac{4947}{1500} \text{A} \approx 3.3$ A

可见，当磁路中含有空气隙时，由于其磁阻较大，磁通势主要用于克服空气隙的高磁阻。

计算这个例题的主要目的是要得出下面几个实际结论：

（1）如果要得到相等的磁感应强度，采用磁导率高的铁芯材料，可使线圈的用铜量大为降低。

（2）如果线圈中通有相同大小的励磁电流，要得到相等的磁通，采用磁导率高的铁芯材料，可使铁芯的用铁量大为降低。

（3）当磁路中含有空气隙时，由于其磁阻较大，要得到相等的磁感应强度，必须增大励磁电流（假设线圈匝数一定）。

三、磁性材料

（一）磁性材料的磁化

磁性材料具有很强的被磁化特性。磁性材料内部存在着许多小的自然磁化区，称为磁畴。这些磁畴犹如小的磁铁，在无外磁场作用时呈杂乱无章的排列，对外不显磁性，如图 3-3(a)所示。当有外磁场时，在磁场力作用下磁畴将按照外磁场方向顺序排列，进而产生一个很强的附加磁场，此时称磁性材料被磁化。磁化后，附加磁场与外磁场相叠加，从而使

磁性材料内的磁场大大增强，如图 3 - 3(b)所示。

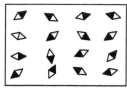

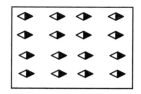

(a) 磁化前　　　　　　　　(b) 磁化后

图 3 - 3　磁性材料磁畴示意图

材料的磁感应强度大小 B 和外加磁场强度大小 H 之间的对应关系曲线，称为磁化曲线。通过实验可得出磁性材料的磁化曲线，如图 3 - 4 所示。它是一条非线性曲线，横轴为外加磁场强度大小 H，纵轴为磁性材料的磁感应强度大小 B。磁性材料磁化曲线的特征如下：

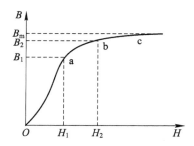

图 3 - 4　磁性材料磁化曲线图

（1）oa 段：B 与 H 几乎成正比地增加；

（2）ab 段：B 的增加缓慢；

（3）b 点以后：B 增加很少；

（4）c 点时磁感应强度达到最大值 B_m，以后 B 不再增加，曲线近于直线。

由磁化曲线可见，磁性材料的 B 与 H 不成正比，这说明磁性材料的磁感应强度与外加磁场强度是非线性的关系，所以磁性材料的 μ 值不是常数，随磁场强度的变化而变化，不同的磁场强度，磁性材料所对应的磁导率是不同的。磁性材料的磁化曲线在磁路计算上极为重要。

磁性材料具有下列磁性能。

1. 高导磁性

磁性材料的磁导率很高，$\mu_r \gg 1$，可达数百、数千乃至数万之值。这就使磁性材料具有被强烈磁化的特征。

由于磁性材料具有高导磁性，因此在具有铁芯的线圈中通入不大的励磁电流，便可产生足够大的磁通和磁感强度。这就可解决既要磁通大，又要励磁电流小的矛盾。利用优质的磁性材料可使同一容量的电动机的重量和体积大大减轻和减小。

2. 磁饱和性

磁性材料放入磁场强度为 H 的磁场(常为线圈的励磁电流产生)内，会受到强烈的磁化，其磁化曲线($B\text{-}H$)如图 3 - 4 所示。开始时 H 与 B 近于比例增加。而后，随着 H 的增加，B 的增加缓慢下来，最后趋于磁饱和。

磁性材料的磁导率 $\mu = \dfrac{B}{H}$，由于 B 与 H 不成比例，所以 μ 不是常数，随 H 而变。

由于磁通 Φ 与 B 成正比，产生磁通的励磁电流 I 与 H 成正比，因此存在磁性材料的情况下，Φ 与 I 也不成正比。

3. 磁滞性

当铁芯线圈中通有交流时，铁芯就受到交变磁化。在电流变化一周期时，磁感应强度

B 随磁感强度 H 而变化的关系如图 3 - 5 所示。

由图 3 - 5 可见，当 H 减到零值时，B 并未回到零值。这种磁感应强度滞后于磁场强度变化的性质称为磁性材料的磁滞性，图 3 - 5 的曲线也就称为磁滞回线。

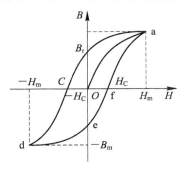

图 3 - 5　磁滞回线

当线圈中电流减到零值（即 H 为零）时，铁芯在磁化时所获得的磁性还未完全消失。这时铁芯中所保留的磁感应强度称为剩磁感应强度 B_r，简称剩磁。永久磁铁的磁性就是由剩磁产生的。但对剩磁的作用也要一分为二，有时它是有害的。例如，当工件在平面磨床上加工完毕后，由于电磁吸盘有剩磁，还将工件吸住。为此，要通入反方向去磁电流，去掉剩磁，才能将工件取下。再如有些工件（如轴承）在平面磨床上加工后得到的剩磁也必须去掉。

如果要使铁芯的剩磁消失，通常改变线圈中励磁电流的方向，也就是改变磁场强度 H 的方向来进行反向磁化。使 $B = 0$ T 的 H 值，称为矫顽磁力 H_c。

磁性材料不同，其磁滞回线和磁化曲线也不同（由实验得出）。图 3 - 6 中示出了几种磁性材料的磁化曲线。

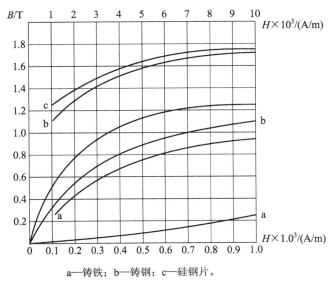

a—铸铁；b—铸钢；c—硅钢片。

图 3 - 6　磁化曲线

（二）磁性材料的磁性能

按磁性能，磁性材料可以分成三种类型。

1. 软磁材料

软磁材料具有较小的矫顽磁力，其磁滞回线较窄，磁滞损耗较小，如图 3-7 所示。它一般用来制造电机、电器及变压器等铁芯。常用的有铸铁、硅钢、坡莫合金及铁氧体等。铁氧体在电子技术中应用也很广泛，例如可作为计算机的磁芯、磁鼓以及录音机的磁带、磁头。

2. 永磁材料

永磁材料具有较大的矫顽磁力，其磁滞回线较宽，磁滞损耗较大，如图 3-7 所示。它一般用来制造永久磁铁，常用的有碳钢及铁镍铝钴合金等。近年来稀土永磁材料发展得很快，如稀土钴、稀土钕铁硼等，其矫顽磁力更大。

3. 矩磁材料

矩磁材料具有较小的矫顽磁力和较大的剩磁，其磁滞回线接近矩形，稳定性也很好，如图 3-8 所示。在计算机和控制系统中矩磁材料可用作记忆元件、开关元件和逻辑元件。常用的矩磁材料有镁锰铁氧体及 1J51 型铁镍合金等。

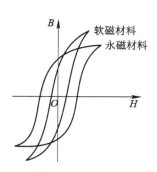
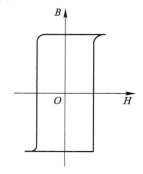

图 3-7 软磁和永磁材料的磁滞回线 　　图 3-8 矩磁材料的磁滞回线

任务二　认识铁芯线圈与变压器

任务目标

掌握铁芯线圈的基本概念；理解铁芯线圈的工作原理；熟悉铁芯线圈的结构特点；掌握变压器的基本结构；理解变压器的工作原理；熟悉变压器的分类与应用；掌握磁路中磁通、磁阻、磁动势等物理量的计算方法以及磁路设计的基本原则和方法；理解变压器的参数与特性；掌握变压器的分析与设计方法；培养综合素质与创新精神。

一、铁芯线圈

（一）直流铁芯线圈

对于直流铁芯线圈，由于它是用直流来励磁的，铁芯中产生的磁通是恒定的，因此线圈中无感应电动势，线圈的电流取决于电源电压和线圈的内阻，功率损耗也只有线圈电阻上的铜损。当电源电压和线圈内阻一定时，励磁电流恒定不变，磁通势也就不变。

（二）交流铁芯线圈

交流铁芯的励磁电流是交变的，它所产生的磁场也是交变的，因此它在电磁关系、电压电流关系及功率损耗等方面和直流铁芯线圈有所不同。

1. 电磁关系

图 3-9 是交流铁芯线圈电路，线圈的匝数为 N，当线圈两端加上正弦交流电压 u 时，就形成了交变的磁通势 Ni，于是在铁芯中产生了交变的磁通，其绝大部分通过铁芯而闭合，称为主磁通 Φ，此外还有很少一部分磁通从附近的空气中通过，称为漏磁通 Φ_σ。这两种磁通都在线圈中感应电动势，分别称作主磁电动势 e 和漏磁电动势 e_σ，它们与磁通的参考方向之间满足右手螺旋定则。

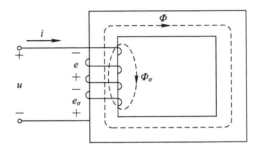

图 3-9　交流铁芯线圈电路

2. 电压电流关系

由基尔霍夫电压定律可得出铁芯线圈中的电压、电流和电动势之间的关系为

$$u + e + e_\sigma = Ri$$

由于漏磁通经过的路径主要是非磁性材料，其磁导率为一常数，可以认为 Φ_σ 与 i 之间是线性关系，故铁芯线圈的漏电感为

$$L_\sigma = \frac{N\Phi_\sigma}{i} = 常数$$

但主磁通集中在铁磁物质内，其磁导率不是常数，所以 Φ 与 i 之间不存在线性关系，即铁芯线圈的主磁电感 L 不是常数，因此铁芯线圈是一个非线性的电感元件。主磁通在线圈中产生的感应电动势可用下述方法计算。

设主磁通 $\Phi = \Phi_m \sin(\omega t)$，则

$$\frac{d(\Phi_m \sin(\omega t))}{dt} = -N\omega\Phi_m\cos(\omega t) \quad \frac{d(\Phi_m \sin(\omega t))}{dt} = -N\omega\Phi_m\cos(\omega t)$$

$$= 2\pi f N\Phi_m \sin(\omega t - 90°) = E_m \sin(\omega t - 90°)$$

式中 $E_m = 2\pi f N\Phi_m$，是主磁电动势 e 的最大值，而 e 的有效值为

$$E = \frac{E_m}{\sqrt{2}} = \frac{2\pi f N\Phi_m}{\sqrt{2}} = 4.44 f N\Phi_m \tag{3-11}$$

通常由于线圈的电阻和漏抗较小，其电压降也较小，与主磁通比较起来可以忽略不计。

于是 $\dot{U} = -\dot{E}$，所以

$$U = 4.44fN\Phi_\mathrm{m} \qquad\qquad (3-12)$$

式(3-12)给出了铁芯线圈在正弦交流电压作用下的电压的有效值与铁芯中磁通最大值之间的关系，它对于分析电机、电器及变压器的工作原理非常重要。

3. 功率损耗

在交流铁芯线圈电路中，除了在线圈电阻中有功率损耗外，在铁芯中也有功率损耗。线圈上损耗的功率 I^2R 称为铜损，用 P_Cu 表示；铁芯中损耗的功率称为铁损，用 P_Fe 表示。铁损包括磁滞损耗和涡流损耗两部分。

1）磁滞损耗 P_h

铁磁材料交变磁化的磁滞现象产生的铁损称为磁滞损耗，用 P_h 表示。它是由铁磁材料内部磁畴反复磁化引起铁芯发热而产生的损耗。铁芯单位体积内每周期产生的磁滞损耗与磁滞回线所包围的面积成正比。为了减小磁滞损耗，交流铁芯均由软磁材料制成。如硅钢就是电机和变压器中常用的铁芯材料。

2）涡流损耗 P_e

当线圈通有交流电时，交变的磁通不仅在线圈中感应电动势，而且在铁芯内也要感应电动势和感应电流，这种感应电流称为涡流。它在垂直于磁通的铁芯平面内环绕着，故称为涡流，如图 3-10(a)所示。涡流也会引起铁芯发热，产生涡流损耗 P_e。为了减小涡流损耗，在顺磁场方向铁芯可由彼此绝缘的硅钢片叠制而成。这样可把涡流限制在较小的截面内流动，从而减小涡流损耗，如图 3-10(b)所示。各种交流电机、电器和变压器的铁芯普遍用硅钢片叠成。综上所述，交流铁芯线圈电路的功率损耗为 $P = P_\mathrm{Cu} + P_\mathrm{Fe} = I^2R + P_\mathrm{Fe}$。

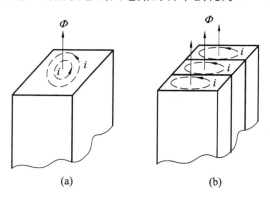

图 3-10　铁芯中的涡流

二、变压器

变压器是一种常见的电气设备，在电力系统和电子线路中应用广泛。在输电方面，主要用于电压等级的变换，即升压或降压；在电子线路中，除电源变压器外，变压器还用来耦合电路，传递信号，并实现阻抗匹配。

此外，还有自耦变压器、互感器及各种专用变压器（电焊、电炉用于整流等）。变压器的种类很多，但是它们的基本构造和工作原理是相同的，即都是以电磁感应原理为基础的。

(一)变压器的结构

变压器的一般结构如图 3-11 所示,它由闭合铁芯和高压绕组、低压绕组等几个主要部分构成。通常铁芯由相互绝缘的硅钢片叠交而成,线圈由漆包铜线绕制而成。

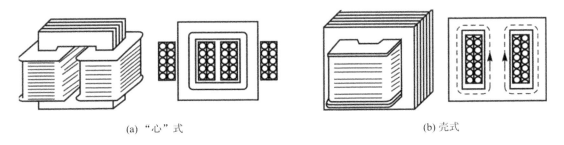

(a) "心"式　　　　　　　　　　　　(b) 壳式

图 3-11　变压器的结构示意图

(二)变压器的工作原理

图 3-12 所示的是变压器的原理图。为了便于分析,将高压绕组和低压绕组分别画在两边。与电源相连的称为一次绕组(或称初级绕组、原绕组),与负载相连的称为二次绕组(或称次级绕组、副绕组)。一次绕组、二次绕组的匝数分别用 N_1 和 N_2 表示。下面说明变压器的工作原理。

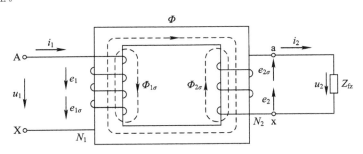

图 3-12　变压器的原理图

当一次绕组接上交流电压 u_1 时,一次绕组中便有电流 i_1 通过。一次绕组的磁通势 $N_1 i_1$ 产生的磁通绝大部分通过铁芯而闭合,从而在二次绕组中感应出电动势。如果二次绕组接有负载,那么二次绕组中就有电流 i_2 通过。二次绕组的磁通势 $N_2 i_2$ 也产生磁通,其绝大部分也通过铁芯而闭合。因此,铁芯中的磁通是一个由一、二次绕组的磁通势共同产生的合成磁通,它称为主磁通,用 Φ 表示。主磁通穿过一次绕组和二次绕组而在其中感应出的电动势分别为 e_1 和 e_2。此外,一、二次绕组的磁通势还分别产生漏磁通 $\Phi_{\sigma 1}$ 和 $\Phi_{\sigma 2}$(仅与本绕组相连),从而在各自的绕组中分别产生漏磁电动势 $e_{\sigma 1}$ 和 $e_{\sigma 2}$。

下面分别讨论变压器的电压变换、电流变换及阻抗变换。

1. 电压变换

根据基尔霍夫电压定律,对一次绕组电路可列出如下的 KVL 方程,即

$$u_1 = r_1 i_1 + (-e_{\sigma 1}) + (-e_1) \qquad (3-13)$$

其中 r_1 为一次绕组线圈电阻。通常,一次绕组的电阻 r_1 和 $\Phi_{\sigma 1}$ 较小,因而它们两端的电压

降也较小，与主磁电动势 e_1 比较起来，可以忽略不计。于是

$$u_1 \approx -e_1$$

当电源电压 u_1 按正弦变化时，Φ 也为正弦变化，即 $\Phi = \Phi_m \sin(\omega t)$，根据法拉第电磁感应定律 $e_1 = N_1 \dfrac{\mathrm{d}\Phi}{\mathrm{d}t}$，$e_1$ 的有效值为

$$E_1 = 4.44 f N_1 \Phi_m \approx U_1 \tag{3-14}$$

同理，对二次绕组电路可列出

$$e_2 = r_2 i_2 + (-e_{\sigma 2}) + u_2 \tag{3-15}$$

式中 r_2、u_2 分别为二次绕组的电阻和二次绕组的端电压。同理可得，二次绕组的感应电动势 e_2 的有效值为

$$E_2 = 4.44 f N_2 \Phi_m \tag{3-16}$$

当变压器空载时，$i_2 = 0$ A，$E_2 = U_{20}$。式中 U_{20} 是空载时二次绕组的端电压。

由于一、二次绕组的匝数 N_1 和 N_2 不相等，故 E_1 和 E_2 的大小是不相等的，因而输入电压 U_1（电源电压）和输出电压 U_2（负载电压）的大小也是不相等的。一、二次绕组的电压之比为

$$\frac{U_1}{U_{20}} \approx \frac{E_1}{E_2} = \frac{N_1}{N_2} = K \tag{3-17}$$

式中，K 称为变压器的变比，亦即一、二次绕组的匝数比。$K > 1$，为降压变压器；$K < 1$，为升压变压器。可见，当电源电压 U_1 一定时，只要改变匝数比，就可获得不同的输出电压 U_2。

变比在变压器的铭牌上注明，它表示一、二次绕组的额定电压之比，例如"6000/400 V"（$K = 15$）表示一次绕组的额定电压（即一次绕组上应加的电源电压）$U_{1N} = 6000$ V，二次绕组的额定电压 $U_{2N} = 400$ V。所谓二次绕组的额定电压是指一次绕组加上额定电压时二次绕组的空载电压。由于变压器有内阻抗压降，所以二次绕组的空载电压一般应较满载时的电压高 $5\% \sim 10\%$。

2. 电流变换

由 $U_1 \approx E_1 = 4.44 f N_1 \Phi_m$ 可见，当电源电压 U_1 和频率 f 不变时，E_1 和 Φ_m 也都近于常数。就是说，铁芯中主磁通的最大值在变压器空载或有负载时近似恒定。因此，有负载时产生主磁通的一、二次绕组的合成磁通势（$N_2 i_1 + N_2 i_2$）应该和空载时产生主磁通的一次绕组的磁通势 $N_1 i_0$ 近似相等，即

$$N_2 i_1 + N_2 i_2 \approx N_1 i_0 \tag{3-18}$$

变压器的空载电流 i_0 是励磁用的。由于铁芯的磁导率高，空载电流是很小的。它的有效值 I_0 在一次绕组额定电流 I_{1N} 的 10% 以内。因此 $N_1 I_0$ 与 $N_1 I_1$ 相比，常可忽略。于是式（3-18）可写成

$$N_1 I_1 \approx -N_2 I_2 \tag{3-19}$$

由上式可知，一、二次绕组的电流关系为

$$\frac{I_1}{I_2} \approx \frac{N_2}{N_1} = \frac{1}{K} \tag{3-20}$$

上式表明变压器一、二次绕组的电流之比近似等于它们的匝数比的倒数。可见，变压器中的电流虽然由负载的大小确定，但是一、二次绕组中电流的比值是近似不变的；因为当负载增加时，I_2 和 $N_2 I_2$ 随着增大，而 I_1 和 $N_1 I_1$ 也必须相应增大，以补偿二次绕组的电流和磁通势对主磁通的影响，从而维持主磁通的最大值基本不变。

变压器的额定电流 I_{1N} 和 I_{2N} 是指按规定工作方式(长时连续工作或短时工作或间歇工作)运行时一、二次绕组允许通过的最大电流，它们是根据绝缘材料允许的温度确定的。

二次绕组的额定电压与额定电流的乘积称为变压器的额定容量，即

$$S_N = U_{2N} I_{2N} \approx U_{1N} I_{1N}$$

S_N 指视在功率(单位是 V·A)，与输出功率(单位是 W)不同。

3. 阻抗变换

变压器不仅具有变换电压和变换电流的作用，还具有变换负载阻抗的作用，以实现"阻抗匹配"。

在图 3-13(a)中，负载阻抗 Z_{fz} 接在变压器的二次侧，图中的虚线框部分可以用一个阻抗 Z'_{fz} 来等效代替，如图 3-13(b)所示。所谓等效，就是输入电路的电压、电流和功率不变，也就是说，直接接在电源上的阻抗 Z'_{fz} 和接在变压器二次侧的负载阻 Z_{fz} 是等效的。两者的关系可通过下面计算得出。

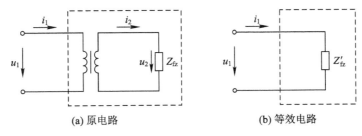

(a) 原电路　　　　　　　　　　　　　　(b) 等效电路

图 3-13　负载阻抗的等效变换

根据式(3-17)和式(3-19)可得出

$$\frac{U_1}{I_1} = \frac{\dfrac{N_1}{N_2} U_2}{\dfrac{N_2}{N_1} I_2} = K^2 \frac{U_2}{I_2}$$

由图 3-13 可知　$\dfrac{U_1}{I_1} = |Z'_{fz}|$，$\dfrac{U_2}{I_2} = |Z_{fz}|$，将其代入上式得

$$|Z'_{fz}| = K^2 |Z_{fz}| \tag{3-21}$$

匝数比不同，负载阻抗模 $|Z_{fz}|$ 折算到一次侧的等效阻抗模 $|Z'_{fz}|$ 也不同。可以采用不同的匝数比，把负载阻抗模变换为所需要的、比较合适的数值。这种做法通常称为阻抗匹配。

【例 3-2】　在图 3-14 中，交流信号源的电动势 $E = 120$ V，内阻 $R_0 = 800$ Ω，负载电阻 $R_L = 8$ Ω。

(1) 当 R_L 折算到一次侧的等效电阻 $R'_L = R_0$ 时，求变压器的匝数比和信号源输出的功率；

（2）当负载直接与信号源连接时，信号源输出多大功率？

解 （1）变压器的匝数比应为

$$\frac{N_1}{N_2}=\sqrt{\frac{R'_L}{R_L}}=\sqrt{\frac{800\ \Omega}{8\ \Omega}}=10$$

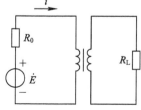

图 3-14　例 3-2 图

信号源的输出功率为

$$P=\left(\frac{E}{R_0+R'_L}\right)^2 R'_L=\left(\frac{120\ \text{V}}{800\ \Omega+800\ \Omega}\right)^2\times 800\ \Omega=4.5\ \text{W}$$

（2）当将负载直接接在信号源上时，有

$$P=\left(\frac{120\ \text{V}}{800\ \Omega+8\ \Omega}\right)^2\times 8\ \Omega=0.176\ \text{W}$$

（三）变压器的额定值和运行特性

1. 变压器的外特性

当电源电压 U_1 和负载功率因数 $\cos\varphi_2$ 为常数时，U_2 和 I_2 的变化关系曲线称作变压器的外特性曲线，如图 3-15 所示。对电阻性和电感性负载而言，电压 U_2 随电流 I_2 的增加而下降。通常希望电压 U_2 的变动愈小愈好。从空载到额定负载，二次绕组电压的变化程度用电压变化率 ΔU 表示，即

$$\Delta U=\frac{U_{20}-U_2}{U_{20}}\times 100\% \tag{3-22}$$

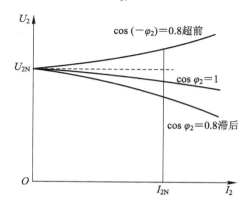

图 3-15　变压器的外特性

在一般变压器中，由于其电阻和漏磁感抗均甚小，电压变化率是很小的，约为 5% 左右。

2. 变压器的效率

变压器工作时是有损耗的，损耗由两部分组成，一部分是导线电阻产生的铜损（耗），另一部分是由于铁芯发热而产生的铁损[耗]。

1) 铜损 P_{Cu}

变压器一、二次绕组的线圈都有电阻，通过电流时它们就会产生损耗，这部分损耗称为铜损 P_{Cu}，即

$$P_{Cu} = I_1^2 r_1 + I_2^2 r_2 \tag{3-23}$$

由式（3-23）可知，P_{Cu} 随 I_1 和 I_2 的变化而变化，所以也称作可变损耗。

2) 铁损 P_{Fe}

铁损是由交变的磁通在铁芯中产生的，包括磁滞损耗和涡流损耗。P_{Fe} 的大小与铁芯内磁感应强度的最大值 B_m 有关，与负载的大小无关，当电源电压 U_1 和电源频率 f 一定时，主磁通 Φ_m 及磁感应强度 B_m 基本不变，所以铁损又称不变损耗。

3) 效率

变压器的输出功率 P_2 和输入功率 P_1 之比称为变压器的效率，通常用百分比来表示，即

$$\eta = \frac{P_2}{P_1} \times 100\% = \frac{P_2}{P_2 + P_{Fe} + P_{Cu}} \times 100\% \tag{3-24}$$

式中，P_2 为变压器的输出功率，P_1 为输入功率。变压器的功率损耗很小，所以效率很高，通常在 95% 以上。在一般电力变压器中，当负载为额定负载的 50%～70% 时，效率达到最大值。

（四）特殊用途变压器

1. 自耦变压器

自耦变压器的结构特点是二次绕组是一次绕组的一部分。一、二绕组电压之比和电流之比分别为

$$\frac{U_1}{U_2} = \frac{N_1}{N_2} = K$$

$$\frac{I_1}{I_2} = \frac{N_2}{N_1} = \frac{1}{K}$$

实验室中常用的调压器就是一种可改变二次绕组匝数的自耦变压器，其外形如图 3-16 所示。

图 3-16　变压器的外形

2. 电流互感器

电流互感器是根据变压器的原理制成的。它主要用来扩大测量交流电流表的量程。因为测量交流电路的大电流时(如测量容量较大的电动机、工频炉,焊机等的电流时),通常电流表的量程是不够的。此外,使用电流互感器也是为了使测量仪表与高电流电路隔开,以保证人身与设备的安全。电流互感器的接线图及其符号如图3-17所示。一次绕组的匝数很少(只有一匝或几匝),它串联在被测电路中。二次绕组的匝数较多,它与电流表或其他仪表及继电器的电流线圈相连接。

根据变压器原理,可以认为

$$\frac{I_1}{I_2} = \frac{N_2}{N_1} = K_i \quad \text{或} \quad I_1 = \frac{N_2}{N_1} I_2 = K_i I_2 \tag{3-25}$$

式中 K_i 是电流互感器的变换系数。

由式(3-25)可见,利用电流互感器可将大电流变换为小电流。电流表的读数 I_2 乘上变换系数 K_i 即为被测的大电流 I_1(在电流表的刻度上可直接标出被测电流值)。通常电流互感器二次绕组的额定电流都规定为 5 A 或 1 A。

另外,钳形电流表是电流互感器的一种变形。它的铁芯如同一钳子,用弹簧压紧。测量时将钳压口张开而引入被测导线。这时该导线就是一次绕组,二次绕组绕在铁芯上并与电流表接通。利用钳形电流表可以很方便地测量出线路中的电流。钳形电流表的结构如图3-18所示。

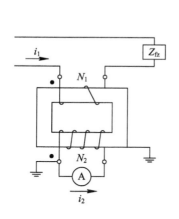

图 3-17　电流互感器的构造原理与接线

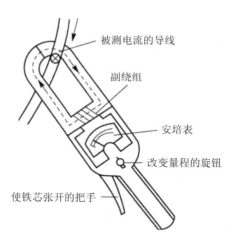

图 3-18　钳形电流表

在使用电流互感器时,二次绕组电路是不允许断开的。这点和普通变压器不一样。因为它的一次绕组是与负载串联的,其中电流 I_1 的大小取决于被测电路。所以当二次绕组电路断开时,二次绕组的电流和磁通势立即消失,但是一次绕组的电流 I_1 未变。这时铁芯内的磁通全由一次绕组的磁通势 $N_1 I_1$ 产生,结果造成铁芯内存在很大的磁通,这一方面使铁损大大增加,从而使铁芯发热到不能容许的程度;另一方面又使二次绕组的感应电动势增高到危险的程度。

此外,为了安全,电流互感器在使用时,其二次绕组的一端应该可靠接地。

实验　变压器同名端的判别

（一）实验目的

（1）掌握用指针万用表判别变压器同名端的方法。

（2）了解用万用表判别变压器同名端的原理。

（二）实验器材

单相变压器、指针万用表、1.5 V 干电池、开关、导线。

（三）实验内容与步骤

本实验采用直流法（又称为干电池法）。

（1）检测时准备干电池一节，万用表一块，如图 3-19 所示进行操作，图中 G 为 1.5 V 电池，S 为开关。将万用表置于直流电压低挡位，如 2.5 V 挡（直流电流 0.5 mA 挡也可以）。

（2）将万用表的表笔分别接二次绕组的两端，图中红表笔接 C 端，黑表笔接 D 端。当接通 S 的瞬间，变压器的变化电流流过一次绕组，根据电磁感应测变压器同名端的原理可知，此时在变压器二次绕组上将产生一个时间很短的感应电压，仔细观察万用表指针，可以看到指针摆动。若指针正向偏转，则万用表的正极 C 点和电池的正极 A 点为同名端，D 点和 B 点是同名端。若闭合开关 S 时，万用表指针向左摆，则 C 点和 B 点是同名端，D 点和 A 点是同名端。

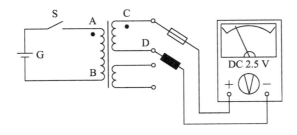

图 3-19　用万用表判别变压器的同名端

（三）注意事项

（1）在检测过程中，要仔细观察开关 S 闭合时万用表指针的摆动方向。当开关 S 闭合后再断开时，由于变压器一次绕组自感作用，会产生一个反向电压，指针向相反方向摆，所以，将开关 S 多次闭合，看准万用表指针的摆动方向。

（2）开关 S 不可长时间接通，以免造成线圈故障。

（四）思考题

（1）使用指针万用表时应注意哪些问题？

（2）本实验采用直流法，是否还有其他方法？

习 题

(一) 填空题

1. 磁感应强度(B)是描述磁场内某点的磁场强弱和方向的物理量,其 SI 单位是_____。

2. 磁场强度(H)的单位是_____,其方向与磁场中该点的磁感应强度的方向_____。

3. 交流铁芯线圈的功率损耗包括_____和_____两部分。

4. 自耦变压器的结构特点是_____绕组是_____绕组的一部分。

5. 电流互感器的一次绕组匝数_____,二次绕组匝数_____,用于扩大测量交流电流表的量程。

6. 使用电流互感器时,二次绕组电路是不允许_____的,因为会造成铁芯内存在很大的_____。

(二) 选择题

1. 当面积一定时,通过该面积的磁力线越多,则磁通将(   )。
   A. 越大   B. 越小   C. 不变   D. 无法判断

2. 相对磁导率越大,物质的导磁能力(   )。
   A. 越大   B. 越小   C. 不变   D. 无法判断

3. 当在通电线圈中插入铁芯,磁感应强度将(   ),磁场强度将(   )。
   A. 增大   B. 减小   C. 不变   D. 无法判断

4. 磁性材料能够被磁化的根本原因是(   )。
   A. 有外磁场作用   B. 有良好的导磁性能
   C. 反复交变磁化   D. 其内部有磁畴

5. 磁性材料在磁化过程中,当外加磁场 H 不断增加,而测得的磁感应强度几乎不变的性质称为(   )。
   A. 高导磁性   B. 磁饱和性   C. 磁滞性   D. 剩磁

6. 软磁材料主要特点是(   )。
   A. 剩磁小,磁滞损耗小   B. 剩磁大,磁滞损耗小
   C. 剩磁大,磁滞损耗大   D. 剩磁小,磁滞损耗大

7. 用磁性材料作为电动机的铁芯,主要是利用其中的(   )特性。
   A. 高导磁性   B. 磁饱和性   C. 磁滞性   D. 剩磁

8. 当流过电感线圈的电流瞬时值为最大值时,线圈两端的瞬时电压值为(   )。
   A. 零   B. 最大值   C. 有效值   D. 不一定

9. 对于变压器来说,下列叙述正确的是(   )。
   A. 变压器可以改变各种电源电压

　　B. 变压器一次绕组的输入功率是由二次绕组的输出功率决定的

　　C. 变压器不仅能改变电压，还能改变电流和电功率等

　　D. 抽去变压器铁芯，互感现象依然存在，变压器仍能正常工作

　　10. 一台变压器的三相绕组采用三角形连接，出厂时测得线电压和相电压均为 220 V，刚接上对称负载却把绕组烧坏了，则出现这种现象的原因不可能是（　　）。

　　A. 有一相绕组接反了　　　　　　　　B. 有两相绕组接反了

　　C. 负载阻抗太小　　　　　　　　　　D. 以上都不对

（三）判断题

　　1. 变压器的工作原理是电磁感应现象中的自感应。　　　　　　　　　　（　　）

　　2. 导体在磁场中做切割磁力线运动时，导体中就产生感应电动势。　　（　　）

　　3. 磁力线的疏密程度反映了磁场的强弱。磁力线越密表示磁场越强，越疏表示磁场越弱。　　　　　　　　　　　　　　　　　　　　　　　　　　　　　　　　（　　）

　　4. 磁力线上任意一点的垂线方向，就是该点的磁场方向。　　　　　　（　　）

　　5. 当作用在线圈上的磁通发生变化时，将会产生电磁感应现象，根据磁通发生变化的原因，该电磁感应现象可分为自感和互感两种形式。　　　　　　　　　　（　　）

　　6. 对于交流电气设备中有多个线圈时，判断线圈的缠绕方向并不重要。　（　　）

　　7. 变压器的高压线圈匝数少而电流大，低压线圈匝数多而电流小。　　（　　）

　　8. 交流电磁铁既可以用在直流电路中，也可以用在交流电路中。　　　（　　）

（四）简答题

　　1. 磁场的基本物理量有哪些？它们各自的物理意义及相互关系怎样？

　　2. 什么是磁路？分哪几种类型？

　　3. 软磁材料与永磁材料有什么不同？它们各有什么特点？

　　4. 什么是磁滞？产生磁滞的原因是什么？

　　5. 平面磨床的电磁工作台在工件加工完毕后，需要在励磁线圈中通入短暂的反向电流，这样方能取下工件，为什么？

　　6. 变压器负载运行时为什么二次侧的电压一般不等于额定电压 U_{2N}？

　　7. 自耦变压器主要优点是什么？

　　8. 为了安全，机床上照明电灯用的电压是 36 V，这个电压是把 220 V 的电压降压后得到的，如果变压器的一次线圈是 1140 匝，二次线圈是多少匝？用这台变压器给 40 W 的电灯供电，如果不考虑变压器本身的损耗，一次、二次线圈的电流各是多少？

　　9. 有一台降压变压器，一次绕组电压为 220 V，二次绕组电压为 110 V，一次绕组为 2200 匝，若二次绕组接入阻抗值为 10 Ω 的阻抗，变压器的匝数比、二次绕组匝数、一次和二次绕组中的电流各为多少？

项目四
三相异步电动机及其控制

知识目标

(1) 掌握三相异步电动机的结构和工作原理。
(2) 掌握三相异步电动机的电磁转矩公式及机械特性。
(3) 掌握电动机的选用及常用控制线路。
(4) 了解三相异步电动机直接启动控制及点动与连续控制电路的组成和工作原理。
(5) 了解三相异步电动机接触器互锁正反转控制电路的组成和工作原理。

技能目标

(1) 能在实际中合理、正确地选择三相异步电动机。
(2) 会点动与连续运行控制电路配电板的配线及安装。
(3) 会接触器互锁正反转控制电路的配电板的配线及安装。

思政目标

(1) 树立工程伦理与社会责任感。
(2) 强化团队合作意识与沟通能力。
(3) 践行绿色发展理念。

任务一　　三相异步电动机的结构及工作原理的认识

任务目标

理解三相异步电动机的基本组成；能区分不同类型的三相异步电动机；掌握旋转磁场的产生原理；理解电磁感应与转矩的产生原理；理解三相异步电动机的"异步"现象；能够将理论知识应用于实际问题分析；培养创新思维与实践能力。

一、三相异步电动机的结构

三相异步电动机的主要结构分为两大部分：一是固定不动的部分，称为定子；二是旋转部分，称为转子。三相异步电动机的结构如图 4-1 所示。

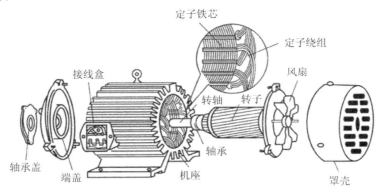

图 4-1　三相异步电动机的结构

（一）定子

三相异步电动机的定子由机座和装在机座内的定子铁芯与定子绕组组成。机座是用铸铁和铸钢制成的，定子铁芯由相互绝缘的硅钢片叠制而成。铁芯的内圆心表面开有定子槽，用来放置三相对称的定子绕组（见图 4-2）。三相定子绕组有的采用星形连接，有的采用三角形连接。定子的作用是用来产生旋转磁场并吸收电能。

（a）定子的硅钢片　　　　（b）未装绕组的定子　　　　（c）装有绕组的定子

图 4-2　定子、定子铁芯

（二）转子

异步电动机的转子由转子铁芯、转子绕组和转轴等部件构成。转子铁芯是圆柱形的，也由硅钢片叠制而成，外圆表面冲有转子槽，用来放置转子绕组（见图 4-3），铁芯装在转轴上，轴上加机械负载。根据转子绕组构造的不同，异步电动机的转子分为笼形转子和绕线式转子。

1. 笼形转子

笼形转子在形式上与定子绕组完全不同，在转子铁芯的每个槽中放置一根铜条。在铁芯两端的槽口处，用两个铜环短接成一个回路。如果去掉铁芯，绕组的形状就像一个笼子，如图 4-3（b）所示。

目前中、小型笼形异步电动机的转子以及冷却风扇通常采用一次性浇注铝液而成，称为铸铝转子，如图 4-3(c)所示。大型笼形异步电动机的转子通常采用铜条，如图 4-3(b)所示。

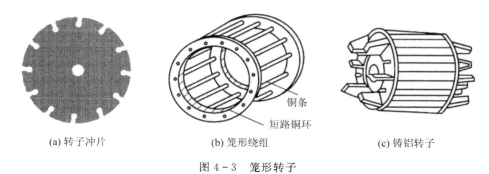

(a) 转子冲片   (b) 笼形绕组   (c) 铸铝转子

图 4-3 笼形转子

2. 绕线式转子

绕线式转子绕组和定子绕组一样，也是对称的三相绕组，连成星形。星形绕组的三根端线，接到装在转轴的相互绝缘的三个铜制的滑环上，并通过一组碳制电刷引出且与电阻相连。通过外接电阻可以改善电动机的运行特性。通常人们就是根据绕线式异步电动机具有三个滑环的结构特点来辨认它的。绕线式转子接线示意图如图 4-4 所示。

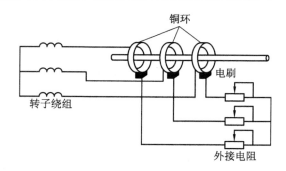

图 4-4 绕线式转子接线示意图

二、三相异步电动机的工作原理

（一）三相异步电动机的转动原理

三相异步电动机接上电源就会转动。这是什么原理呢？如图 4-5 所示，假如转子每相由单匝铜条组成，如果将其放在磁极中，并使得 N-S 极以 n_0 的速度顺时针旋转时，由于转子是静止的，磁场旋转时，两者之间形成转速差 Δn，转差率 Δn 的产生，导致绕组切割磁力线，进而感应电动势，并在绕组内形成感应电流。通电导线在磁场中受力，形成电磁转矩，驱动转子以异步转速转动。

由此可以看出，只要存在着旋转磁场，转子绕组就会转动而且转子转速永远低于旋转磁场的转速。异步就是由此而得名。旋转磁场的转速称为同步转速。那么，定子中旋转的

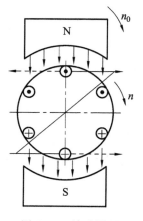

图 4-5 转动原理

磁场又是如何产生的呢？下面就来讨论这个问题。

（二）旋转磁场的产生

三相异步电动机的定子槽中放有三相对称绕组 U_1-U_2、V_1-V_2 和 W_1-W_2。设将三相绕组连成星形（如图 4-6 所示），并接到电源线上，绕组中通入三相对称电流

$$
\begin{cases}
i_1 = I_m \sin(\omega t) \\
i_2 = I_m \sin(\omega t - 120°) \\
i_3 = I_m \sin(\omega t + 120°)
\end{cases}
\tag{4-1}
$$

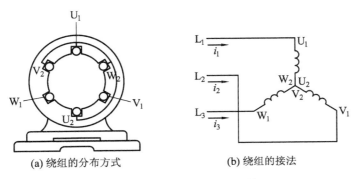

(a) 绕组的分布方式   (b) 绕组的接法

图 4-6　定子绕组的星形连接

三相对称电流的波形如图 4-7 所示。取绕组始端到末端的方向作为电流的参考方向。在电流的正半周时，其值为正，电流的实际方向与参考方向一致；在负半周时，其值为负，电流的实际方向与参考方向相反。根据这个条件，下面分析在不同瞬间由定子绕组中三相电流产生的磁场情况，如图 4-8 所示。

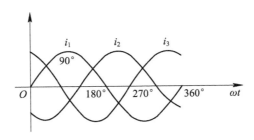

图 4-7　三相对称电流

在 $\omega t = 0°$ 的瞬间，电流 $i_1 = 0$ A，而 i_3 具有正值，i_2 具有负值，并且它们在数值上大小相等。因而线圈 U_1U_2 中无电流，而 i_2 从 V_1V_2 的 V_2 端流入，V_1 端流出，i_3 从 W_1W_2 的 W_1 端流入，W_2 端流出。根据右手螺旋定则可以确定三个线圈的合成磁场方向与 U_1U_2 的轴线重合且指向左，如图 4-8(a) 所示。

在 $\omega t = 90°$ 的瞬间，电流 i_1 到达了正的最大值，而 i_2 和 i_3 具有负值，并且它们在数值上大小相等。因而 i_1 从 U_1U_2 中的 U_1 端流入，U_2 端流出；i_2 从 V_1V_2 的 V_2 端流入，V_1 端流出，i_3 从 W_1W_2 的 W_2 端流入，W_1 端流出。根据右手螺旋定则确定合成磁场的方向垂直向上，如图 4-8(b) 所示。

同样可得 $\omega t = 180°$，$270°$，$360°$ 三个瞬间的合成磁场方向，分别如图 4-8(c)、(d) 和 (e) 所示。

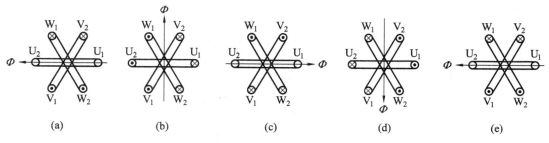

图 4-8 三相电流产生的旋转磁场示意图

（三）转差率

由转动原理可知，旋转磁场的转速是保证转子旋转的必要条件。常用转差率 s 来表示转子转速 n 与磁场转速 n_0 相差的程度，即

$$s = \frac{n_0 - n}{n_0} \qquad (4-2)$$

或

$$n = n_0(1-s) \qquad (4-3)$$

转差率是异步电动机的一个重要的物理量。转子转速愈接近同步转速，则转差率愈小。由于三相异步电动机的额定转速与同步转速相近，所以它的转差率通常很小，约为 $1\% \sim 9\%$。当 n 为 0（启动瞬间）时，$s=1$，这时转差率最大。

电动机另一个重要的参数即是磁极对数（也称极对数）。它是指电动机（包括永磁转子或定子）的 N、S 极的对数，通常用字母 p 表示。如果电动机定子每相有一个绕组，所形成的旋转磁场只有一对 N、S 极，则 $p=1$，当定子绕组采取不同的结构和接法时，还可获得 2 对、3 对、4 对等不同磁极对数的旋转磁场。磁极对数直接影响旋转磁场的同步转速，它们之间的关系为 $n_0 = 60f/p$。其中 f 为电源频率。

【例 4-1】 一台异步电动机，额定转速 $n_N = 1475$ r/min，电源频率 $f_1 = 50$ Hz。求电动机的磁极对数和额定转差率。

解 （1）由于电动机的额定转速略低于同步转速 n_0，因此根据 $n_N = 1455$ r/min，可判断其同步转速 $n_0 = 1500$ r/min，故得

$$p = \frac{60f_1}{n_0} = \frac{60 \times 50 \text{ Hz}}{1500 \text{ r/min}} = 2$$

（2）额定转差率 s_N 为

$$s_N = (n_0 - n_N) = \frac{(1500-1455)\text{r/min}}{1500 \text{ r/min}} = 0.03$$

任务二　三相异步电动机的电磁转矩与机械特性的认识

任务目标

理解电磁转矩及其在三相异步电动机中的作用和产生原理；理解并熟悉电磁转矩的计

算公式及其影响因素；理解三相异步电动机机械特性的定义；了解固有机械特性与人为机械特性的区别，以及它们在不同工作条件下的应用和意义。

一、三相异步电动机的电磁转矩

异步电动机的电磁转矩 T 是由旋转磁场的每极磁通 Φ 与转子电流 I_2 相互作用而产生的。但因转子电路是电感性的，转子电流比转子电动势滞后一定角度，所以电磁转矩 T 与磁通 Φ 和转子电流 I_2 的有功分量成正比，即

$$T = k_T \Phi I_2 \cos\varphi_2 \tag{4-4}$$

式中 k_T 是与电动机结构有关的常数。

异步电动机中的电磁关系与变压器相似，定子绕组相当于变压器的一次线圈且接电源；转子绕组相当于变压器的二次线圈。其中的电动势 E_2 和电流 I_2 都是由电磁感应产生的，故 Φ 越大，$E_2(E_2=U_2)$ 越大，而 I_2 正比与 U_2，也正比与 U_1。在某一个 s 值下，T 与定子每相电压 U_1 的平方成正比，经推导可得

$$T = K\,\frac{sR_2U_1^2}{R_2^2 + (sX_{20})^2} \tag{4-5}$$

式中，K 为常数，s 为转差率，R_2 为转子每相绕组的电阻，X_{20} 为 $n=0$ r/min 时转子每相绕组的感抗。由上式可见，电磁转矩 T 不仅与 U_1 的平方成正比，还与转子电阻 R_2 有关。

二、三相异步电动机的机械特性

（一）机械特性曲线

当电动机定子外加的电压 U_1 及其频率 f_1 一定时，转矩与转差率的关系曲线如图 4-9 所示，转速与转矩的关系曲线如图 4-10 所示，二者统称为电动机的机械特性曲线。

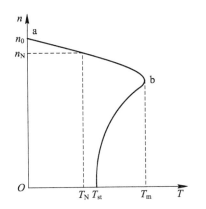
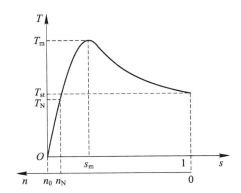

图 4-9　三相异步电动机的转矩与转差率曲线　　　图 4-10　三相异步电动机的转速与转矩曲线

机械特性是异步电动机的主要特性，它含有 4 个特征点。

1. 理想空载与硬特性

由图 4-9 可见，当 $n=n_0$，即 $s=0$ 时，T 为 0，这种运行情况称为电动机的理想空载。当电动机的负载转矩从理想空载增加到额定转矩 T_N 时，它的转速相应地从 n_0 下降到额定

转速 n_N。这时相应的转差率 $s_N=0.01\sim0.09$。显然 n_N 略低于 n_0。电动机转速 n 随着转矩的增加而稍微下降的这种特性，称为硬特性。

2. 额定转矩 T_N

额定转矩 T_N 表示电动机在额定工作状态时的转矩。电动机的额定转矩可根据电动机铭牌上给出的额定输出功率 P_N 和额定转速 n_N 计算出来。

在图 4-10 中，$T=T_N$，$n=n_N$ 时对应的点为额定工作点。如果忽略电动机本身的空载损耗，可以近似地认为，额定转矩 T_N 等于额定输出转矩 T_{2N}。根据动力学分析，旋转体功率 P 等于旋转体转矩 T 乘以角速度 ω，可得

$$P_2=T_2\cdot\omega$$

$$T\approx T_2=\frac{P_2\times10^3}{2\pi n/60}=9550\frac{P_2}{n}$$

额定工作时，有

$$T_N=T_{2N}=9550\frac{P_{2N}}{n_N} \tag{4-6}$$

式中，P_{2N} 为电动机轴上的额定输出功率，也用 P_N 表示，单位为 kW；n_N 的单位是 r/min；T_N 单位是 N·m。

3. 最大转矩 T_m

最大转矩 T_m 指电动机产生的最大电磁转矩，又称临界转矩，如图 4-9 中的 b 点所示（$T=T_m$ $n=n_m$）。对应于 T_m 的转差率 s_m 称为临界转差率，如图 4-10 所示。由式（4-5）可求得当 $s=s_m=R_2/X_{20}$ 时电磁转矩最大，将其代入式（4-5），得

$$T_m=K\frac{U_1^2}{2X_{20}} \tag{4-7}$$

可见，最大转矩 T_m 与电源电压 U_1 的平方成正比，而与转子电阻 R_2 无关；但临界转差率 s_m 与 R_2 有关，R_2 愈大，s_m 也愈大。

电源电压下降，将使最大转矩减小，影响电动机过载能力。

电动机的最大过载转矩，可以接近最大转矩，如果时间较短，电动机的发热不超过允许的温升，这样的过载是允许的。但当负载转矩超过最大转矩时，电动机将带不动负载，会发生"闷车"停转现象（又称"堵转"），这时应立即切断电源，并卸除过重负载。而最大转矩也表示电动机允许的短时的过载能力。

最大转矩 T_m 与额定转矩 T_N 的比值，即

$$\lambda=\frac{T_m}{T_N} \tag{4-8}$$

称为电动机的过载系数，代表电动机的过载能力。λ 一般为 $1.8\sim2.2$。

4. 启动转矩 T_{st}

T_{st} 表示电动机的转子启动瞬间，即 $n=0$ r/min，$s=1$ 时的电磁转矩。将 $s=1$ 代入式（4-5），可得

$$T_{st}=K\frac{R_2U_1^2}{R_2^2+X_{20}^2} \tag{4-9}$$

由上式可见，T_{st} 与转子电阻 R_2 和电源电压 U_1 等参数有关。当 U_1 降低时，T_{st} 减小。适当增大 R_2，会提高启动转矩 T_{st}。

为了保证电动机能够启动，启动转矩必须大于电动机静止时的负载转矩。电动机一旦启动，会迅速进入机械特性的稳定区运行。通常 T_{st}/T_N 取 $1.1\sim2.2$。

显然，电源电压下降，将使启动转矩和最大转矩都减小，直接影响电动机的启动性能和过载能力。通常在电动机的运行过程中，规定电网电压一般允许在 $\pm5\%$ 范围内波动。

【例 4 - 2】　有一台异步电动机的技术数据为，额定功率 $P_N=40\ kW$，额定电压 $U_N=380V$，额定转速 $n_N=1475\ r/min$，额定工作时的效率 $\eta_N=90\%$，定子功率因数为 0.85，启动能力 $T_{st}/T_N=1.2$，过载系数 $\lambda=2.0$。试求：

(1) 额定电流 I_N、额定输入功率 P_{1N}；

(2) 额定转矩 T_N、启动转矩 T_{st}、最大转矩 T_M。

解　(1) P_{1N} 为

$$P_{1N}=\frac{P_N}{\eta_N}=\frac{40}{0.85}\ kW\approx47.1\ kW$$

由于对称三相负载的功率为 $P=\sqrt{3}U_N I_N\cos\varphi_N$ 所以

$$I_N=\frac{P_{1N}}{\sqrt{3}U_N\cos\varphi_N}=\frac{47.1\times10^3}{\sqrt{3}\times380\times0.85}\ A=84.2\ A$$

(2) T_N、T_{st}、T_m 分别为

$$T_N=9550\frac{P_N}{n_N}=9550\times\frac{40}{1475}\ N\cdot m\approx259.0\ N\cdot m$$

$$T_{st}=1.2T_N=1.2\times259.0\ N\cdot m\approx310.8\ N\cdot m$$

$$T_m=2T_N=2\times259.0\ N\cdot m\approx518.0\ N\cdot m$$

(二) 电动机负载能力自适应分析

电动机拖动负载工作时，所产生的电磁转矩 T 的大小在一定范围内能根据负载的变化而自动调整。当负载转矩 T_2 增大时，电动机产生的电磁转矩自动增大；相反，负载转矩 T_2 减小时，电动机产生的电磁转矩自动降低。电磁转矩能自动适应负载的需要而自动的增减，这个特性称为自动适应负载能力。

根据电动机的特性 $n=f(T)$ 曲线(如图 4 - 11 所示)，电动机的启动过程及负载变动时，它的电磁转矩自动适应负载情况分析如下。

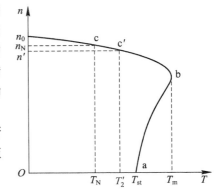

图 4 - 11　负载能力的自适应性

1. 电动机的启动过程

(1) 若 T_{st} 大于负载转矩 T_2，电动机就转动起来，转速沿 $n=f(T)$ 曲线的 ab 段开始上升，并且随着 n 的增大，电动机的电磁转矩 T 也在沿 ab 段上升。

(2) 当工作点到达曲线的 b 点时，$T=T_m$，随着 n 继续上升，T 开始减小。

(3) 只要 T 仍然大于 T_2，电动机的转速 n 仍然继续上升，直到电磁转矩 T 与负载转

矩 T_2 相等后，电动机转速不再升高，电动机稳定运行在 $n=f(T)$ 曲线上的某个工作点 c（假定 $T_2=T_N$）。

2. 电动机稳定运行时的自动适应负载能力（$T=T_N$）

（1）如果负载转矩 T_2 增加了，变为 T_2'，则 $T<T_2'$，转速 n 开始下降。

（2）由于 n 下降，转差率 s 增加，电动机转子电流 I_2 也相应增大。

（3）转矩 T 随 I_2 上升而增加，这个过程要一直进行到 $T=T_2'$ 时为止，此时电动机在一个低于原来转速的新的转速 n' 下稳定运行。

实际上，电动机的负载转矩 T_2 增大到 T_2' 时，随着转子电流 I_2 增加，电动机的定子电流 I_1 也将增大，输送的电动机的电功率 P_1 也随着增大，电动机取用的电能就增加了。上述过程是自动进行的，不需要人为控制。当负载转矩变小时也是如此自动适应的。

任务三 ∥ 三相异步电动机的使用

🔲 任务目标

掌握三相异步电动机在实际应用中的使用方法，具体包括：了解电动机的工作原理和性能特点，确保安全、高效地使用电动机；掌握选型、安装、调试和维护保养技能，以延长电动机的使用寿命；能实现电动机的精准控制，满足不同生产工艺需求；能够熟练运用所学知识和技能，确保三相异步电动机在实际应用中发挥最佳性能。

一、铭牌数据

电动机的机座上有一块铭牌，上面标有电动机的主要额定技术数据。某厂的 Y112M-6 型电动机的铭牌如图 4-12 所示。

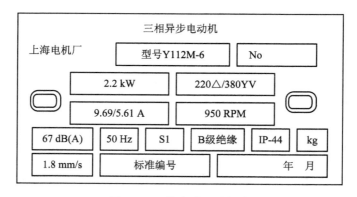

图 4-12　某电动机的铭牌

（一）型号

型号是电机类型、规格的代号。国产异步电动机的型号由汉语拼音字母以及国际通用符号和阿拉伯数字组成，如图 4－13 所示。

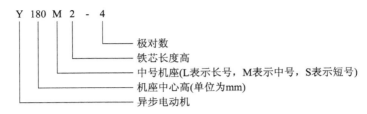

图 4－13　电动机的型号

三相异步电动机代号意义和适用场合如表 4－1 所示。

表 4－1　三相异步电动机代号意义和适用场合

产品名称	代号	汉字意义	适用场合
异步电动机	Y	异	一般用途
绕线式异步电动机	YR	异绕	小容量电源场合
防爆型异步电动机异机	YB	异爆	石油、化工、煤矿井下
高起转矩异步电动机	YQ	异起	静负荷、惯性较大的机械

（二）定子绕组接法

一般笼形电动机的接线盒中有六个定子绕组引出线端子，标有 U_1U_2、V_1V_2、W_1W_2。这六个引出线端在接电源之前，相互间必须正确连接，连接方式有星形（Y 形）和三角形（△形）两种（见图 4－14）。通常三相异步电动机功率在 4 kW 以下连成星形，4 kW 及其以上连成三角形。

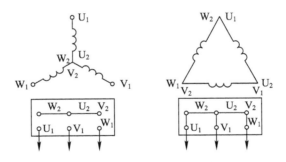

图 4－14　Y 形和△形连接

（三）额定值

（1）额定电压 U_N：指电动机在正常运行时，定子绕组上应加的线电压。它是由定子每相绕组所能承受电压的大小而确定的。电压过高励磁电流增大，铁芯损耗也增大；电压过低，电动机的过载能力小，若带动额定负载，电流就会超过额定值，长期运行将导致电动机过热。一般规定，电动机的电压波动不超过额定电压值的±5%。

（2）额定电流 I_N：指电动机在规定状态运行时，定子电路的最大允许线电流。它是由定子绕组所用导线的尺寸和材质所确定的。电动机运行若超过额定电流值，将使电动机绕组过热，绝缘材料的寿命缩短，甚至烧坏电动机。

当电动机空载时,转子转速接近旋转磁场转速,定子电流很小,此电流称为空载电流,主要是用以建立旋转磁场,当负载增加时,转子电流和定子电流都随之增加。

(3) 额定功率 P_N:指规定的环境温度下,按规定的工作方式,在额定运行时电动机轴上输出的机械功率。

(4) 效率 η_N:铭牌或手册给出的效率,指电动机在额定运行状态下,轴上输出的机械功率 P_N 与定子输入电功率 P_{1N} 的比值,即

$$\eta_N = \frac{P_N}{P_{1N}}$$

值得提醒的是,异步电动机是三相对称负载,根据三相对称负载的功率计算方法,不管电动机是星形连接还是三角形连接,三相功率即为三相异步电的输入功率

$$P_{1N} = \sqrt{3}U_N I_N \cos\varphi_N \tag{4-10}$$

一般额定运行时,电动机的效率为 $75\% \sim 92\%$。而当输出功率较小时,如空载或半载时,电动机效率很低,因此使用电动机时尽量避免"大马拉小车"的情况。

(5) 功率因数 $\cos\varphi_N$:铭牌或手册给出的功率因数,是指在额定运行状态下,电动机定子相电压与相电流相位差的余弦。电动机空载运行时,功率因数很低($0.2 \sim 0.3$),随着输出功率的增加,$\cos\varphi_N$ 有所上升,一般额定负载时 $\cos\varphi_N$ 为 $0.7 \sim 0.9$。

(6) 额定转速 n_N:在额定电压下,输出额定功率时的转速。n_N 略低于相应极对数的同步转速,例如,Y112M-4 型电动机的 n_N 为 1440 r/min,它是最常用的四极异步电动机,其同步转速为 1500 r/min。

(四) 温升

温升是指电动机在运行中定子绕组发热而升高的温度。电动机在使用时容许的极限温度与绕组的绝缘材料耐热性能有关,常见耐热绝缘等级与温升允许值关系见表 4-2 所示。

表 4-2 绝缘等级与温升关系

绝缘等级	环境温度40℃时的容许温升	最大允许温度
A	65℃	105℃
E	80℃	120℃
B	90℃	130℃
F	115℃	155℃
H	140℃	180℃

如电动机用的是 E 级绝缘,定子绕组的允许温度不能超过 40℃＋80℃＝120℃ 的极限值。

(五) 工作方式及防护等级

异步电动机有三种工作方式:

(1) 连续工作方式:用 S1 表示,允许在额定负载下连续长期运行;

(2) 短时工作方式:用 S2 表示,在额定负载下只能在规定时间内运行;

(3) 断续工作方式:用 S3 表示,可在额定负载下按规定周期性重复短时运行。

防护等级是指电动机外壳防护的分级,如图 4-15 所示。

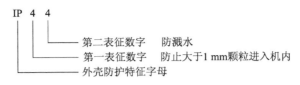

图 4 - 15　电动机防护等级

二、三相异步电动机的启动与调速分析

（一）启动特性分析

电动机的启动就是将电动机接通电源后，转速由零上升到某一稳定速度。在启动过程中电动机的启动性能，主要是指启动电流和启动转矩。

1. 启动电流

启动初始瞬间，$n=0$ r/min，即 $s=1$，在转子绕组中感应产生的电动势和电流都很大，因此定子电流也随之增大。一般笼形电动机的启动电流 $I_{st}=(5\sim7)I_N$。

如此大的启动电流对不频繁启动的电动机本身影响并不大。虽然启动电流很大，但是启动时间短（$3\sim5$ s），一旦启动，电流便很快减小，电动机本身来不及过热。然而，过大的启动电流会引起电网电压的显著降低，因而影响接在同一电网上的其他电器设备的正常运行，可能会使其他电动机速度降低甚至停止运行。

2. 启动转矩

刚启动时，$n=0$ r/min，即 $s=1$，转子电流很大。但转子的漏电抗 X_2 也很大，所以，转子功率因数 $\cos\varphi_2$ 很低，因而实际启动转矩并不大，通常 $T_{st}/T_N=1.1\sim2.0$。

启动转矩如果太小，就不能带载启动，或者使启动时间延长；启动转矩过大，则会冲击负载，甚至造成机械负载设备的损坏。

显然，异步电动机的启动性能较差，即启动电流过大，启动转矩较小，这与生产实际要求有时不能适应，因此，为了限制启动电流并得到适当的启动转矩，对异步电动机的启动要根据电网及电动机容量的大小、负载轻重等具体情况，采用不同的启动方法。

一般绕线式异步电动机的启动只要在转子电路中接入大小适当的启动电阻，即可达到减小启动电流、提高启动转矩的目的，该方法常用于要求启动转矩较大的生产机械上，如起重机，而笼形异步电动机有直接启动和降压启动两种方法。

（三）异步电动机的调速

调速是在保持电动机电磁转矩（即负载转矩）一定的情况下改变电动机的转动速度。

异步电动机的转速公式为

$$n=n_0(1-s) \tag{4-11}$$

也可表示为

$$n=\frac{60f}{p}(1-s) \tag{4-12}$$

由式（4-12）可见，对异步电动机的调速可以从以下几个方面进行。

1. 改变极对数 p

改变极对数 p 调速(简称变极调速)只在笼形电动机中采用,此时电动机称为多速异步电动机。它是采用改变定子绕组的连接方法,来改变电动机的极对数,从而达到改变电动机转速的目的,如图 4-16 所示。

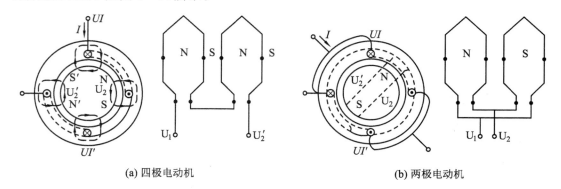

(a) 四极电动机　　　　　　　　　　　　(b) 两极电动机

图 4-16　改变极对数的调速方法

图 4-16 中以 U 相绕组为例,图 4-16(a)为四极电动机,图 4-16(b)为两极电动机。这种调速方法,只能使电动机的转速成倍的变化,即实现变极调速,常见的双速电动机就属于变极调速。双速电动机在经济型数控机床中用的较多,如镗床、磨床、车床等。

2. 改变转差率 s

在绕线式异步电动机的转子回路中接入一个调速电阻,当改变电阻大小,就可改变转子的电流和转矩,从而改变转差率 s,实现平滑调速。这种调速方法的优点是简单易行,常用在起重和运输等机械中。缺点是调速电阻能量损耗较大,机械特性软。

3. 改变供电电源频率 f

随着变频技术的发展,通过改变供电电源的频率 f 来改变电动机的转速(简称变频调速)得到了越来越多的应用。常用的变频调速装置结构框图如图 4-17 所示。它的工作原理如下:

图 4-17　变频调速装置结构框图

(1) 基频以下调速。在基频以下调速时,只能使速度减小。在调速过程中,必须配合着调节电源电压,否则电动机不能正常工作。从电动机的电动势电压平衡式 $U_1 \approx E_1 = 4.44 f_1 N \Phi_m$ 可知,当 f_1 下降时,如果 U_1 不变,势必使 Φ_m 增大,进而引起电动机磁路的过饱和。所以为了防止磁路过饱和,应使 Φ_m 保持不变,即应使 $U_1/f_1 =$ 常数。这表明,在基频以下调速时,应保持 Φ_m 不变,使电动机定子电压随频率正比例变化。根据电磁转矩公式 $T = k_T \Phi I_2 \cos \varphi_2$,可见这种调速属于恒转矩调速。

(2) 基频以上调速。当频率上调时,也按比例升高电压这是不行的。因为这样 U_1 将超过额定电压,可能会烧坏电动机。因此频率上调时应保持电压不变,即 $U_1 =$ 常数,这时 f_1 升高,Φ_m 下降,根据公式 $T = k_T \Phi I_2 \cos \varphi_2$ 和 $T = 9550 P_N / n_N$,可见这种调速方式属恒功率调速。

三、三相异步电动机的选用

在生产上,三相异步电动机的使用非常广泛,正确地选择它的功率、种类、结构形式,以及正确选择它的保护电器和控制电器是极为重要的。

(一)功率的选择

1. 连续运行电动机功率的选择

先计算出生产机械的功率,所选电动机的额定功率等于或稍大于生产机械的功率即可。

2. 短时运行电动机功率的选择

机床中的夹紧电动机、刀架电动机、快速进给电动机等都是短时运行的电动机。它们共同的特点是工作时间短,要求有一定的短时过载能力。通常要根据过载系数 λ 来选择短时运行电动机的功率。电动机的功率可以是生产机械要求的功率的 $1/\lambda$。

(二)种类和结构形式的选择

1. 种类的选择

选择电动机的种类是从交流或直流、机械特性、调速与启动性能、维护及价格等方面来考虑的。若没有特殊的要求都应选择交流电动机,并尽可能选用笼形异步电动机。

绕线式异步电动机启动性能、调速性能较好,但价格贵,维护亦不方便,常用来作为起重机、卷扬机、锻压机及重型机床的横梁移动等不能采用笼形电动机的场合。

2. 结构形式的选择

电动机结构形式的选择应主要根据生产现场和工作环境。常见的结构形式如下:

(1)开启式:在构造上无特殊防护装置,用于干燥、无灰尘的场所,特点是通风良好。

(2)防护式:在机壳或端盖下面有通风罩,以防止杂物掉入。也有将外壳制成挡板状,以防止在一定角度内有雨水溅入。

(3)封闭式:电动机外壳严密封闭。电动机靠自身风扇或外部风扇冷却,并在外壳带有散热片。在灰尘多、潮湿或含有酸性气体的场所,可采用这种电动机。

(4)防爆式:整个电动机严密封闭,用于有爆炸性气体的场所,例如在矿井中。

此外,也要根据安装要求,采用不同的安装结构形式,如机座是否带底脚、端盖是否有凸缘。

3. 电压和转速的选择

1)电压的选择

电动机电压等级的选择,要根据电动机的类型、功率以及场所提供的电网电压来决定。我国企业提供的交流电压,低压为 380 V,高压一般为 3000 V 和 6000 V。Y 系列笼形电动机的额定电压为 380 V 一个等级。只有 100 kW 以上大功率异步电动机才用 3000 V 或 6000 V。

2)转速的选择

电动机的转速应根据生产机械的要求来选定。但通常转速应不低于 500 r/min。因为当电动机的功率一定时,转速愈低,尺寸愈大,价格愈贵,而且效率也较低。此时就不如用一台高速电动机，另配减速器来满足生产设备对速度的要求。异步电动机通常采用同步转速 $n_0 = 1500$ r/min 的四极电动机。

任务四　　常用低压电器的认识

任务目标

了解低压电器的分类，包括保护电器和执行电器；掌握电磁式低压电器的基本结构，如电磁机构和触点系统等；能够识别常用低压电器及其各组成部分，并说明其用途；熟悉各种低压电器的图形符号和文字符号，以便在电气图纸中准确识别和表示；了解低压电器的选用和使用知识；掌握电气制图与识图基础知识；培养良好的职业素养和安全意识。

一、常用低压电器的分类

常用低压电器的主要种类和用途如表 4-3 所示。

表 4-3　常用低压电器的主要种类和用途

序号	类别	主要品种	用　途
1	断路器	塑料外壳式断路器	主要用于电路的过载保护，短路、欠电压、漏电保护，也可用于不频繁接通和断开电路
		框架式断路器	
		限流式断路器	
		漏电保护式断路器	
		直流快速断路器	
2	刀开关	开关板用刀开关	主要用于电路的隔离，有时也能切断负载
		负荷开关	
		熔断器式刀开关	
3	转换开关	组合开关	主要用于电源切换，也可用于负载通断或电路的切换
		换向开关	
4	主令电器	按钮	主要用于发布命令或程序控制
		限位开关	
		微动开关	
		接近开关	
		万能转换开关	
5	接触器	交流接触器	主要用于远距离频繁控制负载，切断带负载电路
		直流接触器	

序号	类别	主要品种	用 途
6	启动器	磁力启动器	主要用于电动机的启动
		星-三角启动器	
		自耦减压启动器	
7	控制器	凸轮控制器	主要用于控制回路的切换
		平面控制器	
8	继电器	电流继电器	主要用于控制电路中,将被控量转换成控制电路所需电量或开关信号
		电压继电器	
		时间继电器	
		中间继电器	
		温度继电器	
		热继电器	
9	熔断器	有填料熔断器	主要用于电路短路保护,也用于电路的过载保护
		无填料熔断器	
		半封闭插入式熔断器	
		快速熔断器	
		自复熔断器	
10	电磁铁	制动电磁铁	主要用于起重、牵引、制动等地方
		起重电磁铁	
		牵引电磁铁	

二、常用低压电器结构及功能

在电路中起通断、保护、控制或调节作用的用电器元件,称为控制电器,简称电器。在继电器-接触器控制系统中主要使用额定电压低于 500 V 的低压电器。

低压电器的种类繁多,分为手动和自动两大类。刀开关、组合开关、按钮等属于手动电器,随各种按指令、信号或某个物理量的变化而自动动作的电器,如低压断路器、接触器、继电器、行程开关等则属于自动电器。

1. 开关电器

1)刀开关

按刀片数量不同,刀开关可分为单刀、双刀和三刀三种。图 4-18 是胶盖瓷座三刀开关的结构图和符号。刀开关的主要部件包括:刀片(动触点)和刀座(静触点)。

刀开关的作用包括:① 作为隔离开关,也就是说在不带负载(用电设备不工作)的情况下切断和接通电源;② 作为电源开关,直接用它来控制电动机(小于 7.5 kW)的启、停操作。

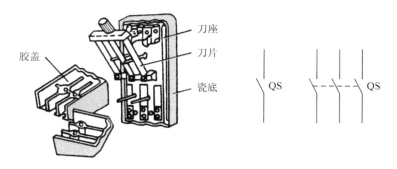

图 4-18　刀开关的结构、图形符号和文字符号

2) 组合开关

组合开关的主要结构包括:静触片、动触片和手柄。

① 静触片一端固定在绝缘板上,另一端引出盒外,并附有接线柱,以便和电源线及其他用电设备的导线相连。

② 动触片装在另外的绝缘垫板上,垫板套装在附有绝缘手柄的绝缘杆上。

③ 手柄能沿顺时针或逆时针方向转动,带动动触片分别与静触片接通或断开。图 4-19 示出了组合开关外形图和原理示意图。

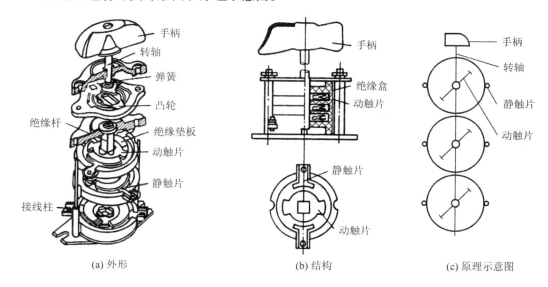

(a) 外形　　　　　　　(b) 结构　　　　　　　(c) 原理示意图

图 4-19　组合开关

组合开关可作为电气设备中不频繁地接通和分断电路,可用于接通电源和负载,控制小容量异步电动机的正、反转及星形-三角形启动等。

2. 空气断路器

空气断路器可对电气设备实现短路、过载和欠压保护。

图 4-20 示出了空气断路器的外形图、原理示意图和符号。

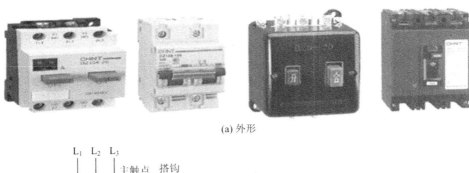

(a) 外形

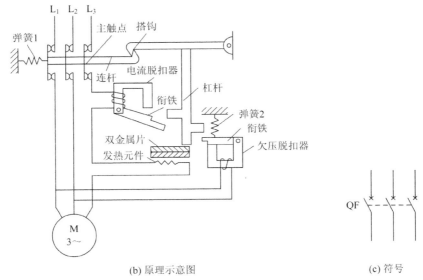

(b) 原理示意图　　　　　　　　　(c) 符号

图 4 - 20　空气断路器

空气断路器的"分"与"合"伴置。"合"位置时，主触点连杆被搭钩锁住，主触点保持闭合状态；"分"位置时，主触点处于断开状态。

空气断路器的工作原理如下：

① 短路或严重过载时，电流脱扣器的衔铁被吸合，此时通过杠杆作用将搭钩顶开，主触点迅速切断短路或严重过载电路。

② 过载时，产生的热量使双金属片弯曲变形推动杠杆顶开搭钩，主触点断开，切断过载电路。过载越严重，主触点断开越快，但不可能瞬动。

③ 失压或电压过低时，欠压脱扣器中衔铁因吸力不足而将被释放，主触点被断开。当电源恢复正常时，必须重新合闸后才能工作，实现失压保护。

3. 主令电器

1）按钮

按钮是一种主令电器，在控制系统中用于发布控制指令，常用于接通、断开控制电路。其结构和符号如图 4-21 所示。其中，上面一对原来就由触桥（动触点）接通的静触点，称作常闭触点，也称作动断触点，而下面原来处于断开的一对静触点，称为常开触点，也称作动合触点。当按下按钮时，触桥随着推杆一起向下运动，从而使动断触点断开，动合触点闭合。松开按钮后，触点通断状况同时复位。这种动作形式的按钮称作自复位式按钮；若松开手后，按钮锁定在原来位置，则称作自锁式按钮，如钥匙式按钮、旋转式按钮等。

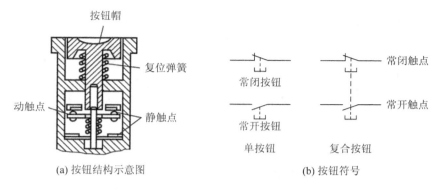

(a) 按钮结构示意图　　　　　　　　　　(b) 按钮符号

图 4-21　按钮的结构、图形和文字符号

目前常用的产品有 LA18、LA19、LA25、LAY3 等系列。其中 LAY3 采用组合式结构，可根据需要任意组合其触点数目，其结构形式有普通式、紧急式、钥匙式和旋转式等。

按钮帽有不同颜色，一般用绿色表示启动按钮，红色表示停止按钮。

2）行程开关

行程开关又称限位开关，是利用生产机械运动部件的撞块发出控制指令的主令电器，用来控制生产机械的运动方向、行程大小和位置保护，常见的有按钮式和旋转式两种，如图 4-22 所示。其图形和文字符号如图 4-23 所示。

目前，国内行程开关的品种规格很多，常用的有 LXW5、LXW-11、LX2、LX19、LX33等。行程开关在选用时，根据使用场合的不同，应满足额定电压、额定电流、复位方式和触点数量等方面的要求。

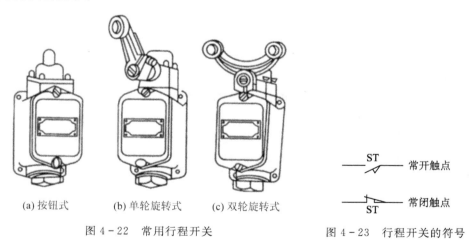

(a) 按钮式　　　(b) 单轮旋转式　　　(c) 双轮旋转式

图 4-22　常用行程开关　　　　　　　图 4-23　行程开关的符号

4. 熔断器

熔断器是一种最简单有效的短路保护电器。当电路发生短路故障时能自动迅速地切断电源。常用的熔断器结构、类型和符号如图 4-24 所示。熔断器的核心部分是熔体(熔丝或熔片)，它用电阻率较高的易熔合金制成，如铅锡合金等，或用截面积很小的良导体制成，如铜、银等。线路在正常工作情况下，熔断器中的熔体是线路的一部分，一旦发生短路或严重过载时，熔体就应立即熔断。

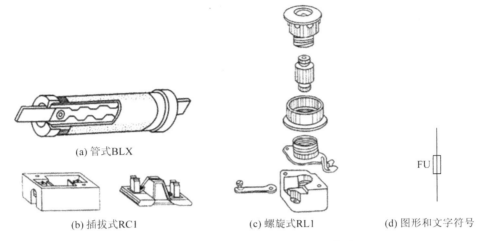

(a) 管式BLX

(b) 插拔式RC1

(c) 螺旋式RL1

(d) 图形和文字符号

图 4-24 熔断器的结构、图形和文字符号

目前的新型封闭管式熔断器 RT 系列，分为有填料熔断器、无填料熔断器和快速熔断器三种。

熔体额定电流的选择方法如下：

（1）电灯、电炉等无冲击电流负载的熔体。

熔体的额定电流大于或等于所有实际负载电流。

（2）电动机负载线路的熔体。

由于电动机启动电流较大，为了避免启动瞬间无谓的烧断熔体，对不是频繁启动的单台电动机，一般取熔体的额定电流大于或等于(1.5~2.5)倍电动机的额定电流

（3）对多台电动机合用的熔体，则可按下式估算：

熔体的额定电流≥(1.5~2.5)×容量最大的电动机的额定电流＋其余电动机的额定电流。

5. 交流接触器

交流接触器是利用电磁铁的电磁吸力来操作的电磁开关，属于自动电器，常用来频繁接通和断开电动机或其他设备的主电路。接触器主要由三部分组成，即电磁系统、触点部分和灭弧装置。接触器的外形如图 4-25 所示。

电磁系统由静铁芯、动铁芯和吸引线圈组成。触点系统由主触点和辅助触点构成，主触点用于通断主电路，通常有 3 对常开触点；辅助触点用于控制电路，通常有 2 对常开和 2 对常闭触点。当主触点分断时，会产生较大电弧，烧坏触点，并延长分断时间，严重时可能引起电源间短路，因此接触器一般都有触点间绝缘隔层或灭弧罩。

在选用接触器时，应注意主触点的额定电

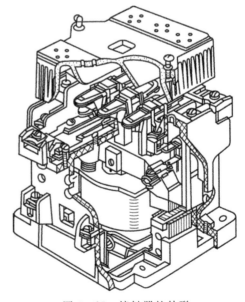

图 4-25 接触器的外形

压、额定电流应与用电设备的额定电压和额定电流相符；线圈电压、触点数量以及操作频率则应根据实际需要选择。

接触器的图形和文字符号如图 4-26 所示。

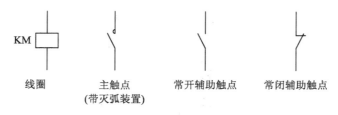

图 4-26   接触器的符号

6. 中间继电器

中间继电器是一种用来转换控制信号的中间元件，通常用来传递信号和同时控制多个电路，也可直接用来控制小容量的电动机或其他执行元件，常在其他继电器的触点数量和容量不够时，作扩展之用。

中间继电器的结构和交流接触器基本相同，只是电磁系统较小，触点更多。常用的中间继电器有 JZ7 系列（交流）和 JZ8 系列（交、直流两用），触点的数量为 4 对动合触点、4 对动断触点，也可根据需要选择触点的形式，触点的额定电流均为 5A。选用时还应考虑它们的线圈电压等级。

中间继电器的结构、图形和文字符号如图 4-27 所示。

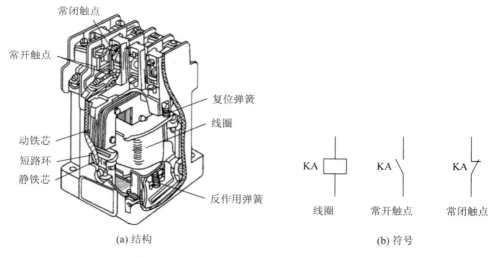

图 4-27   中间继电器结构、图形和文字符号

7. 时间继电器

时间继电器是一种利用电磁原理或机械动作原理来实现触点延时接通或断开的控制电器，按其工作原理和结构的不同，分为电磁式、空气阻尼式、晶体管式和电子式等类型。在对时间精度要求不高的场合一般采用空气阻尼式。目前电子式时间继电器获得了越来越广泛的应用。

1）空气阻尼式时间继电器

空气阻尼式时间继电器，是利用空气的阻尼作用而延时的，有通电延时和断电延时两种类型，其型号分别为 JS7-A 和 JS7-N 系列。图 4-28 是它们的结构示意图，主要由电磁系统、延时机构和触点部分构成。

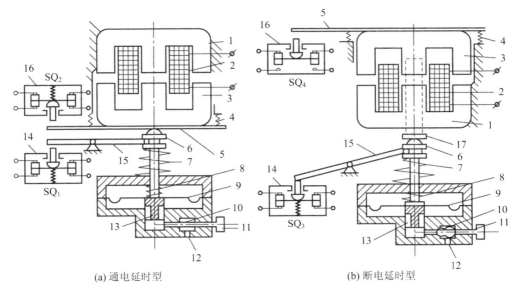

(a) 通电延时型　　　　　　　　　　　　(b) 断电延时型

1—线圈；2—铁芯；3—衔铁；4—复位弹簧；5—推板；6—活塞杆；7—杠杆；8—塔形弹簧；9—弱弹簧；
10—橡皮膜；11—空气室壁；12—活塞；13—调节螺杆；14—进气孔；15、16—微动开关。

图 4-28　JS7 系列时间继电器结构示意图

在图 4-28(a)中，当线圈 1 通电后，衔铁 3 吸合，微动开关 16 立即动作，活塞杆 6 在塔形弹簧 8 的作用下，带动活塞 12 及橡皮膜 10 向上移动，但由于橡皮膜下方其室内空气稀薄，形成负压，活塞杆不能迅速上移，当空气由进气孔 14 进入时，活塞杆才逐渐上移，其移动速度由进气孔大小而定，可通过调节螺杆 13 进行调整。活塞杆移至最上端时，杠杆 7 压动微动开关 15 动作。可见延时时间即为从电磁线圈得电到微动开关 15 动作的这段时间。

当线圈 1 断电后时，衔铁 3 在复位弹簧的作用下释放，将活塞 12 推向下端，这时橡皮膜 10 下方气室内的空气通过橡皮膜 10、弱弹簧 9 和活塞 12 肩部所形成的单向阀，从橡皮膜上方的气室缝隙中顺利排掉，微动开关 15、16 迅速复位。

将电磁机构翻转 180°安装，可得到 4-28(b)的断电延时型时间继电器。其工作原理与通电延时型相似，大家可自行分析。

2）电子式时间继电器

电子式时间继电器具有延时范围广、时间精度高、调节方便、使用寿命长等优点，按延时原理不同有阻容充电延时型和数字电路型，按输出形式不同有触点式和无触点式。常用的产品有 JSJ、JS20、JSS、JSZ7 等系列。

时间继电器的图形符号如图 4-29 所示。时间继电器在选用时应根据控制要求选择线圈的额定电压等级、延时形式、延时范围和精度等。

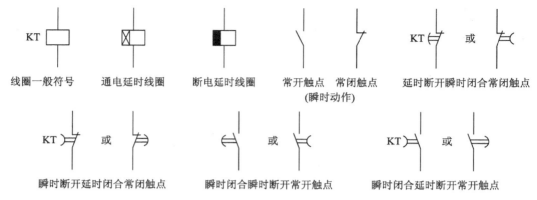

线圈一般符号　　通电延时线圈　　断电延时线圈　　常开触点　常闭触点　　延时断开瞬时闭合常闭触点
(瞬时动作)

瞬时断开延时闭合常闭触点　　　瞬时闭合瞬时断开常开触点　　　瞬时闭合延时断开常开触点

图 4-29　时间继电器的图形符号

7. 热继电器

热继电器用于过载保护。

图 4-30(a)、(b)、(c)分别示出了热继电器外形、原理示意图和符号。发热元件绕制在双金属片(两层膨胀系数不同的金属碾压而成)上,传动机构设置在双金属片和触点之间,热继电器有动合、动断触点各 1 对。

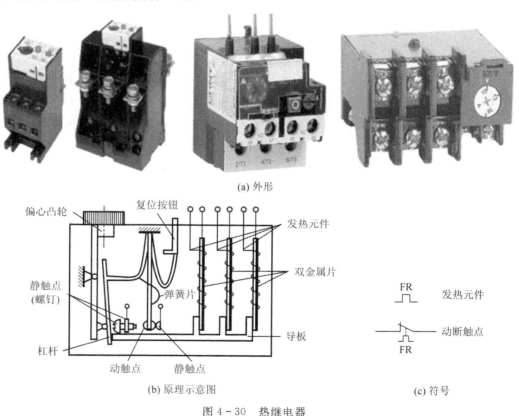

(a) 外形

(b) 原理示意图

(c) 符号

图 4-30　热继电器

任务五　三相异步电动机运行控制

任务目标

了解三相异步电动机的基本结构和工作原理；掌握三相异步电动机运行控制的基本原理，包括启动、运行、调速和制动等控制方法；熟悉电气控制线路图、接线图和布置图；学会分析三相异步电动机运行控制线路的动作过程，包括正向启动、反向启动、停止以及调速等控制线路的工作原理；掌握按照电气控制线路图连接三相异步电动机运行控制线路的技能，包括主电路和控制电路的布线、接线等；能够进行三相异步电动机的启动、停止、正反转和调速等操作；能够将所学知识应用于实际生产中，解决三相异步电动机运行控制中的实际问题。

一、三相异步电动机点动和连续控制电路

（一）三相异步电动机点动控制电路

有的生产机械不仅需要连续运转，还需要点动运行。有的生产机械要求用点动运行来完成调整工作。

所谓点动控制就是按下按钮，电动机通电运转，松开按钮，电动机断电停止的控制方式。

1. 电气原理图

图 4 - 31 为电动机点动控制电路。

2. 工作原理

按下点动启动按钮 SB，接触器 KM 线圈通电吸合，接触器 KM 主触点闭合，电动机接通三相交流电源并启动旋转。当松开按钮 SB 后，接触器 KM 线圈断电，主触点断开，从而切断三相交流电源，电动机停止旋转。按钮 SB 的按下时间长短直接决定了电动机接通电源的运转时间长短。

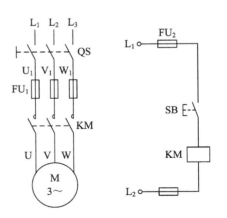

图 4 - 31　电动机点动控制电路

（二）三相异步电动机连续控制电路

点动控制电路不便于使电动机长时间运转，所以不能满足许多需要连续工作的状况。电动机的连续运转也称为长动控制，是相对点动控制而言的。它是指在按下启动按钮启动电动机后，松开按钮，电动机仍然能够通电连续运转的控制方式。

1. 电气原理图

图 4-32 为三相异步电动机单一方向连续运转的控制电路。

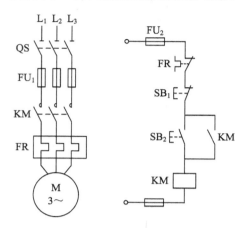

图 4-32　电动机连续控制电路

2. 工作原理

电动机启动时，合上电源开关 QS，接通整个电路电源。按下启动按钮 SB$_2$ 后，其常开触点闭合，接触器 KM 线圈通电吸合，接触器 KM 常开主触点与并接在启动按钮 SB$_2$ 两端的常开辅助触点同时闭合，前者使电动机接入三相交流电源并启动旋转；后者使接触器 KM 线圈经 SB$_2$ 常开触点与接触器 KM 自身的常开辅助触点两路供电而吸合。松开启动按钮 SB$_2$ 时，虽然 SB$_2$ 一路已断开，但接触器 KM 线圈仍通过自身常开辅助触点这一通路而保持通电，从而确保电动机继续运转。

这种依靠接触器自身辅助触点而使其线圈保持通电，称为接触器自锁，也叫电气自锁。要使电动机停止运转，可按下停止按钮 SB$_1$，接触器 KM 线圈断电释放，接触器 KM 的常开主触点、常开辅助触点均断开，从而切断电动机主电路和控制电路，电动机停止转动。当手松开停止按钮后，SB$_1$ 的常闭触点在复位弹簧作用下，虽又恢复到原来的常闭状态，但原来闭合的接触器 KM 自锁触点早已随着接触器 KM 线圈断电而断开，接触器已不再依靠自锁触点使这条路通电了。

二、三相异步电动机两地控制与顺序控制

（一）三相异步电动机两地控制电路

1. 电气原理图

图 4-33 示出了较为常见的两地控制且具有过载保护接触器自锁的三相异步电动机正转控制电路。图中 SB$_{11}$、SB$_{12}$ 为安装在甲地的启动按钮和停止按钮，SB$_{21}$、SB$_{22}$ 为安装在乙地的启动按钮和停止按钮。

2. 工作原理

在图 4-33 所示电路中，合上电源开关 QS，按下启动按钮 SB$_{11}$ 或 SB$_{21}$，接触器 KM 线

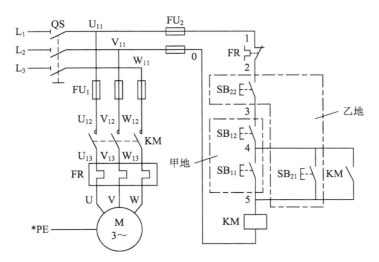

图 4-33 两地控制接触器自锁电路

圈通电，主电路中 3 个接触器 KM 主触点闭合，三相异步电动机通电运转，控制电路中接触器 KM 自锁触点闭合，实现自锁，保证电动机连续运转。

在图 4-33 所示电路中，按下停止按钮 SB_{12} 或 SB_{22}，接触器 KM 线圈断电，主电路中 3 个接触器 KM 主触点恢复断开，三相异步电动机断电停止运转，控制电路中接触器 KM 自锁触点恢复断开，解除自锁。

（二）两台三相异步电动机顺序控制电路

1. 电气原理图

图 4-34 为常见的通过主电路来实现两台电动机顺序控制的电路图，该电路的特点是电动机 M_2 的主电路接在控制电动机 M_1 的接触器 KM 主触点的下方。图 4-34(a) 所示电路中，电动机 M_2 是通过插线器 X 接在接触器 KM_1 主触点下面的，因此，只有当 KM_1 主触点闭合，电动机 M_1 启动运转后，电动机 M_2 才有可能接通电源运转。M7120 型平面磨床的砂轮电动机和冷却泵电动机就采用这种方式来实现两台电动机的顺序控制。而在图所示电路中，电动机 M_1 和 M_2 分别通过接触器 KM_1 和 KM_2 来控制，接触器 KM_2 的主触点接在接触器 KM_1 主触点的下面，这样也保证了当接触器 KM_1 主触点闭合且电动机 M_1 启动运转后，M_2 才有可能接通电源运转。

2. 工作原理

在图 4-34 所示电路中，合上电源开关 QS，按下启动按钮 SB_1，接触器 KM_1 线圈通电，其主触点闭合，电动机 M_1 启动运转，自锁触点闭合，实现自锁。电动机启动运转后，在图 4-34(a) 中，M_2 可随时通过接触器与电源相连或断开，使之启动运转或停止；在图 4-34(b) 中，再按下 SB_2，接触器 KM_2 线圈通电，其主触点闭合，电动机 M_2 启动运转，自锁触点闭合，实现自锁。停止时，按下 SB_3，接触器 KM_1、KM_2 线圈均断电，其主触点断开，电动机 M_1、M_2 同时断电停止运转，自锁触点均断开，解除自锁。

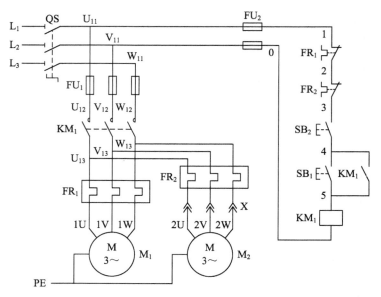

(a) 主电路由插线器控制

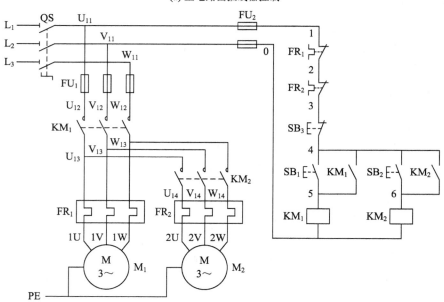

(b) 主电路由接触器控制

图 4 - 34 　主电路实现顺序控制的电路图

三、三相异步电动机正反转控制电路

　　生产机械的运动部件往往要求实现正反两个方向的运转，如机床主轴的正转和反转、起重机吊钩的上升与下降、机床工作台的前进与后退、机械装置的夹紧与放松等。这就要求拖动电动机实现正反转来控制。通过前面电动机工作原理有关知识的学习可知，只要将接至三相异步电动机的三相交流电源进线中的任意两相对调，即可实现三相异步电动机的反转。

1. 电气原理图

图4-35是接触器互锁正反转控制电路。

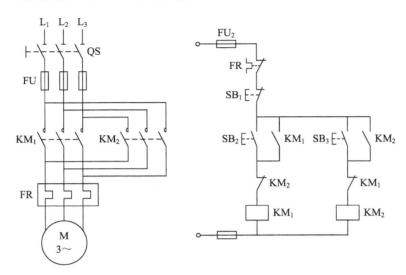

图4-35　接触器互锁正反转控制电路

2. 工作原理

如图4-35所示,接触器互锁正反转控制电路中,按下正转启动按钮SB_2,正转接触器KM_1线圈通电,KM_1辅助常闭触点断开,实现对接触器KM_2线圈的互锁,KM_1自锁触点和主触点都闭合,分别实现自锁和接通电动机正转电源,电动机通电正转。要想实现反转,必须先按停止按钮SB_1,切断正转接触器KM_1线圈支路,KM_1主电路的主触点和控制电路中的自锁触点恢复断开,互锁触点恢复闭合,解除对KM_2的互锁,然后按下反转启动按钮SB_3,才能实现电动机反向启动。

同理可知,按下反转启动按钮SB_3,反转接触器KM_2线圈通电,KM_2辅助常闭触点断开,实现对接触器KM_1线圈的互锁,KM_2自锁触点和主触点都闭合,分别实现自锁和接通电动机反转电源,电动机通电反转。

接触器互锁正反转控制电路的优点是:可以避免由于误操作以及因接触器故障而引起的电源短路事故的发生。但存在的主要问题是:从一个转向过渡到另一个转向时要先按停止按钮SB_1,不能直接过渡,其运行状态必须是正转→停止→反转。

四、三相异步电动机星-三角减压启动控制电路

1. 电路原理图

三相异步电动机减压启动方法中的星-三角减压启动的电路图如图4-36所示。

2. 工作原理

图4-36中,KM_1为电源接触器,KM_2为定子绕组三角形连接接触器,KM_3为定子绕组星形连接接触器。

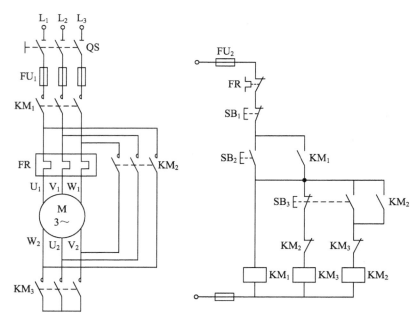

图 4 - 36　星-三角减压启动电路

电动机启动时，合上电源开关 QS，接通整个控制电路电源。按下星形减压启动按钮 SB_2，接触器 KM_1、KM_3 线圈同时通电，KM_1 辅助触点闭合实现自锁，KM_1 主触点闭合接通三相交流电源；KM_3 主触点闭合将电动机三相定子绕组尾端短接，电动机星形启动；KM_3 的常闭辅助触点（互锁触点）断开，对 KM_2 线圈互锁，使 KM_2 线圈不能得电。待电动机转速上升至一定值时，按下三角形全压运行切换按钮 SB_3，SB_3 常闭触点先断开，使 KM_3 线圈断电；KM_3 主触点断开解除定子绕组的星形连接；KM_3 常闭辅助触点（互锁触点）恢复闭合，为 KM_2 线圈通电做好准备；SB_3 按钮常开辅助触点闭合后，KM_2 线圈通电并自锁，KM_2 主触点闭合，电动机定子绕组首尾顺次连接成三角形运行；KM_2 常闭辅助触点（互锁触点）断开，使 KM_3 线圈不能通电。

电动机停转时，按下停止按钮 SB_1 接触器，KM_1 线圈断电释放，KM_1 的常开主触点、常开辅助触点（自锁触点）均断开，切断电动机主电路和控制电路，电动机停止转动。接触器 KM_2 的常开主触点、常开辅助触点（自锁触点）均断开，解除电动机定子绕组的三角形连接，为下次星形减压启动做好准备。

实验一　三相笼形异步电动机的点动、长动控制

（一）实验目的

（1）了解断路器、按钮、接触器、热继电器的结构、工作原理及使用方法；

（2）掌握电动机点动和长动控制电路的工作原理和接线方法；

（3）学会常用电工工具的使用方法；

（4）熟悉上述电路的故障分析和排除方法。

（二）实验器材

本实验所用器材如表 4 – 4 所示。

表 4 – 4　实验器材

序号	设备/工具名称	型号	规格	数量
1	三相异步电动机	Y90M-4	1.1 kW	1 台
2	断路器	DZX4-10/3	—	1 只
3	交流接触器	CJ20-10	380 V	1 只
4	热继电器	JR16-20/3D	2.7 A	1 只
5	熔断器	RT18-32/X	6 A	3 只
6	两联按钮	LA4-2	—	1 只
7	万用表	—	—	1 只
8	十字、一字螺丝刀	—	—	各 1 只
9	剥线钳	—	—	1 把
10	偏口钳	—	—	1 把
11	导线	—	—	—

（三）实验内容与步骤

（1）用万用表检查各电器元件的质量好坏，了解其使用方法。

（2）按点动电路（不接 KM 的常开辅助触头）正确接线，先接主电路，再接控制电路，如图 4 – 37 所示。

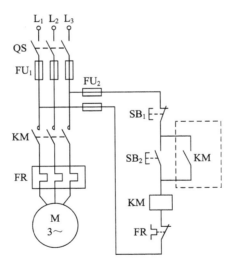

图 4 – 37　三相笼形异步电动机点动、长动控制电路

（3）检查电路并确保无误后，进行通电实验。

（4）合上断路器，按下或松开启动按钮，观察电动机的运动情况。

（5）按长动电路（接上 KM 的常开辅助触头）正确接线。

（6）用启动按钮和停止按钮操作电动机的启动与停止。

（四）思考题

（1）比较两种控制电路的区别并说明它们分别适用于什么样的场合？

（2）说明电路中自锁的作用？

（3）设计一个既能点动又能长动的控制电路。

实验二 // 三相笼形异步电动机的正反转控制

（一）实验目的

（1）了解断路器、按钮、接触器、热继电器的结构、工作原理及使用方法；

（2）掌握两种电动机正反转控制电路的工作原理和接线方法；

（3）熟悉正反转控制电路的故障分析和排除方法。

（二）实验器材

本实验所用设备及工具如表 4 - 4 所示。

（三）实验内容与步骤

（1）用万用表检查各电器元件的质量好坏，了解其使用方法。

（2）按图 4 - 38 所示电路正确接线，先接主电路，再接控制电路（见图 4 - 38(b)），即正转→停止→反转控制电路。

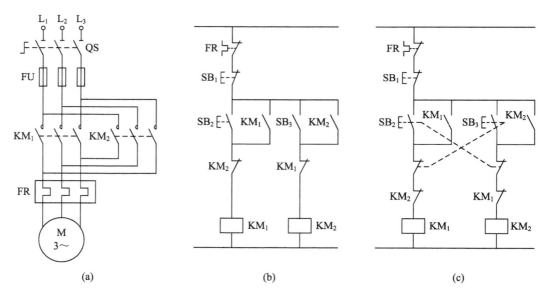

图 4 - 38　电动机正反装控制电路

（3）检查线路并确保无误后，再进行通电实验。

（4）按下正转启动按钮，待电动机正常运转后，按下反转启动按钮，观察电动机的是否反转，为什么？

（5）按下正转启动按钮，待电动机正常运转后，按下正转停止按钮，再按下反转启动按钮，观察电动机的是否反转，为什么？

（6）主电路接线不动，拆除控制电路接线，按控制电路（见图 4-38(c)）接线，即正转→反转→停止控制电路。

（7）操作正反转的启动和停止按钮，观察电动机的运转情况。

（8）若实验过程出现不正常情况，应立即切断电源，分析并查找故障原因，直至排除故障。

（四）思考题

（1）比较两种控制电路的区别？

（2）说明电路中互锁的作用？

（3）通过该实验，有何体会？

习　题

（一）填空题

1. 电动机是将_____能转换为_____能的设备。

2. 三相异步电动机主要有_____和_____两部分组成。

3. 三相异步电动机的定子铁芯是用薄的硅钢片叠装而成，它是定子的_____路部分，其内表面冲有槽孔，用来嵌放_____。

4. 三相异步电动机的转子有_____和_____两种形式。

5. 三相异步电动机的三相定子绕组通以_____，则会产生_____。

6. 三相异步电动机旋转磁场的转速称为_____转速，它与电源频率和_____有关。

7. 三相异步电动机旋转磁场的转向是由_____决定的，运行中若旋转磁场的转向改变了，转子的转向_____。

8. 一台三相四极异步电动机，如果电源的频率 $f_1 = 50\ \text{Hz}$，则定子旋转磁场每秒在空间转过_____转。

9. 三相异步电动机的转速取决于_____、_____ 和 _____电源频率 f。

10. 电动机的额定转矩应_____最大转矩。

11. 三相异步电动机的转子主要由_____和_____组成。

12. 三相异步电动机负载不变而电源电压降低时，其转子转速将_____。

13. 三相异步电动机机械负载加重时，其定子电流将_____。

14. T_m 表示电动机产生的最大电磁转矩，又称_____。

15. 三相异步电动机的额定功率是额定状态时电动机转子轴上输出的机械功率，额定电流是满载时定子绕组的_____电流，其转子的转速_____旋转磁场的速度。

16. 电动机铭牌上所标额定电压是指电动机绕组的_____。

17. 某三相异步电动机额定电压为 380/220 V，当电源电压为 220 V 时，定子绕组应采用_____接法；当电源电压为 380 V 时，定子绕组应采用_____接法。

18. 在额定工作情况下的三相异步电动机，已知其转速为 960 r/min，电动机的同步转速为_____、磁极对数为_____对，转差率为 0.04。

19. 低压熔断器在低压配电设备中，主要用于_____。

20. 热继电器主要用于电动机的_____保护。

21. 由三相异步电动机的工作原理可知：当改变通入电动机定子绕组的三相电源的_____，即把接入电动机三相电源进线中的任意两相的接线_____时，电动机就可以反转。

22. 接触器互锁正反转控制电路的优点是_____，缺点是_____。

（二）选择题

1. 三相异步电动机在稳定运转情况下，电磁转矩与转差率的关系为（　　）。
   A. 转矩与转差率无关　　　　　　B. 转矩与转差率平方成正比
   C. 转差率增大，转矩增大　　　　D. 转差率减小，转矩增大

2. 三相异步电动机在一定的负载转矩下运行，若电源电压降低，定子电流将（　　）。
   A. 增大　　　　　　　　　　　　B. 降低
   C. 不变　　　　　　　　　　　　D. 无法确定

3. 有两台三相异步电动机，它们的额定功率相同，但额定转速不同，则（　　）。
   A. 额定转速大的那台电动机，其额定转矩大
   B. 额定转速小的那台电动机，其额定转矩大
   C. 两台电动机的额定转矩相同
   D. 无法确定

4. 三相异步电动机启动转矩不大的主要原因是（　　）。
   A. 启动时电压低　　　　　　　　B. 启动时电流不大
   C. 启动时磁通少　　　　　　　　D. 启动时功率因数低

5. 降低电源电压后，三相异步电动机的启动转矩将（　　）。
   A. 降低　　　　　　　　　　　　B. 不变
   C. 提高　　　　　　　　　　　　D. 无法确定

6. 工频条件下，三相异步电动机的额定转速为 1420 r/min，则电动机的磁极对数为（　　）。
   A. 1　　　　　　　　　　　　　　B. 2
   C. 3　　　　　　　　　　　　　　D. 4

7. 一台三相异步电动机，其铭牌上标明额定电压为 220/380V，其接法应是（　　）。
   A. Y/△　　　　　　　　　　　　B. △/Y
   C. △/△　　　　　　　　　　　　D. Y/Y

8. 三相异步电动机的额定功率是指电动机（　　）。
   A. 输入的视在功率　　　　　　　B. 输入的有功功率
   C. 产生的电磁功率　　　　　　　D. 输出的机械功率

9. 交流接触器的（　　）分断时，会产生较大电弧。
   A. 线圈　　　　　　　　　　　　B. 铁芯

C. 主触点　　　　　　　　　　　D. 以上都不对

10. 下列电器中不能实现短路保护的是（　　）。

A. 熔断器　　　　　　　　　　　B. 热继电器

C. 空气开关　　　　　　　　　　D. 过电流继电器

11. 按下复合按钮时（　　）。

A. 动断点先断开　　　　　　　　B. 动合点先闭合

C. 动断动合点同时动作　　　　　D. 以上都不对

12. 热继电器过载时双金属片弯曲是由于双金属片的（　　）。

A. 机械强度不同　　　　　　　　B. 热膨胀系数不同

C. 温差效应　　　　　　　　　　D. 以上都不对

13. 低压断路器（　　）。

A. 有短路保护，有过载保护　　　B. 有短路保护，无过载保护

C. 无短路保护，有过载保护　　　D. 无短路保护，无过载保护

14. 下列电器中不能实现短路保护的是（　　）。

A. 熔断器　　　　　　　　　　　B. 过电流继电器

C. 热继电器　　　　　　　　　　D. 低压断路器

15. 下列低压电器中属于保护电器的是（　　）。

A. 刀开关　　　　　　　　　　　B. 接触器

C. 熔断器　　　　　　　　　　　D. 按钮

16. 交流接触器由四部分组成，下面哪个部分是错误的。（　　）

A. 电磁系统　　　　　　　　　　B. 触点系统

C. 整定调整系统　　　　　　　　D. 灭弧装置

17. 对一台不经常启动且启动时间不长的电动机的短路保护，熔体的额定电流应大于或等于（　　）倍电动机额定电流。

A. 4～7　　　　　　　　　　　　B. 1.5～2.5

C. 1～2　　　　　　　　　　　　D. 8～10

18. 组合开关用于控制小型异步电动机的运转时，开关的额定电流一般取电动机额定电流的（　　）倍。

A. 1.5～2.5　　　　　　　　　　B. 1～2

C. 2～3　　　　　　　　　　　　D. 3～5

19. 当其他电器的触点或触点容量不够时，可借助（　　）作中间转换用，来控制多个元件或回路。

A. 热继电器　　　　　　　　　　B. 电压继电器

C. 中间继电器　　　　　　　　　D. 电流继电器

20. 利用电磁原理或机械动作原理来实现触点延时闭合或分断的一种自动控制电器是（　　）。

A. 电压继电器　　　　　　　　　B. 时间继电器

C. 电流继电器　　　　　　　　　D. 速度继电器

（三）判断题

1. 减压启动虽能达到降低电动机启动电流的目的，但此法一般只适用于电动机空载或轻载启动。　　　　　　　　　　　　　　　　　　　　　　　　（　　）

2. 定子绕组串接电阻减压启动时，通过电阻的分压作用来降低定子绕组上的启动电压。　　　　　　　　　　　　　　　　　　　　　　　　　　　　（　　）

3. 在低压电路内，具有通断、保护、控制及对电路参数的检测或调节作用的电气设备称为低压电器。　　　　　　　　　　　　　　　　　　　　　　　（　　）

4. 触点闭合时，由于有触点弹簧，故没有接触电阻。　　　　　　　　（　　）

5. 熔断器中的熔体，由一种低熔点、易熔断、导电性能良好的合金金属丝或金属片制成。　　　　　　　　　　　　　　　　　　　　　　　　　　　　（　　）

6. 刀开关一般可用于直接接通和断开电动机。　　　　　　　　　　（　　）

7. 空气断路器的额定电压小于电路的额定电压。　　　　　　　　　　（　　）

8 交流接触器铁芯上的短路环断裂后，会使动静铁芯不能释放。　　　（　　）

（四）简答题

1. 简述电动机工作原理。

2. 在额定工作情况下的三相异步电动机 Y180L－6 型，其转速为 960 r/min，频率为 50 Hz，问电动机的同步转速是多少？有几对极对数？转差率是多少？

3. 极对数为 8 的三相异步电动机，电源频率 $f_1 = 50$ Hz，额定转差率 $s_N = 0.04$，$P_N = 10$ kW，求：额定转速和额定电磁转矩。

4. 一台两极三相异步电动机，额定功率 10 kW，额定转速为 $n_N = 2940$ r/min，额定频率 $f_1 = 50$ Hz，求：额定转差率 s_N，轴上的额定转矩 T_N。

5. 为什么说接触器控制的电动机具有失压保护作用？

6. 试设计两台笼形电动机 M1、M2 的顺序控制电路，要求 M2 启动后，才能用按钮启动 M1。停止时要求先停止 M1 后，M2 才能用按钮停止。

7. 交流接触器主要由哪几部分组成？说明各部分的作用。

8. 简述热继电器的主要结构和工作原理。为什么热继电器不能对电路进行短路保护？

项目五
安全用电

知识目标

（1）了解电能的特点及其在实际生产、生活中的广泛应用。

（2）了解人体触电的类型及常见原因。熟悉安全用电的常识，树立安全用电意识与规范操作的职业素养。

（3）了解电气火灾的防范及扑救常识，能正确选择处理方法。

（4）掌握用电设备常见的接地和接零保护措施，掌握它在实际中的应用。

技能目标

（1）会在带电现场保护自己，防止触电事故发生。

（2）能处理触电事故现场的某些事件。

思政目标

（1）树立安全责任意识。

（2）养成遵规守纪的习惯。

（3）提升应急处理能力。

（4）强化社会责任感。

任务一　　安全用电的认识

任务目标

　　增强安全用电意识，了解不当用电可能带来的风险和危害；掌握安全用电技能；掌握正确的用电方法和操作规程，包括电器设备的正确使用、故障排查以及紧急情况下的应对措施；养成安全用电的习惯，提升应急处理能力。

一、电流对人体的伤害

人体不慎接触带电体时，可能因电流通过人体而发生触电事故，电解、电离和电热的作用，可使人体组织受到破坏。人体因触及带电体而承受过高的电压，以致引起死亡或局部受伤的现象称为触电。触电可分电击和灼伤两种。电击是指电流通过人体，使人体内部器官如心脏、神经系统受到损伤，如人不能迅速脱离带电体，可能造成死亡。灼伤是指在电弧作用下对人体外部的伤害。人体所触及的电压大小和触电时的人体情况是决定触电伤害程度的重要因素。

触电伤害程度与下列因素有关：

（1）电流强度。当通过人体的电流达到交流电 1 mA 或直流电 5 mA 时，人就有感觉。当电流超过 50 mA 以上时，就会引起人死亡。

人体电阻在干燥情况下约为 10~100 kΩ，但在潮湿情况下则降为 800~1000 Ω，所以规定人体安全电压不高于 36 V，在高温和潮湿的场合人体安全电压规定为不高于 24 V 或 12 V。

（2）电流作用时间。电流通过人体时间越长，生命危险性越大。因此，发生触电事故时，应迅速切断电源，使触电者迅速脱离带电体。

（3）频率。40~60 Hz 的交流电对人体危害最大，在高频作用下，电热的作用大，故容易灼伤人体。

（4）电流通过人体的部位。电流对人体的心、脑、肺危害较大，电流从手到脚经过的神经组织很多，故很危险。

（5）人体电阻。每个人的人体电阻是不同的，一个人各部分的电阻大小也是不同的，一般约为几百欧姆到几万欧姆，通常取 800~1000 Ω。人体的电阻可能因诸多因素的影响而降低，如出汗受潮、有创伤、有带电粉末等都会使人体电阻减小。

我们知道，通过人体的电流大小取决于人体电阻以及人体触及电压的高低。以人体电阻 800 Ω 为例，当人体触及电压等于 40 V 时，通过人体的电流约为 50 mA，会对人体会造成危害。因此国家规定使用 36 V 以下的安全电压，在特别潮湿的环境中，必须采用不高于 12 V 的电压。

二、触电形式

触电有多种形式，常见的有以下六种。

（一）直接接触触电

直接接触触电指直接与正常带电的部分接触而发生的触电，例如一手接触三相电源的一根火线，如图 5-1 所示，这时为单相触电。人体在相电压作用下，电流将从手经过全身由脚至大地，最后回到电源中，这是分危险的。如果脚与地面绝缘良好，则回路中电阻增加，电流减小，危险性可大为减小。反之，如果身体汗湿或脚着地，则回路中电阻下降，危险性增大。假如人体两手接触火线，如图 5-2 所示，则人体处于线电压下，此时更为危险。

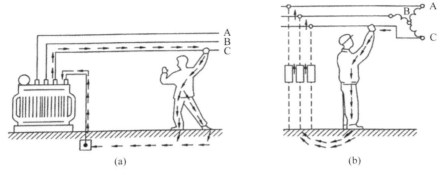

图 5-1 单相触电情况

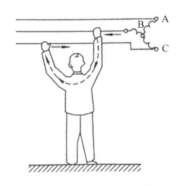

图 5-2 两相触电情况

（二）间接接触触电

间接接触触电指接触正常工作时不带电的部分而发生的触电。例如，电机或电气的金属外壳在正常情况下是不带电的，但由于绝缘材料损坏使导体与外壳相碰，此时人手接触带电的外壳，相当于接触火线，也会产生触电事故。因此，对电机、电器等的外壳必须采用接地或接零保护，以防发生意外。

（三）跨步电压触电

跨步电压触电实际上也属于间接接触触电。当两脚踏在接地电流所确定的各种电位的地面上，且夸距为 0.8 m 时，两脚间的电位差称为跨步电压，由跨步电压造成的触电称为跨步电压触电。跨步电压的大小受接地电流的大小、人体所穿的鞋和地面的特征、两脚之间的跨距、两脚的方位以及离接地点的远近等很多因素的影响。

（四）剩余电荷触电

电气设备的相间绝缘和对地绝缘都存在电容效应，由于电容器具有储存电荷的性能，因此，刚断开电源的停电设备上都会保留一定量的电荷，这些电荷称为剩余电荷。如此时有人触及停电设备，就可能遭受剩余电荷的电击。

（五）感应电压触电

由于带电设备具有电磁感应和静电感应作用，其附近的停电设备上能感应出一定的电压，其数值的大小取决于带电设备电压的高低，以及停电设备与带电设备两者之间的平行距离、几何形状等因素。感应电压往往是在电气工作者缺乏思想准备的情况下出现的，具有相当大的危险性。在电力系统中，感应电压触电事故最易发生，甚至会造成伤亡事故。

（六）静电触电

静电电位可高达数万伏至数十万伏，可能发生放电，产生静电火花，引起爆炸、火灾，也可能造成对人体的电击伤害。由于静电电击不是电流持续通过人体的电击，而是静电放电造成的瞬间冲击性电击，能量较小，通常不会造成人体心室颤动而致死，但是往往给人造成二次伤害，如高空坠落或其他机械性伤害等，因此同样具有相当大的危险性。

任务二 // 触 电 防 护

任务目标

提高触电防护意识，增强个人或团体对触电风险的认识和警觉性，使其充分认识到触电事故的严重性和预防的重要性；掌握触电防护措施；了解触电原理，熟悉常见触电方式；提升应急处理能力和推动触电防护文化建设等措施。

一、直接接触触电的防护

正常运行的电气设备必须采用相应的防护措施，防止人员偶然触及或近距离接近带电体而导致发生触电事故，一般采用绝缘材料、屏护装置、间距、安全电压、漏电保护器等措施。这些措施是防止发生电气事故中最基本、最重要的安全技术措施，也是电气设备正常运行的必要条件，称为直接防护措施。

（一）采用绝缘材料的防护

采用绝缘材料把带电导体完全包封起来，以保证在正常情况下人体不致触及带电体。这种防护要求绝缘材料能保证长期经受电气、机械、化学和发热等造成的影响而绝缘性能继续有效。常用的绝缘材料有气体绝缘材料（如空气、六氟化硫）、液体绝缘材料（如变压器油、电容器油、电缆油）和固体绝缘材料（无机绝缘材料，如云母、瓷件、石棉；有机绝缘材料，如棉纱、纸、橡胶；混合绝缘材料，如绝缘压塑料、绝缘薄膜、复合材料）。

（二）采用屏护装置的防护

屏护装置包括遮拦和设置障碍装置，用以控制不安全因素，防止人员无意或有意触及带电体。屏护装置不直接与带电体接触，根据不同条件可采用绝缘材料，也可采用金属材料，但是必须满足以下要求：

（1）所用材料应有足够的机械强度和阻断性能，并安全牢固；

（2）金属屏护装置应有良好的接地或接零措施；

（3）屏护装置上应有明显的标志，如"当心触电""止步，高压危险"等警告牌；

（4）屏护装置应与带电体保持足够的安全距离。

（三）采用间距的防护

采用间距的防护可防止人体触及或近距离接近带电体，防止发生各种短路和电气火灾，有利于安全操作。间距的大小取决于电压高低、设备类型、环境条件和安装方式等。

（四）采用安全电压的防护

采用安全电压的防护属于既能防止发生直接接触触电，又能防止发生间接接触触电的安全措施。安全电压要以国家标准为依据。采用安全电压的防护注意用电环境、设备种类、操作方式等因素，正确选用安全电压值。

（五）采用漏电保护器的防护

漏电保护器除用于防止发生直接接触触电和间接接触触电外，还可用于防止发生电气火灾和监视接地故障。按其电气工作原理，可分为电压动作型和电流动作型两类。

二、间接接触触电的防护

在正常情况下，直接防护措施能保证人身安全。但是，当电气设备的绝缘材料发生故障而损坏时，如因温度过高发生热击穿、在强电场作用下发生电击穿、绝缘老化等，都可能造成绝缘材料性能下降和绝缘材料损坏，进而构成电气设备严重漏电，使不带电的外露金属部件如外壳、护罩、构架等具有危险的接触电压，当人体触及这些外露的金属部件时就有可能造成间接接触触电。间接接触防护的目的是防止在电气设备故障情况下发生人身触电事故，主要防护措施有保护接地、保护接零和采用漏电保护器。

（一）保护接地

将电气设备的金属外壳用电阻很小的导线与接地极紧密连在一起，这种接地方式称为保护接地，如图 5-3 所示。接地极可以是钢管、钢条，被埋入地下，或者是被埋入地下的金属自来水管中，其接地电阻不得大于 4 Ω。采用保护接地的电气设备，一旦发生漏电，便能使绝大部分的电流通过接地极流散到地下，此时人体若触及电气设备，由于人体电阻远比接地电阻大，故而大部分电流通过接地极流入地下，与之并联的人体电阻流入极小的电流，避免发生触电事故。

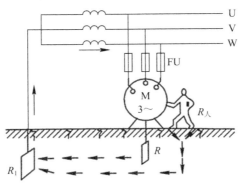

图 5-3　保护接地

（二）保护接零

将电气设备的金属外壳用导线直接与低压配电系统的零线相连接，这种方式称为保护接零，如图 5-4 所示。图中电动机 M 的 U 相绕组碰壳而使电机外壳带电，由于金属外壳与电源零线相连，使 U 相短路，短路电流 U 相熔丝熔断，自动切断了电源，免除了触电危险。保护接零的方式扩大了安全保护的范围，打破了保护接地方式的局限性，因而使用范围较广。

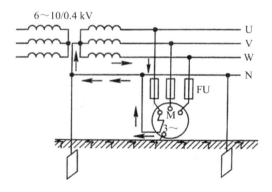

图 5-4 保护接零

必须指出，在同一电力网中，不允许一部分设备保护接地，而另一部分设备保护接零。因为若接地设备的导体碰壳，而此时熔丝未断，且人体正好同时触及这两种保护措施的金属外壳，则人将承受电源的相电压，引起触电。此外，在保护接零的电气设备使用中，为了防止零线断线，应将整个零线重复接地，如图 5-4 所示。

（三）漏电保护器

漏电保护器是一种安全开关，当人体触电、设备漏电或短路时能在 0.1 s 内自动切断电源，保证人身安全。有些漏电保护器还兼有设备过载保护功能。一般漏电保护器有电压型和电流型两种。常用的漏电保护器主要是电流型（包括电磁式、电子式、中性点接地式三种）的。图 5-5 所示为三相电子式电流型漏电保护器。由图 5-5(b)所示的工作原理图可知，漏电保护器是利用电流互感器制成的，三相电源的三根相线与零线都必须通过铁芯中无磁通产生的电流互感器铁芯中间。在正常情况下，接有负载的三相电源瞬间电流的相量和为零，则铁芯绕组上的感应电势 E 也为零，电子放大器不工作，使脱扣器仍然合上，电源正常供电。一旦存在触电现象（图 5-5(b)所示的人体触电电流 I），或者设备外壳在良好接地

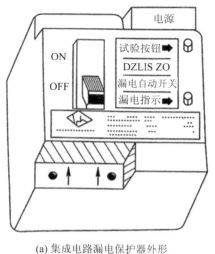

(a) 集成电路漏电保护器外形

(b) 工作原理

1—电源变压器；
2—主开关；
3—试验回路；
4—零序电流互感器；
5—压敏电阻；
6—电子放大器；
7—晶闸管；
8—脱扣器。

图 5-5 三相电子式电流型漏电保护器

或接零(注意：不能接在通过电流互感器零线的输出端，而应接输入端)时存在漏电现象，则流过电流互感器中间的电流的相量和不为零，铁芯中有了磁通的变化，这时将在铁芯绕组上感应出电动势 E。电子放大器工作，其控制的晶闸管使脱扣器机构将主开关打开而切断电源。这种由漏电电流互感器及电子器件组成的器件称为电子式电流型漏电保护器。

图 5-5(a)所示为 DZL18-20 型集成电路漏电保护器的外形。表 5-1 所示为 DZL-20 Ⅰ、Ⅱ型漏电保护器的主要技术数据。

表 5-1　DZL-20 Ⅰ、Ⅱ型漏电保护器的主要技术数据

型号	级数	额定电压/V	过电流脱扣器额定电流/A	额定漏电动作电流/A	漏电动作时间/s	额定短路通断能力/A	额定限制短路电流/A	寿命/次	保护功能
DZL-20 Ⅰ	2	220	20	30	≤0.1	500	1500	8000	漏电保护
DZL-20 Ⅱ			6.1～16.2						漏电和过载保护

选用漏电保护器应考虑以下几个方面：

(1) 额定电流和电压应大于或等于线路的额定负载电流和额定电压。

(2) 脱扣器的动作电流应大于线路负载电流。

(3) 额定限制短路电流应大于或等于线路的短路电流。

(4) 额定漏电动作电流较小。

二、安全用电小常识

常见的安全用电常识如下：

(1) 检修电气设备和更换熔丝时，应首先切断电源，严禁带电作业。

(2) 使用电气设备时，应采用相应的措施，如站在橡胶板上、穿上绝缘鞋、戴上绝缘手套等。

(3) 在任何情况下，不能用手鉴别导线是否带电，而须用验电设备(如测电笔、万用表等)。

(4) 不允许把 36 V 以上的照明灯作为机床局部照明用。

(5) 拆开或暴露的导线必须用绝缘物包好，并设法放到人不易触及的地方。

(6) 如遇人触电，应首先切断电源，切勿亲自用手接触触电者，以免再次触电，并且应及时抢救伤员。

(7) 如电气设备失火，应先断开电源。在未断电状态下，不能用水或泡沫灭火器，须用黄沙、二氧化碳灭火器等灭火。

实验　∥　触 电 急 救

(一)实验目的

1. 熟悉使触电者尽快脱离电源的方法。

2. 掌握现场急救的基本处理步骤及急救方法。

（二）实验器材

人体模型

（三）实验内容与步骤

（1）使触电者尽快脱离电源。

脱离低压电源的方法如下：

拉：附近有电源开关或插座时，应立即拉下开关或拔掉电源插头。

切：若一时找不到断开电源的开关时，应迅速用绝缘完好的钢丝钳或断线钳剪断电线，以断开电源。

挑：对于由导线绝缘损坏造成的触电，急救人员可用绝缘工具、干燥的木棒等将电线挑开。

拽：急救人员可戴上手套或在手包缠干燥的衣服等绝缘物品拖拽触电者；也可站在干燥的木板、橡胶垫等绝缘物品上，用一只手将触电者拖拽开来。

垫：如果电流通过触电者入地，并且触电者紧握导线，可设法用干木板塞到触电者身下，使之与地隔离。

脱离高压电源的方法如下：

① 通知供电部门拉闸停电；

② 戴绝缘手套、穿绝缘靴，拉开高压断路器或用绝缘操作杆拉开高压跌落熔断器；

③ 抛挂裸金属软导线，人为造成短路，迫使开关跳闸。

（2）现场急救。

简单诊断：

首先，将脱离电源的触电者迅速移至通风、干燥处，将其仰卧，松开上衣和裤带。

其次，观察触电者的瞳孔是否放大。

最后，观察触电者有无呼吸存在，摸一摸颈部的颈动脉有无搏动。

对"有心跳而呼吸停止"的触电者，应采用"口对口人工呼吸法"进行急救，步骤为：

① 将触电者仰天平卧，颈部枕垫软物，头部偏向一侧，松开衣服和裤带，清除触电者口中的血块、假牙等异物。抢救者跪在病人的一边，使触电者的鼻孔朝天后仰。

② 用一只手捏紧触电者的鼻子，另一只手托在触电者颈后，将颈部上抬，深深吸一口气，用嘴紧贴触电者的嘴，大口吹气。

③ 然后放松捏鼻子的手，让气体从触电者肺部排出，如此反复进行，每5秒吹气一次，坚持连续进行，不可间断，直到触电者苏醒为止。

④ 口对鼻人工呼吸法：口腔异物不能清除时，采取口对鼻人工呼吸。

对"有呼吸而心跳停止"的触电者，应采用"胸外心脏挤压法"进行急救，步骤为：

① 将触电者仰卧在硬板上或地上，颈部枕垫软物使头部稍后仰，松开衣服和裤带，急救者跪跨在触电者腰部。

② 急救者将右手掌根部按于触电者胸骨下 1/2 处，中指指尖对准其颈部凹陷的下缘，当胸一手掌，左手掌面压在右手背上。

③ 掌根用力下压 3～4 cm，然后突然放松。挤压与放松的动作要有节奏，每秒钟进行

一次，必须坚持连续进行，不可中断，直到触电者苏醒为止。

对"呼吸和心跳都已停止"的触电者，应同时采用"口对口人工呼吸法"和"胸外心脏挤压法"进行急救，步骤为：

① 一人急救：两种方法应交替进行，即吹气 2～3 次，再挤压心脏 10～15 次，且速度都应快些。

② 两人急救：每 5 秒吹气一次，每 1 秒挤压一次，两人同时进行。

(四) 思考题

(1) 生活中怎么避免触电的发生？

(2) 通过该实验，你有何体会？

习 题

(一) 填空题

1. 人体不慎接触带电体时，可能因电解、电离和电热的作用而使_____受到破坏。

2. 触电可分为电击和灼伤两种，其中电击是指电流通过人体，使内部器官如_____、神经系统受到损伤。

3. 人体电阻在干燥情况下约为 10～100 kΩ，但在潮湿情况下则降为_____Ω。

4. 发生触电事故时，应迅速切断电源，使触电者迅速脱离带电体，因为电流通过人体时间越长，_____越大。

5. 40～60 Hz 的交流电对人体危害最大，在高频作用下，_____的作用大，故容易灼伤。

6. 触电形式中，直接接触触电是指直接与_____的部分接触。

7. 间接接触触电是指接触正常工作时不带电的部分，如电机或电气的金属外壳在正常情况下是不带电的，但由于_____使导体与外壳相碰，人手接触了带电的外壳，也会产生触电事故。

8. 当两脚踏在为接地电流所确定的各种电位的地面上时，两脚间的电位差称为_____，由它造成的触电称为跨步电压触电。

9. 电气设备的相间绝缘和对地绝缘都存在电容效应，在刚断开电源的停电设备上都会保留一定量的电荷，称为_____。

10. 静电电位可高达数万伏至数十万伏，可能发生放电，产生静电火花，引起爆炸、火灾，也可能造成对人体的_____伤害。

11. 保护接地是将电气设备的金属外壳用电阻很小的导线与_____紧密连在一起。

12. 漏电保护器是一种安全开关，当人体触电、设备漏电或短路时能在_____秒内自动切断电源。

13. 在正常情况下，接有负载的三相电源瞬间电流的相量和为_____，则铁芯绕组上的感应电势 E 也为零。

14. 检修电气设备和更换熔丝时，应首先_____，严禁带电作业。

15. 如遇人触电，应首先＿＿＿＿＿＿＿＿，切勿亲自用手接触触电者。

16. 电气设备失火时，应先断开电源。在未断电状态下，不能用水或泡沫灭火器，须用＿＿＿＿＿＿＿＿、二氧化碳灭火器等灭火。

17. 脱离低压电源的方法包括拉、切、挑、拽、＿＿＿＿＿＿＿＿等。

18. 对于"有呼吸而心跳停止"的触电者，应采用＿＿＿＿＿＿＿＿进行急救。

（二）选择题

1. 以下哪种措施不属于直接接触触电的防护？（　　　　）

A. 采用绝缘材料的防护　　　　　　　B. 采用屏护装置的防护

C. 采用安全电压的防护　　　　　　　D. 采用保护接地

2. 漏电保护器按其电气工作原理，可分为哪两类？（　　　　）

A. 电压动作型和电流动作型　　　　　B. 电磁式和电子式

C. 中性点接地式和间接式　　　　　　D. 直接式和间接式

3. 在保护接零的方式中，当设备外壳带电时，会使哪条线路短路？（　　　　）

A. 相线　　　　　B. 零线　　　　　　C. 地线　　　　　D. 火线

4. 以下哪种情况可能构成间接触电？（　　　　）

A. 人手直接接触带电的火线　　　　　B. 人手接触绝缘损坏而带电的设备外壳

C. 人手接触已接地的设备外壳　　　　D. 人手接触正常不带电的设备外壳

5. 使用电气设备时，以下哪种措施是不正确的？（　　　　）

A. 站在橡胶板上　　　　　　　　　　B. 穿上绝缘鞋

C. 戴上绝缘手套　　　　　　　　　　D. 用手鉴别导线是否带电

6. 以下哪种灭火器不适用于电气设备失火的情况？（　　　　）

A. 黄沙　　　　　　　　　　　　　　B. 二氧化碳灭火器

C. 泡沫灭火器　　　　　　　　　　　D. 干粉灭火器

7. 对于"呼吸和心跳都已停止"的触电者，应同时采用哪两种方法进行急救？（　　　　）

A. 口对口人工呼吸法和胸外心脏挤压法

B. 胸外心脏挤压法和静脉注射法

C. 口对口人工呼吸法和静脉注射法

D. 胸外心脏挤压法和心肺复苏机法

8. 人体不慎接触带电体时，可能因哪种作用而使人体组织受到破坏？（　　　　）

A. 电解、电离和电热　　　　　　　　B. 电解、电离和化学

C. 电离、电热和磁化　　　　　　　　D. 电热、磁化和化学

9. 触电事故中，哪种触电形式是指直接与正常带电的部分接触？（　　　　）

A. 直接接触触电　　　　　　　　　　B. 间接接触触电

C. 跨步电压触电　　　　　　　　　　D. 剩余电荷触电

10. 人体电阻在潮湿情况下约为多少欧姆？（　　　　）

A. 10～100 kΩ　　　　　　　　　　B. 800～1000 Ω

C. 1～10 Ω　　　　　　　　　　　　D. 100～200 kΩ

11. 哪种频率的交流电对人体危害最大？（　　　　）

A. 0～20 Hz　　　　　　　　　　　　B. 40～60 Hz

C. 100～200 Hz   D. 500～1000 Hz

12. 在触电事故中，电流通过人体的哪个部位危害较大？（　　　）

A. 皮肤   B. 肌肉

C. 心、脑、肺   D. 骨骼

13. 在特别潮湿的环境中，国家规定必须采用不高于多少伏的电压？（　　　）

A. 36 V   B. 24 V   C. 12 V   D. 6 V

（三）判断题

1. 通过人体的电流大小取决于人体电阻以及人体触及电压的高低。　　　　　（　　　）

2. 间接接触触电是指接触正常工作时不带电的部分，但由于绝缘损坏而带电的情况。

（　　　）

3. 跨步电压触电属于直接接触触电形式。　　　　　　　　　　　　　　　（　　　）

4. 剩余电荷触电是由于电气设备的相间绝缘和对地绝缘存在电容效应而产生的。

（　　　）

5. 静电触电通常不会造成人体心室颤动而死亡，但可能给人造成二次伤害。（　　　）

6. 保护接地和保护接零都是为了防止电气设备故障情况下发生人身触电事故。（　　　）

7. 漏电保护器既能防止直接接触触电，又能防止间接接触触电。　　　　　（　　　）

8. 在同一电力网中，允许一部分设备保护接地，而另一部分设备保护接零。（　　　）

9. 使用电气设备时，可以采用任何方式鉴别导线是否带电。　　　　　　　（　　　）

10. 如遇人触电，应首先切断电源，然后进行急救。　　　　　　　　　　（　　　）

11. 电气设备失火时，在未断电状态下，可以用水或泡沫灭火器进行灭火。（　　　）

12. 应急照明灯具不需要定期检查。　　　　　　　　　　　　　　　　　（　　　）

13. 安全用电，以防为主。　　　　　　　　　　　　　　　　　　　　　（　　　）

14. 电伤是电流对人体内部器官造成的生理反应和病变。　　　　　　　　（　　　）

15. 安全电压值决定于人体允许电流和电阻的大小。　　　　　　　　　　（　　　）

16. 绝缘安全用具是用来防止工作人员直接电击的安全用具。　　　　　　（　　　）

17. 电流种类不同，对人体的伤害程度不一样。　　　　　　　　　　　　（　　　）

18. 我国规定的交流安全电压为220 V、42 V、36 V、12 V。　　　　　　（　　　）

19. 野外遇到雷电时，不要站在高大的树下，也不要接触或靠近避雷针或高大的金属物体，应寻找屋顶下的较大空间。　　　　　　　　　　　　　　　　　　　　　（　　　）

20. 人体与带电体直接接触电击，两相电击比单相电击对人体的危险性大。（　　　）

（四）简答题

1. 简述直接接触触电的防护措施有哪些？

2. 什么是保护接地和保护接零？它们各有什么特点？

3. 在进行触电急救时，如果触电者"有心跳而呼吸停止"，应采用什么方法进行急救？请简述步骤。

4. 请列举几个生活中的安全用电小常识。

项目六
二极管及其应用

知识目标

（1）了解半导体的结构、分类与 PN 结特性。

（2）掌握半导体二极管的工作原理与特性以及主要参数。

（3）了解常用半导体二极管的应用电路。

（4）了解识别二极管的方法。

技能目标

（1）会用万用表判别二极管的极性和好坏。

（2）会进行直流稳压电源的制作与调试。

思政目标

（1）培养科学探索精神。

（2）增强社会责任感。

（3）树立唯物辩证观。

（4）培养严谨求实的科学态度。

（5）激发爱国情怀。

任务一　二极管的认识

任务目标

理解二极管的基本概念，了解二极管的单向导电性；掌握二极管的结构与特性；熟悉二极管的类型与符号，能识别与选择二极管。

一、二极管的结构

多数现代电子器件是由导电性能介于导体与绝缘体之间的半导体材料制成的。导电能力强的物质称为导体。几乎不导电的物质称为绝缘体。半导体就是指导电性能介于导体和绝缘体之间的一类物质，如硅（Si）、锗（Ge）、砷、金属氧化物和硫化物等。很多半导体的导电能力在不同条件下有很大的差别。例如有些半导体（如钴、锰、镍等）的氧化物对温度的反应特别灵敏，环境温度增高时，它们的导电能力要增强很多，利用这种特性可制成各种热敏电阻。又如有些半导体（如镉、铅等的硫化物与硒化物）受到光照时，它们的导电能力明显增强，当无光照时又变得像绝缘体那样不导电，利用这种特性可制成各种光敏电阻。

更重要的是，在纯净的半导体中掺入微量的某种杂质后，它的导电能力就可增加几十万乃至几百万倍。例如，在纯硅中掺入百万分之一的硼后，硅的电阻率就从 2×10^3 Ω·m 左右减小到 4×10^{-3} Ω·m 左右，利用这种特性可制成各种不同用途的半导体器件，如二极管等。

（一）本征半导体

本征半导体是完全纯净且晶体结构完整的半导体。

1. 本征半导体结构

半导体较典型的应用材料是硅和锗，它们都是四价元素，最外层都有四个价电子。硅晶体结构如图 6-1 所示，它们原子之间形成有序的排列，邻近原子之间形成稳定的共价键。

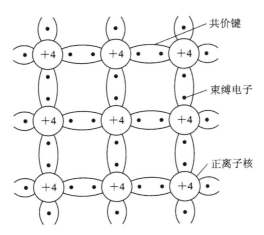

图 6-1 硅晶体结构

2. 本征激发

本征半导体共价键中的价电子并不像绝缘体那样被束缚得很牢，在室温下，受热运动激发，其价电子会获得足够的能量从而摆脱共价键的束缚，成为自由电子，同时，在共价键相应处留下一个空位,即空穴。这种产生自由电子和空穴的现象,叫本征激发,如图6-2所示。

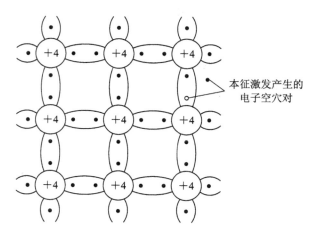

本征激发产生的
电子空穴对

图6-2 本征激发产生自由电子和空穴

受本征激发,在本征半导体中产生的自由电子和空穴成对出现,数量相同,而且随着温度升高,其电子与空穴对的浓度也会增高,因而具备有限的导电能力。温度越高,本征半导体内的自由电子和空穴对数目越多,其导电能力越强,这就是半导体导电能力受温度影响的主要原因。

本征半导体在外加电场作用下,束缚电子可随机填充到邻近的空穴上,同时在这个束缚电子原处又留下了新的空穴,其他束缚电子同样可移到这个新空穴上,这样就在共价键中出现一定的电荷迁移。在外电场的作用下自由电子和空穴做定向运动形成电流,这样的自由电子和空穴通常称为载流子。空穴的移动方向与电子移动方向相反,可把空穴看成带正电的粒子(正电荷),其电量与自由电子(负电荷)相等,符号相反。

(二)杂质半导体

在本征半导体中掺入微量的杂质,可以使本征半导体的导电能力得到有效提高。根据掺入杂质的性质不同,杂质半导体分为N型半导体和P型半导体两大类。

1. N型半导体

在硅(或锗)本征半导体内掺入少量的五价元素杂质(如磷、砷等),因为磷或砷这样的五价元素原子与相邻的四价元素硅原子或锗原子之间形成共价键后,会多出一个电子,这个多出的电子极易受热激发而摆脱原子束缚成为自由电子,参与导电,同时使五价元素杂质对应位置出现一个空穴,形成带正电荷的杂质元素离子,使半导体仍保持电中性,如图6-3所示。

此时,杂质半导体受本征激发仍会产生电子和空穴,这样,自由电子成为此杂质半导体中占多数的载流子,称为多子;空穴成为少数载流子,称为少子。这种主要依靠自由电子为多数载流子参与导电的杂质半导体,称为N型半导体。

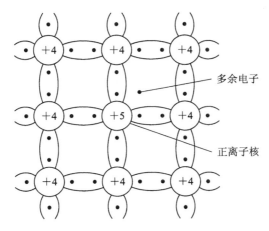

图 6-3　N 型半导体共价键结构

2. P 型半导体

在硅(或锗)本征半导体内掺入少量的三价元素杂质(如硼、铟等),因为硼或铟这样的三价元素原子与相邻的四价元素硅原子或锗原子之间形成共价键后,会形成一个额外的空穴,这个多出的空穴,参与导电,同时使三价元素杂质形成带负电荷的杂质元素离子,使半导体仍保持电中性,如图 6-4 所示。

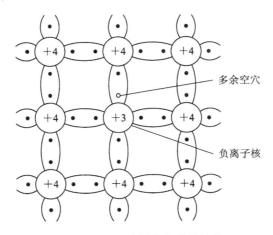

图 6-4　P 型半导体共价键结构

此时,杂质半导体受本征激发仍会产生自由电子和空穴,这样,空穴成为此杂质半导体中占多数的载流子,称为多子;自由电子成为少数载流子,称为少子。这种主要依靠空穴为多数载流子参加导电的杂质半导体,称为 P 型半导体。

(三) PN 结

杂质半导体中的正负电荷数是相等的,因此保持电中性。在实际应用中,利用特定的掺杂工艺,使一块本征半导体的两边分别形成 N 型半导体和 P 型半导体,在这两种杂质半导体交界处会形成 PN 结。

1. 扩散运动

在一块本征半导体上形成的 N 型半导体和 P 型半导体交界处结构如图 6-5(a)所示。N 区中的多子是自由电子，P 区中的多子是空穴。由于交界面两侧有很高的多子浓度差，因此 N 区和 P 区中的多子都会从高浓度区向低浓度区扩散。此时，N 区中自由电子浓度高、空穴浓度低；P 区中空穴浓度高、自由电子浓度低。接着，N 区中的自由电子扩散到 P 区，P 区中的空穴扩散到 N 区。若无电场，扩散运动将持续到使两侧自由电子与空穴浓度差消失为止，扩散运动方向由 P 区指向 N 区，如图 6-5(a)所示。

2. 建立内电场

在 N 区和 P 区中多子扩散运动的过程中，N 区中杂质原子失去一个自由电子，就会形成一个正离子，这个自由电子扩散到 P 区后与 P 区的空穴复合后，在 P 区就会形成一个负离子；同样，P 区中杂质原子失去一个空穴，就会形成一个负离子，这个空穴扩散到 N 区后与 N 区的自由电子复合后，在 N 区就会形成一个正离子。这些不能移动的带电粒子，在交界面 N 区一侧形成带正电的电荷区，在交界面 P 区一侧形成带负电的电荷区，这样在 N 区和 P 区交界面就形成了很薄的空间电荷区，且在空间电荷区中产生电场，该电场称为内电场，如图 6-5(b)所示，内电场方向由 N 区指向 P 区。

3. 漂移运动

由于内电场方向由 N 区指向 P 区，因此在内电场作用下，N 区和 P 区中的少子发生漂移，即 N 区少子空穴进入空间电荷区向 P 区漂移，P 区少子自由电子进入空间电荷区向 N 区漂移，如图 6-5(c)所示。少子的漂移运动方向与多子的扩散运动方向相反。最初，内电场弱时，多子的扩散运动占优势；随着扩散运动进行，空间电荷区逐渐变宽，使内电场增强；内电场的增强，使少子漂移运动加强，同时扩散运动被削弱；当漂移运动与扩散运动相等时，交界面处的正负离子数不再变化，空间电荷区也不再变化，此时达到动态平衡状态，形成 PN 结。

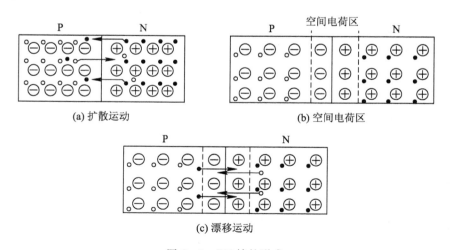

(a) 扩散运动 (b) 空间电荷区

(c) 漂移运动

图 6-5 PN 结的形成

在 PN 结中的空间电荷区中，多数载流子已扩散到对方区域并被复合掉了，可以说是被消耗了，因此空间电荷区也称耗尽区，它的电阻率很高，是高阻区。

（四）PN 结单向导电特性

PN 结未外加电压作用时呈现平衡状态。当给 PN 结两端加上外加电压后，PN 结就会呈现出其导电特性。

1．外加正向电压

外加正向电压指在 PN 结的 P 端接高电位，N 端接低电位，此时也称 PN 结正向偏置，简称正偏，如图 6-6 所示。当 PN 结正偏时，外加电场与 PN 结的内电场方向相反，在外加电场的作用下，空间电荷区变窄，内电场减弱，从而打破了未加电场时扩散运动与漂移运动的平衡，增强了扩散运动。即 P 区空穴向 N 区扩散，同时，N 区自由电子向 P 区扩散，形成了同向的电流。正电荷移动方向即流过 PN 结的电流方向由 P 区指向 N 区。

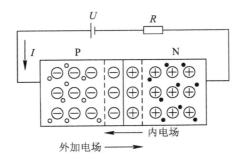

图 6-6　PN 结外加正向电压

PN 结正偏电压越大，其内电场被削弱得越厉害，多子的扩散运动越强烈，因而产生的正向电流随着正向电压的增加而迅速增加。

2．外加反向电压

外加反向电压指在 PN 结的 P 端接低电位，N 端接高电位，此时也称 PN 结反向偏置，简称反偏，如图 6-7 所示。当 PN 结反偏时，外加电场与 PN 结的内电场方向相同，在外加电场的作用下，空间电荷区变厚，内电场增强，从而使由少子漂移运动产生的反向电流极其微弱，此时流过 PN 结的电流方向由 N 区指向 P 区。

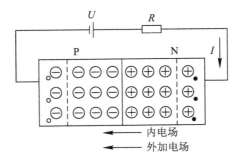

图 6-7　PN 结外加反向电压

由上述分析得知，当 PN 结外加正向电压时，流过 PN 结的电流较大，PN 结处于导通状态；当 PN 结外加反向电压时，流过 PN 结的电流极其微小，PN 结处于截止状态。因此，PN 结正偏导通、反偏截止，这就是 PN 结的单向导电特性。

（五）二极管

半导体二极管是在 PN 结的 P 区和 N 区分别引出两根金属引线，并用管壳封装而成，简称二极管。其中 P 区引出的引线为正极（或阳极），N 区引出的引线为负极（或阴极）。图 6-8(a)是二极管的符号，图 6-8(b)是二极管的结构图，图 6-8(c) 是一些常见二极管的外形图。

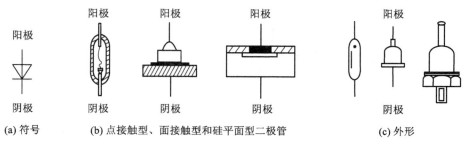

图 6-8 半导体二极管的符号、结构和外形

二、二极管的工作原理

二极管的核心是 PN 结，因此二极管也具有单向导电特性。二极管工作过程和原理主要通过二极管的伏安特性曲线来表示。

（一）二极管的伏安特性曲线

二极管两端电压 U 与流过二极管电流 I 之间的关系曲线，称为二极管的伏安特性曲线，如图 6-9 所示。由图可以看出，二极管两端电压与电流呈非线性关系，因此二极管是一种非线性元件。

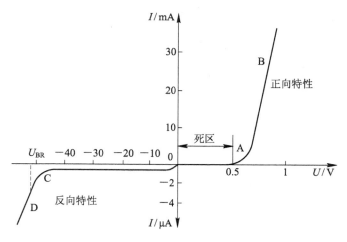

图 6-9 二极管的伏安特性曲线

（二）二极管的伏安特性

1. 正向特性($U>0$)

当二极管两端正向电压较小时，即 $0<U<U_{th}$，外电场不足以克服内电场，此时正向电

流接近于零,二极管仍截止,这个特定的电压范围称为死区,这个电压值 U_{th} 称为死区电压(门槛电压),硅二极管的死区电压为 0.5 V,锗二极管的死区电压为 0.1 V;当二极管两端正向电压逐渐增大到超过死区电压后,即 $U > U_{th}$,正向电流开始上升;当正向电压超过某一电压值后,正向电流按指数规律急速上升,此后曲线几乎与横轴垂直,这个电压称为二极管的导通电压。硅二极管的正向导通压降约为 0.7 V,锗二极管的正向导通压降约为 0.3 V。二极管正向特性是,当正向电压超过死区电压且二极管导通后,其结电阻很小,正向电流急速增加,但其两端电压变化很小。

2. 反向特性($U < 0$)

二极管两端加反向电压时,会形成反向饱和电流 I_s,但由于少子数目很少,所以反向电流也很小。由二极管的伏安特性曲线可看出,这个反向饱和电流在相当宽的反向电压范围内几乎不变。二极管反向特性是,二极管两端反向电压在一定范围内时,其反向饱和电流很小,结电阻很大,二极管处于截止状态。

3. 反向击穿特性

当增加二极管两端反向电压时,少子数目有限,起始一段反向电流无明显变化,但当反向电压超过一定值后,其反向饱和电流会急剧变大,这种现象称二极管的反向击穿,U_{BR} 为反向击穿电压。

(三)二极管的主要参数

二极管的主要参数如下:

1. 最大整流电流 I_{FM}

最大整流电流是指二极管长期运行时允许通过的最大正向平均电流值,其数值与 PN 结的材料、面积及散热条件有关。实际使用时,流过二极管的最大平均电流值不能超过 I_{FM},否则二极管会因过热而损坏。I_{FM} 是表示二极管极限使用的参数。

2. 反向击穿电压 U_{BR}

反向击穿电压是指二极管反向击穿时的电压值。一般给出的最高反向工作电压约是反向击穿电压值的一半,以确保二极管正常工作。

3. 最高反向工作电压 U_{RM}

最高反向工作电压是指二极管在使用时所允许加的最大反向电压,通常以二极管反向击穿电压的一半左右作为二极管的最高反向工作电压。二极管在实际使用时所承受的最大反向电压不应超过此值,否则,二极管就会有反向击穿的危险。U_{RM} 也是表示二极管极限使用的参数。

此外二极管还有最大反向电流、正向管压降、工作频率等主要参数。由于篇幅所限,本书不做详细介绍,实际选用二极管时,可查相关手册根据需要进行综合考虑。

(四)二极管的应用电路

由二极管工作原理分析得到,二极管有两种工作状态:导通和截止。若二极管为理想二极管,则导通时正向管压降为零,反向截止时二极管相当于断开。利用二极管的这种特性,通常将普通二极管应用于开关电路、钳位电路、整流电路、限幅电路等电路中。

1. 开关电路

二极管具有单向导电性,导通时相当于闭合的开关,截止时相当于打开的开关,因而被广泛应用于数字电路中。通过观察二极管正极和负极间是正向电压还是反向电压,可判断二极管是导通还是截止。二极管开关电路如图 6-10 所示,其工作过程如下:

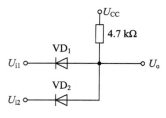

图 6-10　二极管开关电路图

(1) 当 $U_{i1}=0$ V,$U_{i2}=0$ V 时,VD_1 导通,VD_2 导通,$U_o=0$ V;

(2) 当 $U_{i1}=0$ V,$U_{i2}=5$ V 时,VD_1 导通,VD_2 截止,$U_o=0$ V;

(3) 当 $U_{i1}=5$ V,$U_{i2}=0$ V 时,VD_1 截止,VD_2 导通,$U_o=0$ V;

(4) 当 $U_{i1}=5$ V,$U_{i2}=5$ V 时,VD_1 截止,VD_2 截止,$U_0=5$ V。

2. 钳位电路

钳位电路是利用二极管正向导通时管压降很小的特点构成的,如图 6-11 所示。当 $U_A=0$ V 时,二极管 VD 正向导通,由于二极管导通时管压降很小,所以 B 点电位被钳制在 0 V 左右。

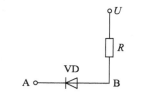

图 6-11　二极管钳位电路图

3. 半波整流电路

利用二极管的单向导电特性,将交流电转变成直流电的过程叫整流。单个二极管可以实现的是半波整流,如图 6-12 所示。在交流电正半周时,二极管导通,输出端有信号;在交流电负半周时,二极管截止,输出端无信号。利用二极管单向导电性,可将交流电转变成脉动的直流电,如图 6-13 所示。

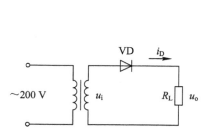

图 6-12　二极管半波整流电路图

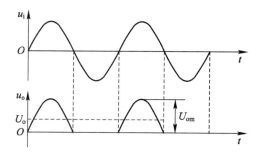

图 6-13　二极管半波整流电路输入输出波形

4. 限幅电路

限幅电路就是限制信号输出幅度的电路,即按照限定的范围削平信号电压的波形幅度,从而达到限制信号幅度的目的。限幅电路应用很广泛,常用于电子技术中的整形、波形变换、过电压保护等。二极管双向限幅电路如图 6-14 所示，输入与输出波形如图 6-15 所示，其工作过程如下：

(1) 当 $u_i > 12\ V$ 时，VD_1 导通，VD_2 截止，u_o 输出被限制在 12 V；

(2) 当 $u_i < -6\ V$ 时，VD_1 截止，VD_2 导通，u_o 输出被限制在 −6 V；

(3) 当 $-6\ V < u_i < 12\ V$ 时，VD_1 和 VD_2 都导通；

(4) 当 $u_i < -6\ V$ 时，$u_o = u_i$。

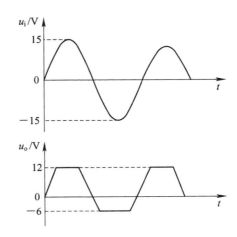

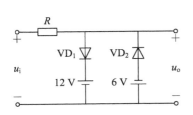

图 6-14 二极管双向限幅电路图   图 6-15 二极管双向限幅电路输入与输出波形

三、特殊二极管

除普通二极管外，另外还有一些特殊用途的二极管，如稳压二极管、发光二极管、光电二极管、光耦合器件和变容二极管等。

(一) 稳压二极管

稳压二极管(简称稳压管)，实质上是一个面接触型硅二极管。它具有陡峭的反向击穿特性，工作在反向击穿状态。其特性曲线和符号如图 6-16 所示。在反向击穿工作区，电流变化很大($I_{Zmin} \sim I_{Zmax}$)，而电压变化却很小，即 U_Z 基本稳定，利用这一特性可实现稳压。但必须注意：由"击穿"转化为"稳压"是有条件的，即电击穿不能引起热击穿而损坏稳压管。而普通二极管不满足此条件。稳压管的主要参数如下。

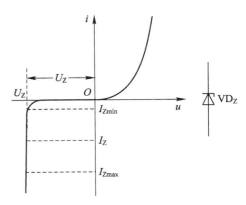

图 6-16 稳压二极管的特性曲线和符号

1. 稳定电压 U_Z

稳定电压 U_Z 是指稳压管反向击穿后两端的稳定工作电压。稳定电压 U_Z 是根据要求挑选稳压管的主要依据之一。不同型号的稳压管，其稳定电压的值不同。对于同一型号的稳压管，由于制造工艺具有分散性，各个不同稳压管的 U_Z 值也有些差别。例如稳压管 2CW14 的 $U_Z = (6 \sim 7.5\ V)$。但对每一个稳压管来说，U_Z 是确定值。

2. 稳定电流 I_Z

稳定电流 I_Z 是指稳压管正常工作时的参考电流值。当稳压管的稳定电流小于最小稳定电流 I_{Zmin} 时，无稳压作用；而当稳定电流大于最大稳定电流 I_{Zmax} 时，稳压管将因过流而损坏。

（二）发光二极管

发光二极管简称 LED，与普通二极管一样具有单向导电性，但正向导通时它能发光，是一种能将电能转化为光能的半导体器件，其图形符号如图 6-17 所示。当加正

图 6-17　发光二极管的图形符号

向电压时，由于 P 区和 N 区的多数载流子扩散至对方产生复合，在复合的过程中有一部分能量以光子的形式放出，使二极管发光。根据制成半导体的化合物材料（如砷化镓、磷化镓等）的不同，发出的光波可以是红外线，红、绿、黄、橙等单色光。

普通发光二极管常用作显示器件，如指示灯、七段数码管及手机背景灯等。红外线发光二极管可用在各种红外遥控发射器中。激光二极管常用于 CD 播放器及激光打印机等电子设备中。

发光二极管的检测方法与普通二极管相同，正向电阻一般为几十千欧，反向电阻无穷大。

（三）光电二极管

光电二极管是将光能转换为电能的半导体器件，其图形符号如图 6-18 所示。它的结构与普通二极管相似，只是在管壳上留有一个玻璃窗口，以便接收光照。光电二

图 6-18　光电二极管的图形符号

极管在反向偏置下，产生漂移电流，当受到光照时，产生大量的自由电子和空穴，提高了少子的浓度，使反向电流增加。这时外电路的电流随光照的强弱而变化，此外它还与入射光的波长有关。

光电二极管广泛应用于遥控接收器、激光头中，还可作为新能源器件（光电池）使用。

光电二极管的检测方法与普通二极管相同，一般正向电阻为几千欧，反向电阻无穷大。受光照时，正向电阻不变，反向电阻变化很大。

（四）光耦合器件

光耦合器件是将发光二极管和光敏元件（光敏电阻、光电二极管、光电池等）组装在一起而形成的双口器件，其图形符号如图 6-19 所示。它以光为媒介，将输入端的电信号传送到输出端，实现了电—光—电的传递和转换。由于发光二极管和光敏元件分别接到输入、输出回路中，相互隔离，因而常用在电路间需要电隔离的场合。

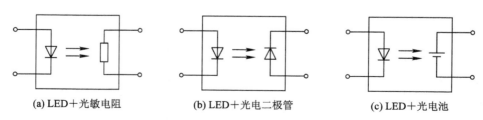

(a) LED＋光敏电阻　　　(b) LED＋光电二极管　　　(c) LED＋光电池

图 6-19　光耦合器件图形符号

（五）变容二极管

变容二极管是利用 PN 结的势垒电容随外加反向电压的变化而变化的原理制成的一种半导体器件，其图形符号如图 6-20 所示。变容二极管在电路中作可变电容使用，主要用于高频电子线路中，如电子调谐、频率调制等。

图 6-20　变容二极管

变容二极管的检测方法与普通二极管相同，一般正向电阻为几千欧，反向电阻无穷大。

任务二　　直流稳压电源的分析

任务目标

深入理解直流稳压电源的基本组成及其工作原理，掌握各组成部分在电源中的作用；掌握直流稳压电源的设计方法，学会根据实际需求，设计直流稳压电源，包括选择合适的变压器、整流二极管、滤波电容和稳压器等元件；掌握直流稳压电源的设计测试技能，培养解决问题的能力。

一、单相整流电路

有稳定电压装置的直流电源，称为直流稳压电源。在电子设备中，内部电路都由直流稳压电源供电。一般情况，常用的直流稳压电源由电源变压器、整流电路、滤波电路和稳压电路所组成，如图 6-21 所示。其中，将电网的交流电压变换成单向脉动直流电压的过程叫作整流，将直流脉动成分滤除的过程叫作滤波，将输出电压稳定在一定范围内的过程叫作稳压。

图 6-21　直流稳压电源的结构框图

整流电路是利用二极管的单向导电性，将交流电压变成单向脉动电压的电路，按被整流的交流电相数分为单相整流电路和三相整流电路，按电路特点不同分为半波整流电路、全波整流电路和桥式整流电路。这里主要介绍单相半波整流电路和单相桥式全波整流电路。

（一）单相半波整流电路

1. 电路结构及工作原理

单相半波整流电路如图 6-22 所示，Tr 为电源变压器，变压器二次绕组电压为 u_2；VD 是整流二极管；R_L 是负载。由于加在二极管上的电压幅度较大，因而在电路原理分析中假定二极管为理想二极管，即只要二极管两端电压大于零，二极管就导通且相当于短路；只要二极管两端

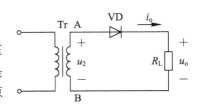

图 6-22　单相半波整流电路

电压小于或等于零，二极管就截止且相当于开路。

（1）当 u_2 为正半周时，变压器二次绕组上端 A 点为正，下端 B 点为负，$U_A > U_B$，二极管正向偏置，因而处于导通状态，电流从 A 点流出，经二极管、负载电阻回到 B 点，电压几乎全部加在负载 R_L 上。

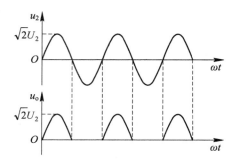

（2）当 u_2 为负半周时，变压器二次绕组上端 A 点为负，下端 B 点为正，$U_A < U_B$，二极管反向偏置，因而处于截止状态。

可见，在输入交流信号的一个周期中，只有 u_2 正半周二极管导通时负载上才有输出，输出波形为正弦波上半周，如图 6-23 所示。

图 6-23　单相半波整流电路输入输出波形

2. 电路主要参数

单相半波整流电路在输入电压的一个周期内，只是正半周导通，半波整流电路负载上得到的是半个正弦波。

负载上得到的输出直流平均电压为

$$U_o = \frac{1}{2\pi} \int_0^\pi \sqrt{2} U_2 \sin(\omega t) \, d(\omega t)$$

流过负载的平均电流为

$$I_o = \frac{U_o}{R_L} = \frac{0.45 U_2}{R_L}$$

流过二极管的平均电流为

$$I_D = I_o$$

二极管承受的最大反向电压为

$$U_{RM} = \sqrt{2} U_2$$

在实际选择二极管时，一般根据流过二极管的平均电流 I_D 和它承受的最大反向电压 U_{RM} 来选择二极管的型号，但考虑电网电压会有一定的波动，所以选择二极管时 I_D 和 U_{RM} 要大于实际工作值，一般可取 1.5~3 倍的 I_D 和 U_{RM}。单相半波整流电路结构简单，但输出电压脉动较大，一般只应用于对输出电压要求不高的场合。

（二）单相桥式全波整流电路

单相桥式全波整流电路，克服了半波整流电路只利用电源的半个周期、输出的整流电压脉动大、平均直流电压低、变压器利用率低的缺点。实际工程上常用的整流电路是桥式整流电路，单相桥式全波整流电路的结构如图 6-24 所示。

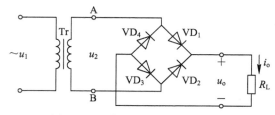

图 6-24　单相桥式全波整流电路

1. 电路组成及工作原理

（1）当 u_2 为正半周时，设变压器二次绕组电压为 $u_2 = \sqrt{2}U_2\sin(\omega t)$，此时 A 端为正，B 端为负，二极管 VD_1 和 VD_3 因正向偏置而导通，VD_2、VD_4 因反向偏置而截止。电流方向为 $A \rightarrow VD_1 \rightarrow R_L \rightarrow VD_3 \rightarrow B$，负载 R_L 得到上正下负的电压（$u_o = u_2$）。

（2）当 u_2 为负半周时，即 A 端为负，B 端为正，二极管 VD_2 和 VD_4 正向偏置导通，VD_1、VD_3 反向偏置截止。电流的流向为 $B \rightarrow VD_2 \rightarrow R_L \rightarrow VD_4 \rightarrow A$，负载 R_L 仍得到上正下负的电压（$u_o = -u_2$）。

可见，在 u_2 的整个周期内，由于 VD_1、VD_3 和 VD_2、VD_4 两组二极管轮流导通，各工作半个周期，这样不断重复，在负载上得到单一方向的全波脉动的电压和电流，如图 6-25 所示。但这种直流电是脉动的，不能供给对直流电要求较高的场合。

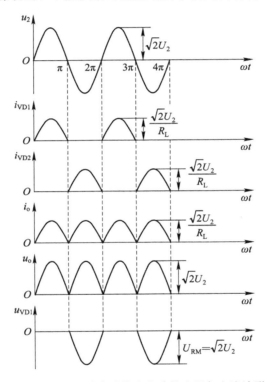

图 6-25　单相桥式全波整流电路的电压与电流波形图

2. 电路参数

由于整流电路和滤波电路存在一定的电压损失，因此负载输出直流电压的平均值为

$$U_o = 0.9U_2$$

流过负载的平均电流为

$$I_o = \frac{U_o}{R_L} = \frac{0.9U_2}{R_L}$$

流过二极管的平均电流为

$$I_D = \frac{I_o}{2} = \frac{0.45U_2}{R_L}$$

二极管所承受的最大反向电压为

$$U_{RM} = \sqrt{2}U_2$$

【例 6-1】 已知一桥式整流电路负载电阻为 80 Ω，流过负载电阻的电流为 1.5 A，求变压器二次绕组的电压，并选择二极管。

解 由

$$U_o = I_L \times R_L = (1.5 \times 80)\ V = 120\ V$$

$$U_o = 0.9U_2$$

得

$$U_2 = \frac{U_o}{0.9} = \frac{120\ V}{0.9} = 133\ V$$

$$I_D = \frac{I_o}{2} = \frac{1.5\ A}{2} = 0.75\ A$$

$$U_{RM} = \sqrt{2}U_2 = \sqrt{2} \times 133\ V = 188\ V$$

根据计算的结果，并考虑电网电压的波动，查阅电子器件手册，可选择二极管 2CZ55E（$U_{RM} = 300\ V$，$I_D = 1\ A$）。

二、滤波电路

交流电网电压经过整流电路后的输出电压，都变成了脉动的直流电压。这样的脉动直流电压包含较大的交流分量，只适合对电压平滑性和稳定性要求不高的场合，如电镀、充电等。而常用电子产品对直流电平滑性和稳定性要求较高，因此要尽量降低输出电压中的脉动成分并提高输出的直流成分，使输出电压接近于理想的直流电压。所以，交流电压经整流电路后都要再经过滤波电路，从而得到平滑的直流电压。滤波电路是利用电容器或电感线圈在二极管导电或截止时存储或释放能量的特性，在负载上得到平滑的输出电压的。常见的滤波电路有电容滤波电路和电感滤波电路。

（一）电容滤波电路

1. 电路组成及工作原理

1）单相半波整流电容滤波电路。

单相半波整流电容滤波电路，是在负载 R_L 两端并联电容 C 组成的，如图 6-26 所示。其工作原理如下：

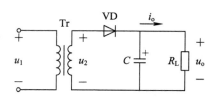

图 6-26 单相半波整流电容滤波电路

（1）在 u_2 的正半周，其按正弦规律上升时，变压器二次绕组电压大于电容两端电压，即 $u_2 > u_C$，整流二极管 VD 因正向偏置而导通，电容 C 被充电，极性为上正下负。由于充电回路电阻很小，因而电容 C 很快充电完成。此时，负载 R_L 上得到的电压 u_o 为变压器二次绕组电压 u_2。

（2）当 u_2 正半周上升至 $\omega t = \pi/2$ 时，u_2 达到峰值，此时 $u_2 \approx u_C$。

（3）在 u_2 的正半周，其按正弦规律下降时，二极管 VD 截止，电容 C 通过负载 R_L 放电，放电时间常数 $\tau = R_L C$。由于 u_2 下降速度大于 u_C 放电速度，故 $u_2 < u_C$，此时负载 R_L 上得到的电压 u_o 为 u_C。

（4）在电容放电同时，u_2 依然按正弦规律变化，直到 u_2 的下一个正半周时，u_2 逐渐增大，再次满足 $u_2 > u_C$，VD 再次导通，电容 C 再次被充电。负载上得到的电压按此规律重复变化，输出波形如图 6-27 所示，由图可见，放电时间常数 $\tau = R_L C$ 越大，输出波形越平滑。

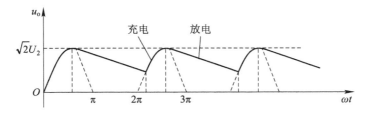

图 6-27　单相半波整流电容滤波电路输出波形

2）单相桥式全波整流电容滤波电路

单相桥式全波整流电容滤波电路是在单相桥式整流电路负载 R_L 两端并联电容 C 组成的，如图 6-28 所示。电路工作原理与单相半波整流电容滤波电路相似。

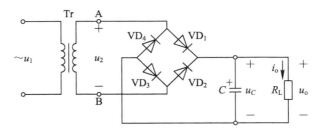

图 6-28　桥式全波整流电容滤波电路图

① 在 u_2 的正半周，$u_2 > u_C$，二极管 VD_1、VD_3 导通，VD_2、VD_4 截止，u_2 为负载 R_L 提供电压的同时对电容 C 充电。随着 u_2 增大，u_o 也逐渐增大，直至达到峰值，电容 C 充电结束。

② 随着 u_2 按正弦规律下降，电容 C 通过负载 R_L 放电，由于 u_o 下降的速度小于 u_2 下降的速度，二极管 VD_1、VD_3 状态由正向导通变为反向截止，电容 C 继续通过负载放电，使负载两端电压缓慢下降。

③ 在 u_2 的负半周，重复正半周的过程，这样在负载 R_L 上得到如图 6-29 所示的较平滑的直流电压。

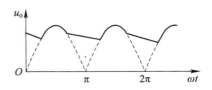

图 6-29　桥式整流电容滤波
电路输出波形

2. 电路参数

1）负载 R_L 上的输出电压 U_o

单相桥式全波整流电容滤波电路的输出电压为

$$U_o = 1.2 U_2$$

2）滤波电容

滤波电容容量的大小取决于放电回路的时间常数，$R_L C$ 越大，输出电压脉动就越小，通常取 $R_L C$ 为脉动电压中最低次谐波周期的 3～5 倍。

单相桥式全波整流电容滤波电路，其电容容量通常应满足

$$R_L C \geqslant (3 \sim 5)\frac{T}{2}$$

其中，T 为交流电周期。滤波电容一般采用电解电容，其耐压值应满足

$$U_{RM} = \sqrt{2}U_2$$

U_{RM} 应考虑 2～3 倍的裕量。

电容滤波电路结构简单、输出电压高且脉动小，但在接通电源的瞬间，会产生强大的充电电流，同时，因负载电流太大，电容器放电的速度加快，会使负载电压变得不够平滑，所以电容滤波电路只适用于负载电流较小的场合。

（二）电感滤波电路

1. 电路组成及工作原理

单相桥式全波整流电感滤波电路如图 6-30 所示，即在单相桥式全波整流电路与负载之间串联一个电感元件 L。该电路工作原理为：理想电感元件通过交变电流时，电感两端会产生一个感生电动势，从而阻碍电流的变化。当通过电感的电流变大时，电感产生的自感电动势与电流方向相反，从而阻碍电流变大，同时将存储一部分磁场能量；当通过电感的电流变小时，其产生的自感电动势与电流方向相同，从而阻碍电流变小，同时释放存储的能量。该电路利用电感对脉动成分呈现较大感抗的原理来减少输出电压中的脉动成分，从而使输出电压更加平滑。该电路输出波形如图 6-31 所示。

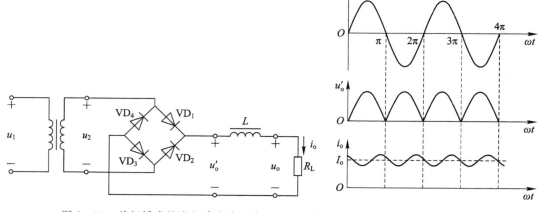

图 6-30 单相桥式整流电感滤波电路　　图 6-31 单相桥式整流电感滤波电路的输出波形

2. 电路参数

负载上输出电压的平均值为

$$U_o = 0.9U_2$$

电感滤波电路输出电压较电容滤波电路输出电压小，峰值电流小，输出电压比较平坦。由于电感的直流电阻小，交流阻抗很大，因此直流分量经过电感后的损失很小，很大一部分交流分量降落在电感上，因而降低了输出电压中的脉动成分。电感 L 越大，则滤波效果越好，所以电感滤波适用于输出电压不高、负载电流比较大且变化比较大的场合。

三、稳压电路

交流电经过整流滤波后得到的平滑直流电压，会随电网电压的波动和负载电流的变化而改变，因而在对直流电压要求比较高的电子电路中，通常要在整流滤波电路后加上稳压电路，使其能输出稳定的直流电压。常见的直流稳压电路有稳压管稳压电路、线性稳压电路和开关稳压电路等。这里主要介绍硅稳压管稳压电路和集成稳压电路。

（一）硅稳压管稳压电路

1. 电路结构

硅稳压管稳压电路如图 6-32 所示，经过整流滤波后的输入电压为 U_i；稳压电路的输出电压为 U_o，稳压管的稳定电压为 U_Z，限流电阻为 R。

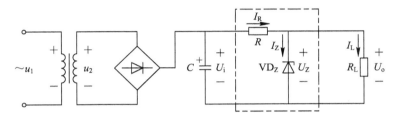

图 6-32 硅稳压管稳压电路

由图 6-32 电路可知，硅稳压管稳压电路的输出电压和输出电流分别是

$$U_o = U_Z = U_i - U_R, \qquad I_L = I_R - I_Z$$

2. 电路工作原理

对于硅稳压管稳压电路一般从两方面说明其稳压过程，一是假定电网电压波动，研究其输出电压是否稳定；二是假定其负载变化，研究其输出电压是否稳定。

1）负载电阻 R_L 不变时输入电压 U_i 随电网电压变化的电路情况

（1）当电网电压升高时，在图 6-32 所示的稳压管稳压电路中，根据 $U_o = U_Z = U_i - U_R$ 可知，稳压电路的输入电压 U_i 增大，U_o、U_Z 也随之增大，从而使 I_Z 急剧增大；再根据 $I_L = I_R - I_Z$ 可知，I_Z 急剧增大使 I_R 增大，于是限流电阻两端电压 U_R 增大，这样 U_o 减小，以此来抵消之前输出电压 U_o 的增大，使输出电压 U_o 基本保持不变。过程如下：

电网电压 ↑ → U_i ↑ → U_o ↑ → U_Z ↑ → I_Z ↑ → I_R ↑ → U_R ↑ → U_o ↓

（2）当电网电压下降时，各变量的变化与上述过程相反，U_R 的变化补偿了电网电压的变化，以保证 U_o 基本不变。过程如下：

电网电压 ↓ → U_i ↓ → U_o ↓ → U_Z ↓ → I_Z ↓ → I_R ↓ → U_R ↓ → U_o ↑

由此可见，当电网电压变化时，稳压电路通过限流电阻 R 上电压的变化来抵消 U_i 的变化，从而使 U_o 基本不变。

2）电网电压不变时负载电阻 R_L 变化的电路情况

（1）当负载电阻 R_L 减小，即负载电流 I_L 增大时，根据 $I_L = I_R - I_Z$ 可知，I_R 也会增大，则 U_R 也随之增大；再根据 $U_o = U_Z = U_i - U_R$ 可知，U_o、U_Z 会减小，I_Z 大幅度减小，I_R 也随之减小，限流电阻两端电压 U_R 跟随下降，U_o 上升，以此来抵消之前输出电压 U_o

的减小，使输出电压 U_o 基本保持不变。过程如下：

负载电阻 $R_L\downarrow\rightarrow I_L\uparrow\rightarrow I_R\uparrow\rightarrow U_R\uparrow\rightarrow U_o\downarrow\rightarrow U_Z\downarrow\rightarrow I_Z\downarrow\rightarrow I_R\downarrow\rightarrow U_R\downarrow\rightarrow U_o\uparrow$

（2）当负载电阻 R_L 增大，即负载电流 I_L 减小时，各变量的变化与上述过程相反，从而保证 U_o 基本保持不变。过程如下：

负载电阻 $R_L\uparrow\rightarrow I_L\downarrow\rightarrow I_R\downarrow\rightarrow U_R\downarrow\rightarrow U_o\uparrow\rightarrow U_Z\uparrow\rightarrow I_Z\uparrow\rightarrow I_R\uparrow\rightarrow U_R\uparrow\rightarrow U_o\downarrow$

在硅稳压管稳压电路中，利用硅稳压管所起的电流调节作用，通过限流电阻 R 上电压或电流的变化来达到稳压的目的。因此，限流电阻 R 是必不可少的元件，它既限制硅稳压管中的电流使其正常工作，又与稳压管相配合以达到稳压的目的。

3. 硅稳压管的选取

在直流稳压电源电路中选取硅稳压管时，通常根据应用电路中主要参数的要求进行。一般应满足如下条件

$$U_Z=U_o,\quad U_i=(2\sim3)U_o,\quad I_Z\geqslant I_{Lmax}+I_{Zmin}$$

I_{Zmax}，I_{Zmin} 分别是硅稳压管的最大稳定电流和最小稳定电流，I_{Lmax}，I_{Lmin} 分别是负载通过的最大电流和最小电流。

（二）集成稳压电路

集成稳压电路又称集成稳压器，是将不稳定直流电压转换成稳定直流电压的集成电路。用分立元器件组成部分的稳压电源，具有输出功率大、适应性较广的特点，但因体积大、焊点多、可靠性差而使其应用范围受到限制。近些年来，集成稳压器已得到广泛应用，其中小功率的稳压电源以三端式串联型稳压器应用最为广泛。

集成稳压器按调整方式分为线性的和开关式的，按输出电压方式分为固定式和可调式，按出线端子多少和使用情况一般分为三端固定式、三端可调式、多端可调式及单片开关式等几类，下面介绍三端固定式和三端可调式线性集成稳压器。

1. 三端固定式线性集成稳压器

常用的三端固定式线性集成稳压器有 CW78XX（正输出）和 CW79XX（负输出）系列，它们构成的直流稳压电源电路外围元器件少，电路内部有过电流、过热及调整管的保护电路，可靠性高且价格合理。其型号后两位 XX 所标数字代表输出电压值，主要有 5 V、6 V、8 V、12 V、15 V、18 V、24 V。其中额定电流以 78（或 79）后面的尾缀字母区分，其中 L 表示 0.1 A，M 表示 0.5 A，无尾缀字母表示 1.5 A。例如，CW78M05 表示正输出，输出电压为 5 V，输出电流为 0.5 A。CW78XX（正输出）和 CW79XX（负输出）系列三端固定式线性集成稳压器的外形及引脚排列如图 6-33 所示。

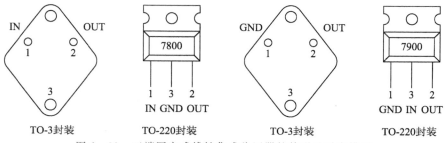

图 6-33　三端固定式线性集成稳压器的外形及引脚排列

2. 三端可调式线性集成稳压器

三端可调式线性集成稳压器除了具备三端固定式线性集成稳压器的优点外，在性能方面也有进一步提高，特别是输出电压可调，应用更为灵活。目前，国产正输出的三端可调式线性集成稳压器系列有 CW117（军用）、CW217（商用）、CW317（民用）等；负输出的集成稳压器系列有 CW137（军用）、CW237（商用）、CW337（民用）等。

实验一 // 二极管的识别与检测

（一）实验目的

（1）熟悉二极管的外形和引脚识别方法。

（2）理解二极管的单向导电性。

（3）熟悉二极管的类别、型号和主要性能参数。

（二）实验器材

万用表、半导体器件手册、不同规格和类型的二极管、导线。

（三）实验内容与步骤

1. 二极管的识别

常见的二极管可以根据其封装外形和标志来识别。对于普通二极管，可以看管体表面，有白线的一端为负极。对于发光二极管，引脚长的为正极，短的为负极，如果引脚被剪得一样长了，则管体内部金属极较小的是正极，大的是负极。

2. 二极管的检测

1）二极管性能的检测

使用万用表的欧姆挡，量程放到 $R \times 100$ 挡或 $R \times 1k$ 挡。注意，机械式万用表的正端（红表笔）输出的是负电压，万用表的负端（黑表笔）输出的是正电压。如果红表笔接二极管的负极，黑表笔接二极管的正极，可测得二极管的正向电阻。如果测得二极管的正向电阻在几百欧姆和几千欧姆之间（硅管的正向电阻大一些），则可认为二极管的正向特性较好（正向电阻越小越好）。反之，将红表笔接二极管的正极，黑表笔接二极管的负极，可测得二极管的反向电阻。如果反向电阻大于数百千欧姆，则可认为二极管的反向特性较好（反向电阻越大越好）。

如果测出的正向电阻很大，甚至为无穷大则表示这只二极管正向特性很差或内部已经断路；如果测出的正向电阻和反向电阻都很小，则表示二极管已失去单向导电性或内部已经短路，这两种情况都说明二极管不能使用了。

2）二极管正负极性的判别

对于没有任何标记的二极管，可通过比较二极管的正、反向电阻的大小来判别正负极性。将万用表的两根表笔分别接二极管的两端，如果测出的电阻很小，只有几百欧姆至几千欧姆，则得到的是正向电阻，因此黑表笔接的一端为二极管的正极，红表笔接的一端为负极；反之，如果测出的电阻很大，达几百千欧姆以上，则红表笔接的是二极管正极，黑表笔接的是负极。

按照二极管的识别和检测方法，用万用表识别二极管的极性和质量的好坏。记录测得的正反向电阻值及万用表的型号和挡位，结果记录于表 6 - 1 中。

表 6 - 1　二极管的检测

二极管的型号	正向电阻		反向电阻		质量好坏
	$R \times 100$ 挡	$R \times 1k$ 挡	$R \times 100$ 挡	$R \times 1k$ 挡	
1					
2					
3					

（四）注意事项

在用万用表测量二极管时，手不要接触两个引脚，以免引起较大的误差。

实验二 // 直流稳压电源的制作与调试

（一）实验目的

（1）验证单相半波整流电路、单相桥式全波整流电路的工作原理。

（2）验证电容滤波电路的特性。

（3）验证稳压管稳压电路的特性。

（4）掌握单相直流稳压电源的一般构成原理。

（二）实验器材

电学通用实验台、直流电源、信号发生器、示波器、万用表、IN40074 整流二极管、100 μF 电解电容、2CW54 稳压二极管、100 Ω 电阻、1 kΩ 电阻、导线。

（三）实验内容与步骤

1. 按图 6 - 34 连接电路。

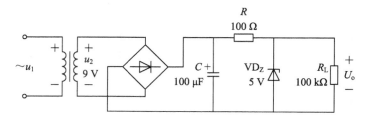

图 6 - 34　直流稳压电源电路连接图

2. 为电路加交流 9 V 电压，利用示波器分别观测单相桥式整流电路、单相半波整流电路、电容滤波电路、稳压管稳压电路的波形，并将电路波形记录在表 6 - 2 中。

表 6 - 2　　直流稳压电源波形实验纪录

项目	波形
单相桥式整流	
单相半波整流	
电容滤波	
稳压管稳压电路	

3. 利用万用表测量单相桥式整流电路、单相半波整流电路电容滤波电路、稳压管稳压电路的输出电压，并将测量结果记录在表 6 - 3 中。

表 6 - 3　　直流稳压电源测量值实验纪录

项目	测量值
单相桥式整流	
单相半波整流	
电容滤波	
稳压管稳压电路	

（四）思考题

（1）如果有一个二极管的极性接错，会产生什么后果？

（2）桥式全波整流电路中一个二极管断路，会产生什么后果？

（五）实验要求及注意事项

（1）必须经教师检查电路并确认无误后方可通电。

（2）注意整流二极管，电容极性不能接错。

（3）正确使用仪器仪表。

习　题

（一）填空题

1. 把 P 型半导体 N 型半导体结合在一起就形成了_____。

2. 半导体二极管具有单向导电性，外加正偏电压_____，外加反偏电压_____。

3. 利用二极管的_____可将交流电变成_____。

4. 根据二极管的_____性，可使用万用表的 $R \times 1k$ 挡测出其正负极，一般其正反向的电阻阻值相差越_____越好。

5. 锗二极管工作在导通区时正向压降大约是_____，死区电压是_____。

6. 硅二极管的工作电压为_____，锗二极管的工作电压为_____。

7. 整流二极管的正向电阻越_____，反向电阻越_____，表明二极管的单向导电性能越好。

8. 杂质半导体分_____型半导体和_____型半导体两大类。

9. 半导体二极管的主要参数有_____、_____，此外还有_____、_____、_____等参数，选用二极管的时候也应注意。

10. 当加到二极管上的反向电压增大到一定数值时，反向电流会突然增大，此现象称为_____现象。

11. 整流是把_____转变为_____。滤波是将_____转变为_____。电容滤波器适用于_____的场合，电感滤波器适用于_____的场合。

12. 除了用作普通整流的二极管以外，还有用于其他功能的二极管，如_____，_____等。

13. 常用的整流电路有_____和_____。

14. 为消除整流后直流电中的脉动成分，常将其通过滤波电路，常见的滤波电路有_____，_____，复合滤波电路。

15. 桥式整流电容滤波电路和半波整流电容滤波电路相比，由于电容充放电过程_____（延长，缩短），因此输出电压更为_____（平滑，多毛刺），输出的直流电压幅度也更_____（高，低）。

（二）选择题

1. 具有热敏特性的半导体材料受热后，半导体的导电性（　　　）。
A. 变好   B. 变差
C. 不变   D. 无法确定

2. P 型半导体是指在本征半导体中掺入微量的（　　　）。
A. 硅元素   B. 硼元素
C. 磷元素   D. 锂元素

3. N 型半导体是指在本征半导体中掺入微量的（　　　）。
A. 硅元素   B. 硼元素
C. 磷元素   D. 锂元素

4. PN 结加正向电压时，空间电荷区将（　　　）。
A. 变窄   B. 基本不变
C. 变宽   D. 无法确定

5. 二极管正向电阻比反向电阻（　　　）。
A. 大   B. 小
C. 一样大   D. 无法确定

6. 半导体的导电能力（　　　）。
A. 与导体相同   B. 与绝缘体相同
C. 导电能力为零   D. 介于绝缘体和导体之间

7. 当温度升高，半导体的导电能力将（　　　）。
A. 减弱   B. 增强
C. 不变   D. 没有影响

8. PN 结具有（　　　）特性。

A. 整流   B. 单向导电

C. 加正向电压截止，加反向电压导通   D. 发光

9. 桥式整流电路中用到了（   ）二极管。

A. 1 个   B. 2 个

C. 3 个   D. 4 个

10. 桥式整流电路输出电压与变压器二次侧电压的关系是（   ）。

A. $U_o = 0.45U_2$ B. $U_o = 0.9U_2$

C. $U_o = 1.2U_2$ D. $U_o = 1.4U_2$

11. 桥式整流电容滤波电路输出电压与变压器二次侧电压的关系是（   ）。

A. $U_o = 0.45U_2$ B. $U_o = 0.9U_2$

C. $U_o = 1.2U_2$ D. $U_o = 1.4U_2$

12. 整流电路的作用是（   ）。

A. 将直流电转换成交流电   B. 将交流电转换成直流电

C. 将高频变低频   D. 将正弦波变方波

13. 桥式整流电路中若有一个二极管断开，对电路有什么影响（   ）。

A. 电路没影响   B. 电路电压增大

C. 半波整流电路   D. 电路电流增大

14. 在桥式整流电路中若有一个二极管接反，对电路有什么影响（   ）。

A. 电路没影响   B. 短路

C. 半波整流电路   D. 开路

15. 整流电路输出的电压应属于（   ）。

A. 平直直流电压   B. 交流电压

C. 脉动直流电压   D. 稳恒直流电压

16. 单相半波整流电路输出电压平均值为变压器次级电压有效值的（   ）倍。

A. 0.9   B. 0.45

C. 0.707   D. 1

（三）判断题

1. 二极管的内部结构实质就是一个 PN 结。 （   ）

2. 在 N 型半导体中如果掺入足够量的三价元素，可将其改型为 P 型半导体。 （   ）

3. 因为 N 型半导体的多子是自由电子，所以它带负电。 （   ）

4. PN 结在无光照、无外加电压时，结电流为零。 （   ）

5. 普通二极管正向使用也有稳压作用。 （   ）

6. P 型半导体带正电，N 型半导体带负电。 （   ）

7. 二极管反向漏电流越小，表明二极管单向导电性越好。 （   ）

8. 二极管仅能通过直流，不能通过交流。 （   ）

9. 对于实际的晶体二极管，当加上正向电压时它立即导通，当加上反向电压时，它立即截止。 （   ）

10. 用数字万用表识别晶体二极管的极性时，若测的是晶体管的正向电阻，那么与标有"＋"号的表笔相连接的是二极管正极，另一端是负极。 （   ）

11. 桥式整流电路的二极管连接时不用考虑方向。　　　　　　　　（　　）

12. 将交流电转换成直流电应使用滤波电路。　　　　　　　　　　（　　）

13. 直流稳压电源的作用是将交流电转换成直流电。　　　　　　　（　　）

14. 电容滤波电路中电容器的容量选择可以是任意的。　　　　　　（　　）

15. 稳压管起稳压作用，是利用它的反向击穿特性。　　　　　　　（　　）

16. 半波整流电路中流过二极管的电流和负载电流相等。　　　　　（　　）

17. 单向桥式整流电路在输入交流电的每个半周内都有两只二极管导通。　（　　）

18. 单相整流电容滤波电路中，电容器的极性不能接反。　　　　　（　　）

(四) 简答题

1. N 型半导体中的自由电子多于空穴，而 P 型半导体中的空穴多于自由电子，N 型半导体是否带负电，而 P 型半导体带正电？

2. 欲使二极管具有良好的单向导电性，管子的正向电阻和反向电阻分别大一些好，还是小一些好？

3. 为什么说二极管是一种非线性元件？什么是二极管的伏安特性？它的伏安特性曲线是如何绘制的？

4. 什么叫整流？什么叫滤波？其各自组成的基本原理是什么？

5. 有人用万用表测二极管的反向电阻时，为了使表笔和管脚接触良好，用两只手捏紧被测二极管脚与表笔接触处，测量结果发现二极管的反向阻值比较小，认为二极管的性能不好，但二极管在电路中工作正常，试问这是什么原因？

项目七

晶体管及其应用

知识目标

（1）了解晶体管的结构、符号、特性和主要参数。

（2）掌握晶体管的检测。

（3）掌握放大电路工作原理。

（4）掌握共射极单管交流放大电路的分析。

技能目标

（1）会用万用表判别晶体管的类型、管脚及质量好坏。

（2）会进行单管放大电路的制作与调试。

思政目标

（1）树立正确的价值观与责任感。

（2）培养科学精神与创新意识。

（3）提升团队协作与沟通能力。

（4）坚定职业信念与人生理想。

任务一 晶体管的认识

任务目标

理解晶体管的基本概念，理解其在电路中的基本作用和功能；掌握晶体管的结构与类型；掌握晶体管的电路符号及其在电路图中的表示方法；能分析晶体管在基本放大电路、开关电路等中的应用，理解其工作原理。

一、晶体管的结构与分类

（一）晶体管的结构

双极型晶体三极管（Bipolar Junction Transistor，BJT），由于工作时，多数载流子和少数载流子都参与运行，因此而得名，又称为晶体三极管，有时也简称为晶体管或三极管，是很重要的一种半导体器件。常用的一些晶体管外形如图 7-1 所示

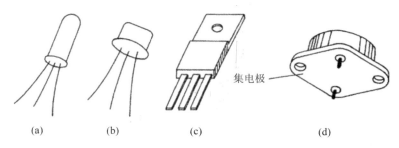

(a)　　　　(b)　　　　(c)　　　　(d)

图 7-1　晶体管外形

晶体管有三个区，并相应引出三个电极，形成两个 PN 结，它的结构和符号如图 7-2 所示。三个区分别是发射区、基区和集电区，发射区引出发射极 E，基区引出基极 B，集电区引出集电极 C。发射区和基区间的 PN 结称为发射结，集电区和基区间的 PN 结称为集电结。引脚符号的箭头方向表示发射结正向偏置时电流的实际方向。

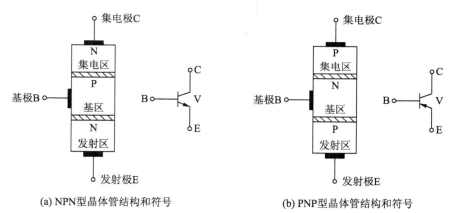

(a) NPN型晶体管结构和符号　　　　(b) PNP型晶体管结构和符号

图 7-2　晶体管的结构示意图及其在电路中的符号

为了收集发射区发来的载流子和便于散热，一般晶体管集电区的面积做得比较大，发射区是高浓度掺杂区，基区很薄且杂质浓度低。这是晶体管具有电流放大作用的内部根据。因此晶体管使用时集电极与发射极不能互换。

由图 7-2 可见，两种类型晶体管符号的差别仅在发射结箭头的指向不同，箭头的指向代表发射结处在正向偏置时电流的流向，理解箭头的指向有利于记忆 NPN 和 PNP 型晶体管的符号。此外，根据箭头的指向可判别三极管的类型。

（二）晶体管的分类

晶体管的种类很多，通常有以下分类：

（1）按所用材料的不同，分为硅晶体管和锗晶体管，硅晶体管受温度影响较小，工作稳定，因此在自动控制设备中应用很多。

（2）按内部结构不同，分为 NPN 型和 PNP 型。一般情况 NPN 型为硅晶体管，PNP 型为锗晶体管。

（3）按功率不同，分为小功率管（耗散功率小于 1 W）和大功率管（耗散功率不小于 1 W）。

（4）按频率不同，分为高频管（工作频率不低于 3 MHz）和低频管（工作频率在 3 MHz 以下）。

（5）按作用不同，分为普通晶体管和开关晶体管。

二、晶体管的放大作用

（一）晶体管的电流分配

图 7-3 所示为处于放大状态的 NPN 型晶体管内部载流子的传输过程。

为了解晶体管的电流分配关系和放大原理，可以采用如图 7-4 所示实验电路进行测量。

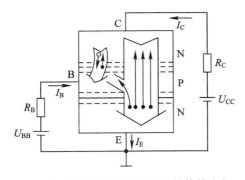

图 7-3　放大状态的 NPN 型晶体管内部
载流子的传输过程

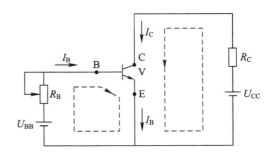

图 7-4　晶体管放大实验电路

加电源电压 U_{BB} 时发射结承受正向电压，而电源 $U_{CC} > U_{BB}$，集电结承受反向偏置电压，这样可以使晶体管具有正常的电流放大作用。

改变电阻 R_B，基极电流 I_B、集电极电流 I_C 和发射极电流 I_E 都会发生变化，表 7-1 为实验所得的一组数据。

表 7-1　晶体管各极电流实验数据

$I_B/\mu A$	I_C/mA	I_E/mA	I_C/I_B
0	≈0	≈0	0
20	1.40	1.42	70
30	2.30	2.33	76
40	3.20	3.24	80
50	4.00	4.05	80
60	4.70	4.76	78

将表 7-1 中数据进行比较分析，可得出如下结论：

（1）三个电流之间关系符合基尔霍夫电流定律 $I_E = I_B + I_C$，如图 7-5 所示。

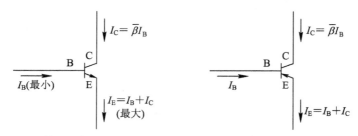

(a) NPN管的电流方向和电流分配　　　　(b) PNP管的电流方向和电流分配

图 7-5　晶体管的电流分配关系

（2）$I_C \approx I_E$，I_B 虽然很小但对 I_C 有控制作用，I_C 随 I_B 的改变而改变，即晶体管具有电流放大作用。

集电极电流 I_C 与基极电流 I_B 的比值，称为晶体管的直流电流放大倍数，用 $\bar{\beta}$ 表示，即

$$\bar{\beta} = \frac{I_C}{I_B}$$

$\bar{\beta}$ 的大小体现了晶体管的电流放大能力。

（3）当基极电流变化时，集电极电流同时也发生较大变化。集电极电流变化量 ΔI_C 与基极电流变化量 ΔI_B 之比，称为晶体管交流放大倍数，用 β 表示，

$$\beta = \frac{\Delta I_C}{\Delta I_B}$$

由于 β 和 $\bar{\beta}$ 相当接近，所以一般不再对它们加以区分。因为晶体管的 β 值一般为几十倍，特殊的可达上千，所以晶体管具有较大的电流放大作用。

（二）晶体管的特性曲线

和二极管一样，晶体管各电极电压和电流之间的关系曲线就是晶体管的特性曲线，也叫伏安特性曲线。实际上它是晶体管内部特性的外在表现，是分析放大电路的重要依据。从使用晶体管的角度来说，了解晶体管的外部特性比了解它的内部结构更为重要，晶体管的伏安特性主要有输入特性和输出特性两种。现以共发射极放大电路为例讨论晶体管的输入、输出特性。

1. 输入特性曲线

晶体管的特性曲线可以用特性图示仪直观地显示在荧光屏上，也可以用图 7-6 所示的晶体管特性测试电路，逐点描绘出。

所谓输入特性曲线是指晶体管输入回路中在 U_{CE} 固定的情况下，加在基极和发射极的电压 U_{BE} 与由它产生的电流 I_B 之间的关系曲线，用函数表示为

$$I_B = f(U_{BE}) \big|_{U_{CE}=\text{常数}} \tag{7-1}$$

NPN 硅晶体管的输入特性曲线如图 7-7 所示。

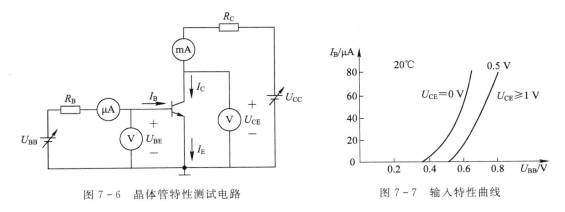

图 7-6 晶体管特性测试电路

图 7-7 输入特性曲线

输入特性曲线有以下特点：

（1）当 $U_{CE}=0$ V 时，相当于 C、E 短接，这时的晶体管相当于两个二极管并联，所以它和二极管的正向伏安特性相似。

（2）当 $U_{CE}≥1$ V 时，曲线右移，这是因为 $U_{CE}>U_{BE}$ 后给集电结加上了反向电压，集电结吸引电子的能力加强，使得由发射区进入基区的电子，绝大部分流向集电区，形成集电极电流 I_C，因此在相同的 U_{BE} 下，流向基极的电流 I_B 减小，特性曲线右移。由于 $U_{CE}≥1$ V 后的曲线基本重合，因此只画 $U_{CE}≥1$ V 的一条输入特性曲线，就可以近似代表 U_{CE} 更高的情况。

2. 输出特性曲线

输出特性曲线是指在基极电流 I_B 一定的情况下，晶体管输出回路中，集电极与发射极之间的电压 U_{CE} 与集电极电流 I_C 之间的关系曲线，用函数可表示为

$$I_C=f(U_{CE})\mid_{I_B=常数} \qquad (7-2)$$

图 7-7 画出了 NPN 型硅晶体管的输出特性曲线。从图 7-8 所示的输出特性曲线上看，晶体管的工作区可以分成三个区域。

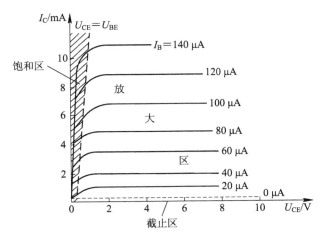

图 7-8 输出特性曲线

1）截止区

一般习惯于把 $U_{CE} \approx U_{CC}$ 以下的区域称为截止区。晶体管工作在截止区时，发射结和集电结均处于反向偏置，即 $U_{BE} < 0$ V，$U_{CE} > 0$ V，晶体管内既没有大量电子由发射区注入基区，也没有大量电子越过基区进入集电区，所以 $I_B = 0$ A，$I_C \approx 0$ A，此时晶体管 B-E、C-E 之间均呈现高阻状，相当于开关断开。

2）饱和区

当晶体管的集电结电流 I_C 增大到一定程度时，再增大 I_B，I_C 也不会增大，即晶体管工作状态超出了放大区，进入了饱和区。在饱和区时，I_C 最大，集电极和发射极之间的内阻最小，电压 U_{CE} 只有 $0.1 \sim 0.3$ V，$U_{BC} = -6$ V < 0 V，$U_{CE} < U_{CC}$，发射结和集电结均处于正向电压。晶体管没有放大作用，相当于开关通路，集电极和发射极相当于短路。

3）放大区

晶体管的发射结加正向电压（锗晶体管的导通电压约为 0.3 V，硅晶体管的导通电压约为 0.7 V），集电结加反向电压导通后，I_B 控制 I_C，I_C 与 I_B 近似于线性关系，在基极加上一个小信号电流，将引起集电极大的信号电流输出，且有 $I_C = \beta I_B$ 成立。

（三）三极管的主要参数

三极管的主要参数有以下几类：

1. 共射电流放大系数 $\bar{\beta}$ 和 β

电流放大系数表示晶体管的电流控制能力。

在共射极放大电路中，若交流输入信号为零，则晶体管各极间的电压和电流都是直流量，此时的集电极电流 I_C 和基极电流 I_B 的比就是 $\bar{\beta}$，称为共射直流电流放大系数。

当共射极放大电路有交流信号输入时，因交流信号的作用，必然会引起 I_B 变化，相应地也会引起 I_C 变化，两电流变化量的比称为共射交流电流放大系数 β，即

$$\beta = \frac{\Delta I_C}{\Delta I_B} \tag{7-3}$$

上述两个电流放大系数 $\bar{\beta}$ 和 β 的含义虽然不同，但对于工作在输出特性曲线放大区平坦部分的晶体管，两者的差异极小，可做近似相等处理，故在今后应用时，通常不加区分，直接互相替代使用。

由于制造工艺有差异，同一型号晶体管的 β 值差异较大。常用的小功率晶体管，β 值一般为 $20 \sim 100$。β 过小，晶体管的电流放大作用小；β 过大，晶体管工作的稳定性差。一般选用 β 在 $40 \sim 80$ 之间的晶体管较为合适。

2. 极间反向饱和电流 I_{CBO} 和 I_{CEO}

（1）集电结反向饱和电流 I_{CBO} 是指发射极开路，集电结加反向电压时测得的集电极电流。常温下，硅晶体管的 I_{CBO} 在纳安（10^{-9} A）的量级，通常可忽略。

（2）集电极-发射极反向电流 I_{CEO} 是指基极开路时，集电极与发射极之间的反向电流，即穿透电流。穿透电流的大小受温度的影响较大，穿透电流小的晶体管热稳定性好。

两个极间反向饱和电流的关系为

$$I_{CEO} = (1+\beta)I_{CBO}$$

3. 极限参数

（1）集电极最大允许电流 I_{CM}。

晶体管的集电极电流 i_C 在相当大的范围内时 β 值基本保持不变，但当 i_C 的数值大到一定程度时，电流放大系数 β 值将下降。使 β 明显减少的 i_C 即为 I_{CM}。为了使晶体管在放大电路中能正常工作，i_C 不应超过 I_{CM}。

（2）集电极最大允许功耗 P_{CM}。

晶体管工作时，集电极电流在集电结上将产生热量，产生热量所消耗的功率就是集电极的功耗 P_{CM}，即

$$P_{CM} = i_C U_{CE}$$

功耗与晶体管的结温有关，结温又与环境温度、晶体管是否有散热器等条件相关。晶体管产品手册上给出的 P_{CM} 值是在常温下（25℃时）测得的。硅晶体管集电结的上限温度为 150℃左右，锗晶体管为 70℃左右，使用时应注意不要超过此值，否则晶体管将损坏。

（3）反向击穿电压 $U_{BR(CEO)}$。

反向击穿电压 $U_{BR(CEO)}$ 是指基极开路时，加在集电极与发射极之间的最大允许电压。使用中如果晶体管两端的电压 $U_{CE} > U_{BR(CEO)}$，集电极电流 i_C 将急剧增大，这种现象称为击穿。晶体管击穿将造成晶体管永久性损坏。若晶体管电路电源 U_{CC} 的值选得过大时，有可能出现当晶体管截止时，$U_{CE} > U_{BR(CEO)}$，导致晶体管击穿二次损坏的现象。一般情况下，晶体管电路的电源电压 U_{CC} 应小于 $\frac{1}{2}U_{BR(CEO)}$。

任务二　　放大电路的分析

任务目标

理解放大电路如何对输入信号进行放大，包括信号的接收、处理和输出过程；熟悉放大电路的基本组成元素，如晶体管、运算放大器、电阻、电容等，以及它们在电路中的作用；会分析并计算电路的电压放大倍数，了解其对电路性能的影响；会分析电路的输入电阻和输出电阻，理解它们对信号源和负载的影响。

一、电路的组成及各元件的作用

晶体管的主要用途之一是利用其放大作用组成各种放大器，它是自动控制、信号检测、通信等电子设备中基本的组成部分。将微弱电信号放大到满足要求的信号，以便有效地进行观察、测量、控制或调节，如扩音系统有四个主要组成部分（见图7-9）。

（1）传感器（麦克风），将声音转换成相应的电压信号。

（2）放大电路，将麦克风输出的微弱电压信号放大到所需的值。

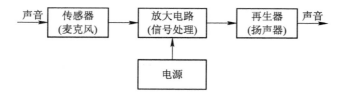

图 7 - 9　扩音系统的组成示意图

（3）再生器（扬声器），将放大后的电信号还原成声音。

（4）电源，提供放大器工作所需要的直流电压。

共发射极基本放大电路又称单极低频小信号放大电路，是复杂电子电路的基础，其工作频率为 20 Hz ～ 20 kHz 的低频范围，通常用于放大较小的电流、电压。

（一）电路结构

图 7 - 10 所示为共发射极基本放大电路。

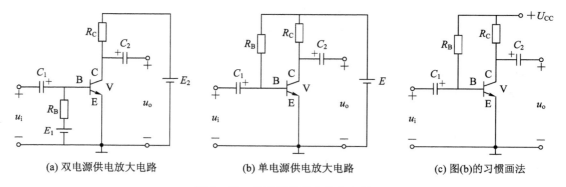

图 7 - 10　共发射极基本放大电路

图 7 - 11 中各元器件的作用如下：

（1）晶体管 V：工作在放大状态，起电流、电压放大作用。

（2）基极偏置电阻 R_B：使电源 U_{CC} 给晶体管提供一个合适的基极电流 I_B（又称偏流），保证晶体管工作在合适的状态。R_B 取值范围在几十千欧到几百千欧。

（3）集电极负载电阻 R_C：把晶体管的电流放大转换为电压放大。它的取值范围一般在几千到几十千欧。

（4）耦合电容 C_1 和 C_2：起隔直流通交流的作用。交流信号从 C_1 输入经过放大从 C_2 输出，同时 C_1 把晶体管的输入端与信号源之间，C_2 把输出端和负载之间的直流通路隔断。一般选用电解电容，使用时注意极性的区分。

（5）集电极电源 U_{CC}：保证晶体管工作在一个合适的状态（保证发射结正偏，集电结反偏），并为放大电路提供能源。

二、放大电路的分析

放大电路的分析包括两个方面的内容，即静态分析和动态分析。分析的过程一般是先静态后动态。常用的分析方法有解析法（也称估算法）和图解法两种。解析法是根据电路特性和晶体管的等效电路实现对放大电路的工作点和各性能指标进行估算；图解法是在晶体管的特性曲线上，直接用作图的方法分析放大电路工作情况。

（一）放大电路的静态分析

从基本放大电路的组成中可看出，在放大电路中，交流量和直流量共存。当输入信号为零时，电路中各处的电压、电流都是直流值，这时的工作状态称为直流工作状态或静止状态，简称为静态。静态分析就是分析放大电路的直流工作情况，以确定晶体管各电极之间静态值，即直流电压值和直流电流值。静态分析主要在直流通路中进行，所谓直流通路就是静态电流流经的通路。对于直流通路：电容视为开路；电感线圈视为短路（即忽略线圈电阻）；信号源视为短路，但应保留内阻。

1. 图解法

图7-11所示为放大电路的直流通路。

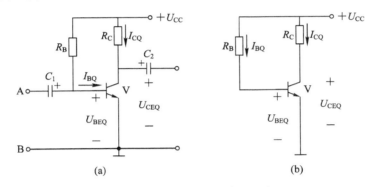

图7-11　放大电路的直流通路

在图7-11中，按输出回路（集电极回路）可列出

$$U_{CE} = U_{CC} - I_C R_C \quad 或 \quad I_C = -\frac{1}{R_C}U_{CE} + \frac{U_{CC}}{R_C} \tag{7-4}$$

在 I_C-U_{CE} 输出特性曲线中，式（7-4）是一个直线方程，其斜率为 $-1/R_C$，它在横轴上的截距为 U_{CC}，在纵轴上的截距为 U_{CC}/R_C。因为它是由直流通路得出的，且与集电极负载电阻 R_C 有关，故称为直流负载线。

用图解法确定静态工作点的步骤如下：

第一步：在直流通路中，由输入回路求出基极电流

$$I_{BQ} \approx \frac{U_{CC}}{R_B}$$

静态工作点对应的 I_{CQ}、U_{CEQ} 一定在 I_{BQ} 所对应的那条输出特性曲线上。

第二步：作直流负载线，

$$U_{CE} = U_{CC} - I_C R_C$$

即过 $(U_{CC}, 0)$、$(0, U_{CC}/R_C)$ 两点作直线。所求的静态工作点一定在直流负载线上。

I_{BQ} 所对应的输出特性曲线与直流负载线的交点即为所求静态工作点 Q，其纵、横坐标值即为所求 I_{CQ}、U_{CEQ} 值。

【例7-1】　在图7-12所示电路中，已知 $U_{CC} = 12$ V，$R_C = 4$ kΩ，$R_B = 300$ kΩ。晶体管的输出特性曲线已给出（见图7-12），试求静态值。

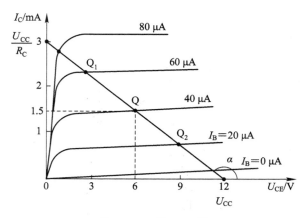

图 7 - 12 例 7 - 1 图

解 （1）求出基极电流

$$I_{BQ} \approx \frac{U_{CC}}{R_B} = \frac{12\ V}{300 \times 10^3\ \Omega} = 40\ \mu A$$

（2）直流负载线为

$$U_{CE} = U_{CC} - I_C R_C = 12\ V - 4I_C$$

可得出

$$I_C = 0\ A\ 时，U_{CE} = U_{CC} = 12\ V$$

$$U_{CE} = 0\ V\ 时，I_C = \frac{U_{CC}}{R_C} = 3\ mA$$

连接(12，0)和(0，3)两点即可得直流负载线。

直流负载线与 $I_{BQ} = 40\ \mu A$ 的输出特性曲线的交点 Q 即为所求静态工作点，则有

$$I_{BQ} = 40\ \mu A$$

$$I_{CQ} = 1.5\ mA$$

$$U_{CEQ} = 6\ V$$

由图 7 - 13 可以看出 Q 点对应了三个值（I_{BQ}、I_{CQ}、U_{CEQ}），这也就是静态工作点的由来。改变电路的参数，即可改变静态工作点。通常改变 R_B 的阻值来调整偏流 I_{BQ} 的大小，从而实现静态值的调节。

2. 解析法

由于晶体管的输入特性比较陡直，故可近似地认为发射结导通后的电压基本上为定值（硅晶体管约为 0.7 V，锗晶体管约为 0.2 V）。也就是说，在静态分析时可以近似地认为输入量是由直流电源 U_{CC} 建立起来的，而交流分量则是由输入信号 u_i 引起的。根据直流通路，可对放大电路的静态进行计算。

采用解析法进行静态分析的步骤如下：

第一步：根据放大电路画出直流通路，如图 7 - 11 所示。

第二步：根据基尔霍夫第二定律可得出基极电流 I_{BQ}，即

$$I_{BQ} = \frac{U_{CC} - U_{BE}}{R_B} \approx \frac{U_{CC}}{R_B} (U_{CC} \gg U_{BE}) \tag{7 - 5}$$

由 I_{BQ} 可得静态时集电极电流 I_{CQ}，

$$I_{\text{CQ}} = \beta I_{\text{BQ}} \tag{7-6}$$

在输出回路根据基尔霍夫第二定律可求集–射极电压 U_{CEQ}，

$$U_{\text{CEQ}} = U_{\text{CC}} - I_{\text{CQ}} R_{\text{C}} \tag{7-7}$$

【**例 7 - 2**】　在图 7 - 13 中，设 $U_{\text{CC}} = 12$ V，$R_{\text{B}} = 200$ kΩ，$R_{\text{C}} = 24$ kΩ，$\beta = 50$，试计算静态工作点对应值。

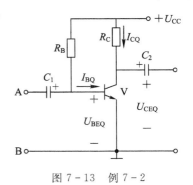

解　根据静态工作点对应值计算公式，得

$$I_{\text{BQ}} = \frac{U_{\text{CC}} - U_{\text{BEQ}}}{R_{\text{B}}} \approx \frac{U_{\text{CC}}}{R_{\text{B}}} = \frac{12}{200 \times 10^3} \text{ A} = 60 \ \mu\text{A}$$

$$I_{\text{CQ}} = \beta I_{\text{BQ}} = 50 \times 60 \ \mu\text{A} = 3 \text{ mA}$$

$$U_{\text{CEQ}} = U_{\text{CC}} - R_{\text{C}} I_{\text{CQ}}$$
$$= (12 - 2.4 \times 10^3 \times 3 \times 10^{-3}) \text{V} = 5.8 \text{ V}$$

图 7 - 13　例 7 - 2

（二）放大电路的动态分析

动态是指当放大电路有输入信号，即 $u_i \neq 0$ 时的工作状态。对放大电路进行动态分析的目的主要是，获得用元件参数表示的放大电路的电压放大倍数 A_u、输入电阻 r_i、输出电阻 r。这三个放大电路的参数，以便知道该放大器对输入信号的放大能力以及信号源及负载进行最佳匹配的条件。只有交流信号单独作用的电路称为交流通路。交流通路中电容可视为短路，直流电源作用为零，可视为短路，由图 7 - 10 可得其交流通路，如图 7 - 14 所示。

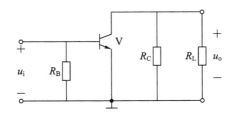

图 7 - 14　基本放大电路的交流通路

1. 图解法

放大电路动态工作时，电路中的电压和电流在静态值的基础上产生与输入信号相对应的变化，晶体管的工作也将在静态工作点附近变化。对于交流信号来说，它们通过的路径为交流通路，由图 7 - 13 所示的交流通路得

$$u_o = u_{ce} = -i_c R'_L \tag{7-8}$$

式中 $R'_L = \dfrac{R_C R_L}{R_C + R_L}$，（$R'_L$ 为 R_C 与 R_L 并联的等效电阻）称为集电极等效负载电阻。

式(7-8)反映了交流电压 u_{ce} 与电流 i_c 的关系（线性关系），对应的曲线称为交流负载线，其斜率为 $-1/R'_L$。而当交流信号为零时，其晶体管的工作点一定是静态工作点，所以，交流负载线一定过静态工作点。

由以上分析可得出交流负载线的画法：交流负载线是过静态工作点作斜率为 $-1/R'_L$ 的直线。

因为直流负载线的斜率为 $-1/R_C$，而交流负载线的斜率为 $-1/R'_L$，故交流负载线比直流负载线要陡，如图 7 - 15 所示。

在确定静态工作点后画出交流负载线的基础上，根据已知的电压输入信号 u_i 的波形，在晶体管特性曲线上，可按下列作图步骤画出有关电压电流波形。

第一步：在输入特性曲线上可由输入信号 u_i 叠加到 U_{BE} 上得到的 u_{BE} 而对应画出基极电流 i_B 的波形。

第二步：在输出特性曲线上，根据 i_B 的变化波形可对应得到集-射电压 u_{CE} 及集电极电流 i_C 的变化波形，如图 7 - 16 所示。

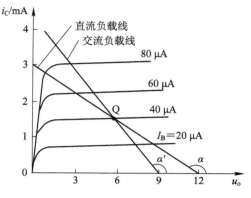

图 7 - 15　直流负载线与交流负载线

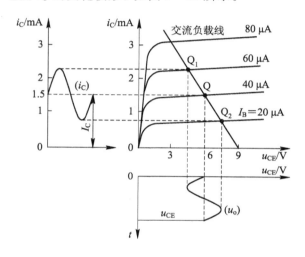 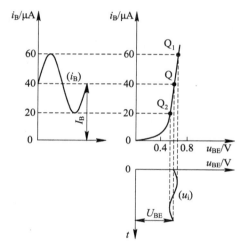

图 7 - 16　交流图解分析

由以上分析可以得出下述结论：

（1）晶体管各相电压和电流均有两个分量——直流分量和交流分量。

（2）输出电压 $u_o(u_{ce})$ 与输入电压 $u_i(u_{be})$ 相位相反，即晶体管具有倒相作用，集电极电位的变化与基极电位的变化极性相反。

（3）负载电阻 R_L 愈小，交流负载线就愈陡直，输出电压就愈小，即接入 R_L 后使放大倍数降低，负载电阻 R_L 愈小，电压放大倍数愈小。

2. 交流等效电路法

1）晶体管的微变等效电路

在小信号的条件下，可用某种线性元件组合的电路模型来等效非线性的晶体管，该电路模型称为晶体管的等效电路。如何把晶体管用一个线性元件的组合电路来等效，可以从晶体管的输入特性和输出特性两方面来分析讨论。

图 7 - 17(a)是晶体管的输入特性曲线，它是非线性的。但当输入信号很小时，在静态工作点 Q 附近的曲线可近似认为是直线，能最有效地表示这段曲线的直线是静态工作点处的切线。该切线的斜率可以用 $\Delta I_B/\Delta U_{BE}$ 表示，也就是说，该比值是一个常数。在小信号条

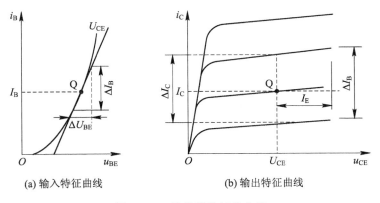

(a) 输入特征曲线　　　　　　　(b) 输出特征曲线

图 7 - 17　晶体管的特性曲线

件下 ΔU_{BE} 就近似等于 u_b，而 ΔI_B 就近似等于 i_b，所以工作在小信号条件下晶体管基-射极之间的伏安关系可以表示成

$$r_{be} = \frac{\Delta U_{BE}}{\Delta I_B} = \frac{u_{be}}{i_b} \tag{7-9}$$

同一个晶体管，静态工作点不同，r_{be} 值也不同。低频小功率晶体管的输入电阻常用下式估算

$$r_{be} = (100 \sim 300)\Omega + (1+\beta)\frac{26\ \mathrm{mV}}{I_E} \tag{7-10}$$

式(7-10)中，I_E 是发射极电流的静态值，单位为 mA。r_{be} 一般为几百欧到几千欧。它是一个动态电阻，在晶体管器件手册中常用 h_{ie} 表示。

图 7 - 17(b)是晶体管的输出特性曲线，在放大区是一簇近似与横轴平行的直线。当 U_{CE} 为常数时，Δi_C 的大小主要与 Δi_B 的大小有关。在小信号的条件下，Δi_C 与 Δi_B 基本呈线性关系，其比例系数 β 可近似一个常数，即

$$\beta = \frac{\Delta i_C}{\Delta i_B}$$

β 为晶体管的电流放大系数。由它确定 i_c 受 i_b 控制的关系，因此，晶体管的输出电路可用一个 $i_c = \beta i_b$ 的受控电流源来等效代替。这样晶体管的微变等效电路就可用图 7 - 18(b)所示电路替代。

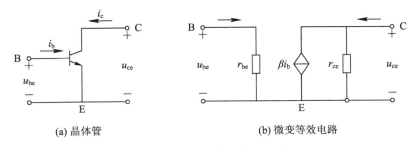

(a) 晶体管　　　　　　　　　(b) 微变等效电路

图 7 - 18　晶体管的等效电路

此外，由于集-射电压 U_{CE} 的大小对晶体管的放大能力也有影响，考虑此因素，可用一电阻 r_{ce}（称为晶体管的输出电阻）与受控电流源并联来表示，该电阻一般为几十千欧至几百

千欧，由于 r_{ce} 阻值较大，故可视为开路。

对于 PNP 型晶体管来讲，只是静态电压电流极性与 NPN 型的相反，对于交流而言均有正负半周，可以认为是相同的，所以，其微变等效电路与 NPN 型晶体管的相同，也如图 7 - 18(b) 所示。

2）放大电路的微变等效电路

放大电路的微变等效电路是将放大电路的交流通路中的晶体管用其微变等效电路代替，即得到放大电路的微变等效电路，如图 7 - 19 所示。将放大电路等效为线性电路后便可按照线性电路理论，由图 7 - 19(b) 求取电压放大倍数 A_u、输入电阻 r_i 和输出电阻 r_o 等参数。

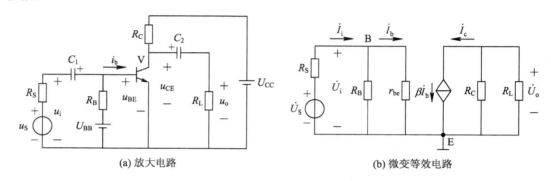

(a) 放大电路　　　　　　　　　(b) 微变等效电路

图 7 - 19　放大电路及其微变等效电路

（1）电压放大倍数 A_u（或电压增益）。

电压放大倍数表示放大电路的电压放大能力，它等于输出波形不失真时的输出电压与输入电压的比值，即

$$A_u = \frac{u_o}{u_i} \tag{7-10}$$

其中 u_o 和 u_i 分别是输出电压和输入电压的值。当考虑其附加相移时，可用复数值之比来表示。

根据图 7 - 16 可列出

$$u_i = i_b r_{be}$$

$$u_o = -i_c R'_L = -\beta i_b R'_L$$

式中 R'_L 为集电极等效负载，即 R_C 和 R_L 的等效电阻且有

$$R'_L = \frac{R_C R_L}{R_C + R_L}$$

故电压放大倍数

$$A_u = \frac{u_o}{u_i} = -\beta \frac{R'_L}{r_{be}} \tag{7-11}$$

上式中的符号表示输出电压 u_o 与输入电压 u_i 相位相反。

当放大电路输出端开路（未接 R_L）时，有

$$A_u = \frac{u_o}{u_i} = -\beta \frac{R_C}{r_{be}} \tag{7-12}$$

可见，接入 R_L 会使 A_u 降低，R_L 愈小，则放大倍数愈低。

电压放大倍数"分贝"表示法称为电压增益，即

$$A_u(\text{dB}) = 20\lg A_u \qquad (7-13)$$

（2）输入电阻 r_i。

输入电阻是指从放大电路的输入端看进去的交流电阻，相当于信号源的负载电阻。由图 7-19 输入端看进去的电阻即为输入电阻 r_i，考虑到 $R_B \gg r_{be}$，有

$$r_i = \frac{R_B \cdot r_{be}}{R_B + r_{be}} \approx r_{be} \qquad (7-14)$$

设信号源内阻为 R_S、电压为 U_S，则放大电路输入端所获得的信号电压（即输入电压）为

$$u_i = \frac{r_i}{r_i + R_S} U_S \qquad (7-15)$$

因此，考虑信号源内阻 R_S 时放大电路的电压放大倍数（即源电压放大倍数）为

$$A_{uS} = \frac{U_o}{U_S} = \frac{u_i}{U_S} \frac{U_o}{u_i} = \frac{r_i}{r_i + R_S} A_u \qquad (7-16)$$

可见，r_i 愈大，放大电路从信号源获得的电压愈大，同时从信号源获取的电流越小，输出电压也将愈大。一般情况下，特别是测量仪表用的第一级放大电路中，r_i 越大越好。

（3）输出电阻 r_o。

输出电阻 r_o 是指从放大电路的输出端看进去的交流电阻值。由图 7-20 所示电路的输出端看进去的电阻即为输出电阻 r_o，可见

$$r_o \approx R_C \qquad (7-17)$$

上式的近似忽略了晶体管输出电阻 r_{ce} 的影响。

注意：输出电阻 r_o 不包括负载电阻 R_L。

输出电阻 r_o 的大小直接影响放大电路的带负载能力，r_o 愈小，输出电压 U_o 随负载电阻 R_L 的变化就愈小，带负载能力就愈强。

【例 7-3】 图 7-19 所示的电路中三极管的 $\beta = 60$，$U_{CC} = 6$ V，$R_C = R_L = 5$ kΩ，$R_B = 530$ kΩ。

（1）估算静态工作点；

（2）求 r_{be} 的值；

（3）求电压放大倍数 A_u、输入电阻 r_i 和输出电阻 r_o。

解 （1）

$$I_{BQ} = \frac{U_{CC} - U_{BE}}{R_B} = \frac{(6 - 0.7) \text{ V}}{530 \text{ k}\Omega} = 10 \text{ }\mu\text{A}$$

$$I_{CQ} = \beta I_{BQ} = 0.6 \text{ mA}$$

$$U_{CEQ} = U_{CC} - I_{CQ} R_C = 6 \text{ V} - 0.6 \text{ mA} \times 5 \text{ k}\Omega = 3 \text{ V}$$

（2）

$$r_{be} = 300 \text{ }\Omega + (1 + \beta)\frac{26 \text{ mV}}{I_E} \approx (300 + 61 \times \frac{26}{0.6})\Omega \approx 2.9 \text{ k}\Omega$$

（3）

$$A_u = -\beta \frac{R_L'}{r_{be}} = \frac{-60 \times \frac{5 \text{ k}\Omega \times 5 \text{ k}\Omega}{5 \text{ k}\Omega + 5 \text{ k}\Omega}}{2.9 \text{ k}\Omega} \approx -52$$

$$r_i \approx r_{be} = 2.9 \text{ k}\Omega$$

$$r_\circ \approx R_C = 5\ \text{k}\Omega$$

三、放大电路静态工作点与输出波形失真的关系

所谓失真，是指输出信号的波形不同于输入信号的波形。显然，放大电路应该尽量不发生失真现象。引起失真的主要原因是静态工作点选择不合适或者信号过大，使晶体管工作在饱和区或截止区。由于这种失真是因为晶体管工作于非线性区所致，所以通常称为非线性失真。

图 7-20 所示为静点 Q 不合适引起输出电压波形失真的情况。其中图 7-20(a) 表示静态工作点 Q_1 的位置太低，输入正弦电压时，在输入信号的负半周，晶体管进入了截止区工作，使输出电压交流分量的正半周削平。此时的失真是由于晶体管的截止而引起的，故称为截止失真。

图 7-20(b) 所示为静态工作点 Q_2 过高，在输入电压的正半周，晶体管进入了饱和区工作，使输出严重失真。此时的失真是由于晶体管的饱和而引起的，故称为饱和失真。

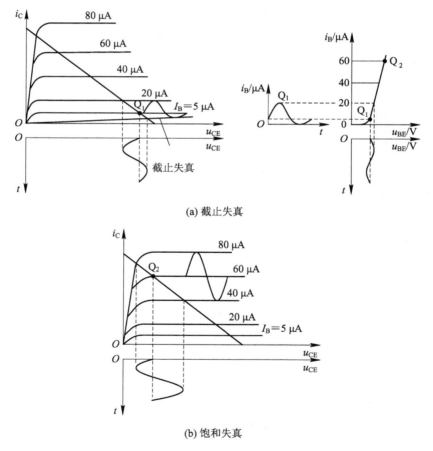

(a) 截止失真

(b) 饱和失真

图 7-20　工作点不合适引起输出电压波形失真

因此，要使放大电路不产生非线性失真，必须有一个合适的静态工作点，一般设置在直流负载线的中点附近。当发生截止失真或饱和失真时可通过改变电阻 R_B 的大小来调整

静态工作点，实用电路中常用一固定电阻和一电位器的串联作为偏置电阻，以实现静态工作点的调节。另外，输入信号 u_i 的振幅不能太大，以免放大电路的工作范围超过特性曲线的线性范围，发生"双向"失真。在小信号放大电路中，一般不会发生这种情况。

实验一 ∥ 晶体管的识别与检测

（一）实验目的

（1）学会使用数字万用表；

（2）学会晶体管主要参数的测量。

（二）实验器材

数字万用表、晶体管。

（三）实验内容与步骤

1. 引脚识别

常用晶体管的封装形式有金属封装和塑料封装两大类，引脚的排列方式具有一定的规律，如图 7-9 所示。采用底视图，使三个引脚构成等腰三角形的顶点，从左向右依次为 E、B、C；对于中小功率塑料晶体管，按图 7-21(b) 所示使其平面朝向自己，三个引脚朝下放置，则从左到右依次为 E、B、C。

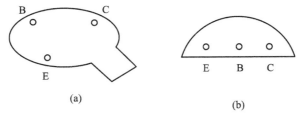

图 7-21　常见晶体管引脚排列

2. 用万用表判断晶体管的管型及材料

1）用指针式万用表测试

用万用表的欧姆挡 $R \times 100\ \Omega$ 或 $R \times 1\ k\Omega$，将黑表笔接一引脚，用红表笔接触另两引脚，如出现两个阻值均小的，说明黑表笔所处的引脚为晶体管的基极，且管型为 NPN；若没有上述现象出现，换成红表笔接任一电极，重复上述过程，当出现两阻值均较小的情况，则该红表笔所在电极为基极且管型为 PNP。将测试结果填于表 7-2 中。

表 7-2　测试结果

晶体管型号	导通电压	管型	材料
9011			
9012			

需要注意一点：无论是基极和发射极之间的正向电阻，还是基极与集电极之间的正向电阻，都应在几千欧姆或几十千欧姆的范围内，一般硅晶体管的正向阻值为 $6\sim20$ kΩ，锗晶体管为 $1\sim5$ kΩ，而反向电阻则应趋于无穷大。若出现无论正向还是反向电阻均为零，说明此结已经击穿；若测出电阻均为无穷大，说明此结已断。

2）用数字万用表的 h_{FE} 插孔测晶体管 β 值

用数字万用表 h_{FE} 插孔测晶体管的 β 值时，需要明确该晶体管是 NPN 型还是 PNP 型的，然后才能正确测量 β 值。测试方法如下：将万用表调到欧姆挡的 $\times 100$ Ω 或 $\times$ kΩ 上，把万用表的红表笔放在晶体管的中间引脚上，黑表笔接触其他两引脚，如两次都有读数，说明晶体管是 NPN 型的；如果无读数，说明晶体管是 PNP 型。

将万用表调到 h_{FE} 挡，将晶体管的三个引脚按其类型，正确插入晶体管的测试孔内，此时，万用表上显示的数值即为晶体管的 β 值。将测试结果填入表 7-3 中。

表 7-3　测试结果

型　　号	万用表与观察晶体管外形判断晶体管的电极是否一致	管　　　型
9011		
9012		

（四）思考题

（1）用指针万用表和数字万用表测试阻值的结果是否相同？如不同，为什么？

（2）使用指针万用表测量阻值时首先要做什么？

（五）注意事项

（1）指针万用表用完后要将挡位放在最大电压挡上。

（2）数字万用表用完后要关闭开关。

实验二　　单管放大电路的制作与调试

（一）实验目的

（1）能够根据电路图正确连接电路。

（2）能够学会示波器和信号发生器的使用方法。

（3）熟悉利用示波器观察输入输出信号波形并估算数据。

（二）实验器材

直流稳压电源（或学生实验台）、信号发生器、万用表、电阻、电位器、电解电容、晶体管，各元器件具体参数和型号如图 7-22 所示。

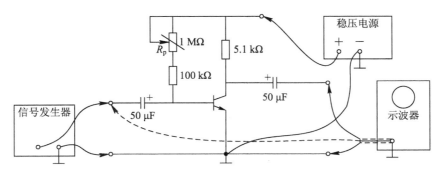

图 7－22　共射极放大电路的测试电路

（三）实验内容与步骤

（1）在测试前用万用表检测各元器件质量的好坏，尤其是晶体管的好坏。

（2）将检测好的元件按图 7－22 连接成电路。

（3）将从信号发生器输出的 $f=1$ kHz，$u_i=10$ mV 正弦波电压接到放大电路的输入端，将放大电路的输出电压接到示波器 Y 轴输入端，调整电位器 R_p 使示波器上显示的 U_o 波形达到最大不失真，然后关闭信号发生器，即 $u_i=0$ mV，测量此时表 7－4 中的数据并记录。

表 7－4　共射极放大电路的静态工作点测试

名称	U_B/V	U_C/V	U_E/V	U_{BE}/V	U_{CE}/V	I_B/mA	I_C/mA
测量值							
计算值							

（4）测量放大电路的电压放大倍数。

在放大电路输入端加入频率为 1 kHz、振幅为 20 mV 的正弦波信号，用示波器观察放大电路输出电压 u_o 的波形及其与输入电压 u_i 的相位关系，在波形不失真的情况下，按表 7－5 要求用万用表的交流毫伏挡测量放大电路的输入电压 u_i 和输出电压 u_o，计算电压放大倍数 A_u，并与理论值进行对比，将结果填入表 7－5 中。

表 7－5　共射极放大电路的电压放大倍数测试

U_i/mV	R_1/kΩ	U_o/V	A_u	观察记录一组 u_o 和 u_i 波形
20	∞			
	1.2			
	2.4			

（5）观察静态工作点对放大电路的影响。

在放大电路输入端加入频率为 1 kHz、振幅为 10 mV 的正弦波信号，用示波器观察放大电路的输出电压 u_o 的波形，并逐渐增大输入信号的振幅，得到最大不失真波形，然后保持输入信号不变，使负载电阻 $R_L=2.4$ kΩ，分别增大和减小基极电位器阻值，即改变静态工作点，使输出波形出现失真，并用示波器观察，将结果填入表 7－6 中。

表 7－6 观察静态工作点对放大电路的影响

R_p 的值	u_o 波形	失真情况	管子工作状态	原因与解决办法
合适	u_o O t			
增大	u_o O t			
减小	u_o O t			

（四）思考题

（1）利用示波器估算正弦量的频率和振幅的方法。

（2）输入输出信号为什么存在"倒像"的关系？

（3）如果改变基极电阻的数值波形将会出现怎样的变化？

（五）注意事项

（1）组装电路图时注意电容、晶体管的极性不要接错。

（2）每次测量静态工作点对应值时都要将信号源的输出旋钮旋至零。

（3）电路接好后需经教师检查，确定无误后方可通电测试。

习 题

（一）填空题

1. 当半导体晶体管的_____正向偏置，_____反向偏置时，晶体管具有放大作用，即_____和极电流能控制_____和极电流。

2. 晶体管的输出特性曲线可分为三个区域，即_____区、_____区和_____区。当晶体管工作在_____区时，关系式 $I_C = \beta I_B$ 才成立；当晶体管工作在_____区时，$I_C = 0$ A；当三极管工作在_____区时，$U_{CE} \approx 0$ V。

3. 晶体管的特性曲线主要有_____曲线和_____曲线两种。

4. 晶体管输入特性曲线指晶体管集电极与发射极间所加电压 U_{CE} 一定时，_____与_____之间的关系。

5. 晶体管的电流放大原理是_____电流的微小变化控制_____电流的较大变化。

6. 共发射极放大电路电压放大倍数是_____与_____的比值。

7. 晶体管的电流放大原理是_____电流的微小变化控制_____电流的较大

变化。

8. 输入电压为 20 mV，输出电压为 2 V，放大电路的电压增益为_____。

9. 放大电路的静态工作点对应值通常是指_____、_____和_____。

10. 用来衡量放大器性能的主要指标有_____、_____、_____。

11. 放大器的基本分析方法主要有两种：_____、_____。对放大器的分析包括两部分：_____和_____。

12. 从放大器_____端看进去的_____称为放大器的输入电阻。而放大器的输出电阻是去掉负载后，从放大器_____端看进去的_____。

13. 为了保证不失真放大，放大电路必须设置静态工作点。对 NPN 型晶体管组成的基本共射放大电路，如果静态工作点太低，将会产生_____失真。应调 R_B，使其_____，则 I_B_____，这样可避免失真。

（二）选择题

1. 当晶体管的两个 PN 结都正偏时，则晶体管处于（　　）。
   A. 放大状态　　　　　B. 中断状态　　　　　C. 截止状态　　　　　D. 饱和状态

2. 当晶体管的两个 PN 结都反偏时，则晶体管处于（　　）。
   A. 放大状态　　　　　B. 中断状态　　　　　C. 截止状态　　　　　D. 饱和状态

3. 晶体管具有电流放大作用的外部条件是必须使（　　）。
   A. 发射结反偏，集电结反偏　　　　　B. 发射结正偏，集电结反偏
   C. 发射结正偏，集电结正偏　　　　　D. 发射结反偏，集电结正偏

4. NPN 型和 PNP 型晶体管的区别是（　　）。
   A. 由两种不同的材料硅和锗制成的　　　　　B. 掺入的杂质元素不同
   C. P 区和 N 区的位置不同　　　　　D. 管脚排列方式不同

5. 当晶体管的发射结和集电结都反偏时，则晶体管的集电极电流将（　　）。
   A. 增大　　　　　B. 减少　　　　　C. 反向　　　　　D. 几乎为零

6. 温度影响了放大电路中的（　　），从而使静态工作点不稳定。
   A. 电阻　　　　　B. 电容　　　　　C. 三极管　　　　　D. 电源

7. 单管共射极放大电路需要不失真放大，静态工作点应工作在（　　）。
   A. 放大区　　　　　B. 截止区　　　　　C. 饱和区　　　　　D. 反向击穿区

8. 静态工作点过低时，放大电路产生截止失真，需要调整（　　）。
   A. R_C 减小　　　　　B. R_B 减小　　　　　C. R_L 减小　　　　　D. U_{CC} 减小

9. 静态工作点过高时，放大电路产生饱和失真，需要调整（　　）。
   A. R_C 升高　　　　　B. R_L 升高　　　　　C. R_B 升高　　　　　D. U_{CC} 升高

10. 静态工作点的值 $I_{BQ} \approx$（　　）。
    A. U_{CC}/R_C　　　　　B. U_{CC}/R_E　　　　　C. U_{CC}/R_B　　　　　D. U_{CC}/R_L

11. 为了使放大电路不进入饱和状态，静态工作点必须有一个适当的值，一般将 U_{CEQ} 设置为（　　）。
    A. 0　　　　　B. ∞　　　　　C. $U_{CC}/2$　　　　　D. 无法确定

12. 共射极放大电路对电压信号具有（　　）放大作用。
    A. 正向　　　　　B. 反向　　　　　C. 没有　　　　　D. 无法确定

13. 射极输出器能对（　　）进行放大。

A. 输入电压　　　　　B. 输入电流　　　　　C. 输入电阻　　　　　D. 输出电阻

14. 单管共射极放大器输出与输入（　　）。

A. 同相位　　　　　B. 反相位　　　　　C. 超前 90°　　　　　D. 滞后 90°

（三）判断题

1. 晶体管的集电极和发射极可以互换使用。　　　　　　　　　　　　　　　（　　）
2. 晶体管工作在放大区时不可以放大电流。　　　　　　　　　　　　　　　（　　）
3. 晶体管的发射结正偏，集电结正偏，晶体管工作在截止区。　　　　　　　（　　）
4. 晶体管相当于两个反向连接的二极管，则基极断开后还可以作为二极管使用。

　　　　　　　　　　　　　　　　　　　　　　　　　　　　　　　　　　　（　　）
5. 为使晶体管工作在放大区，必须保证发射结反偏、集电结正偏。　　　　　（　　）
6. 若使晶体管工作在放大区，必须保证发射结正偏、集电结反偏。　　　　　（　　）
7. 共射极放大器中电阻 R_C 的作用是限制流入晶体管中的电流。　　　　　（　　）
8. 当晶体管的发射结正偏、集电结反偏，晶体管处于饱和状态。　　　　　　（　　）
9. 晶体管的工作区是截止区、放大区、饱和区。　　　　　　　　　　　　　（　　）
10. 晶体管放大器工作在放大状态，静态工作点落在截止区。　　　　　　　（　　）

（四）计算和简答题

1. 已知一个晶体管发射极电流变化 $\Delta I_E = 9$ mA，集电极电流变化 $I_C = 8.8$ mA，问基极电流 I_B 为多少？这时 β 是多少？

2. 在 NPN 型晶体管组成的共射极放大电路中，如果测得 $U_{CE} \leqslant U_{BE}$，该晶体管处于何种状态？如何才能使电路恢复放大状态？

3. 已知晶体管的 $I_B = 20$ μA 时，$I_C = 1.4$ mA；当 $I_B = 40$ μA 时，$I_C = 3.2$ mA。求 β 值。

4. 放大电路分析如图 7-23 所示，已知 $U_{CC} = 12$ V，$R_B = 300$ kΩ，$R_C = R_L = R_S = 3$ kΩ，$\beta = 50$。试求：

（1）静态工作点对应值；

（2）R_L 接入情况下电路的电压放大倍数；

（3）输入电阻 R_i 和输出电阻 R_o。

5. 放大电路中为何设置静态工作点？静态工作点的高、低对电路有何影响？

6. 多级放大电路的耦合方式主要有哪四种？请简述其各自的特点。

7. 负反馈对放大电路有什么影响？

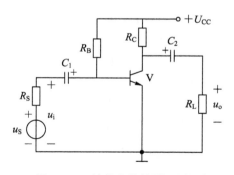

图 7-23　计算和简答题 4 用图

项目八

集成运算放大器及其应用

知识目标

（1）掌握集成运算放大电路的组成、工作原理、主要参数及其电路分析的方法。

（2）理解集成运算放大器的理想模型以及运算放大器的基本负反馈放大电路。

（3）掌握比例运算、加减运算、微分和积分运算电路的分析和计算。

（4）了解电压比较器的结构，理解其工作原理。

（5）掌握集成运算放大器的测试。

技能目标

（1）能识读反相比例运算放大器、同相比例运算放大器、加法运算放大器电路图。

（2）会安装和调试共射极基本放大电路。

（3）会集成运算放大器的测试。

思政目标

（1）坚定科学探索精神；

（2）提升工程伦理意识与社会责任感；

（3）强化团队合作与沟通能力；

（4）提升创新思维与实践能力；

（5）增强文化自信，拓宽国际视野。

任务一 // 集成运算放大器的认识

任务目标

理解集成运算放大器的基本概念，明确集成运算放大器（简称运放）作为电子器件的核心地位，理解其在模拟电路中的基本作用和功能；掌握集成运算放大器的外形、引脚及图形符号；了解集成运算放大器的电路结构与主要参数。

一、运算放大器基础

（一）集成电路与集成运算放大器

集成电路指把具有某项功能的电路元件（二极管、晶体管、小电阻、小电容等）和连接导线集中制作在一块半导体芯片上，组成具有该功能的整体。集成电路分为模拟集成电路和数字集成电路。

（1）模拟集成电路用于处理模拟信号，即用于放大或改变连续变化的电压或电流信号。集成运算放大器（运放）就是模拟集成电路中重要组成之一。它具有体积小、可靠性高、成本低、温度特性好、通用性和灵活性强等优点。

（2）数字集成电路用于处理数字信号的电路，即处理不连续变化的电压或电流信号。数字集成电路是目前用量最大的集成电路。

（二）集成运算放大器的内部和外部电路

1. 内部电路

集成运算放大器内部通常包含四个基本组成部分：输入级、中间级、输出级以及偏置电路，如图 8-1 所示。

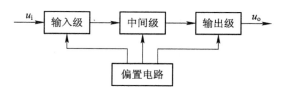

图 8-1 集成运算放大器的基本组成部分

输入级是提高运算放大器质量的关键部分，要求其输入电阻能减小零点漂移和抑制共模干扰信号。输入级都采用差动放大电路。

中间级的作用是进行电压放大，要求它的电压放大倍数高，一般由共发射极放大电路构成。

输出级与负载相接，要求其输出电阻低，带负载能力强，能输出足够大的电压和电流，一般由互补对称电路或射极输出器构成。

偏置电路的作用是为上述各级电路提供稳定和合适的偏置电流，决定各级的静态工作点，一般由各种恒流源电路构成。

2. 外部电路

集成运算放大器的外部接线如图 8-2 所示，它包含如下端口：

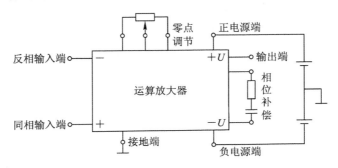

图 8-2　集成运算放大器的外部接线图

（1）反相输入端，用"－"标示，表示输出信号与输入信号相位相反。

（2）同相输入端，用"＋"标示，表示输出信号与输入信号相位相同。

（3）输出端，可用 u_o 表示。

（4）正、负电源端，可用 u_P 和 u_N 表示。

（5）直流零点调节电位器端。

（6）相位补偿电路端。

（7）接地端。

运算放大器的图形符号如图 8-3 所示。

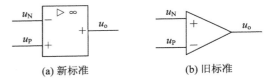

图 8-3　放大器的图形符号

（三）集成运算放大器的特点

由于制造工艺上的限制，集成运算放大器具有以下几个特点：

（1）在集成电路工艺中，电感元件、容量大于 200 pF 的电容不易制得，而且性能很不稳定，所以集成电路中要尽量避免使用电容器。集成运算放大器大都采用直接耦合电路。必须使用电容器时，几十皮法以下的小电容用 PN 结的结电容构成，大电容要外接。

（2）集成运算放大器的输入级都采用差动放大电路，它要求两管的性能应该相同。而集成电路中的各个晶体管是通过同一工艺过程制作在同一硅片上的，所以对称性较好，容易制成特性相近的差动对管。又由于管子在同一硅片上，温度均匀性好，性能基本保持一致，因此，容易制成温度漂移很小的集成运算放大器。

（3）集成电路中不宜制造高阻值的电阻，制得的阻值大致为 100 Ω～30 kΩ，因此，在集成电路中使用电阻，尤其是大电阻时，常用晶体管恒流源代替电阻或采用外接方式。

（4）集成电路中的二极管都采用晶体管构成，把发射极、基极、集电极三者适当组配使用。

（四）集成运算放大器的主要参数

集成运算放大器的主要参数如下：

（1）输入失调电压 U_{io}。

使 $u_o = 0$ V，输入端施加的补偿电压叫作输入失调电压。它是表征运放内部电路对称性的指标。U_{io} 一般为几毫伏，并且越小越好。

（2）输入失调电流 I_{io}。

I_{io} 反映集成运放输入级的输入电流的不对称程度，I_{io} 一般为 1 nA～0.1 μA，并且越小越好。

（3）输入偏置电流 I_{iB}。

I_{iB} 指当输入信号为零时，运放两个输入端偏置电流的平均值，即 $I_{iB}=\frac{1}{2}(I_{B1}+I_{B2})$。它用于衡量差分放大对输入电流的大小。$I_{iB}$ 一般为 10 nA～1 μA，并且越小越好。

（4）最大输出电压 U_{OPP}。

能使输出电压和输入电压保持不失真关系的最大输出电压，即为运算放大器的最大输出电压。

（5）开环电压放大倍数 A_{uo}。

运放在无外加反馈条件下，输出电压的变化量与输入电压的变化量之比，即为开环电压放大倍数。它是决定运放精度的重要因素，A_{uo} 越高，运放精度越高。A_{uo} 一般为 80～140 dB。

（6）最大共模输入电压 U_{ICM}。

在保证运放正常工作条件下，共模输入电压的允许范围，即为最大共模输入电压。共模电压超过此值时，输入差动对管出现饱和，放大器失去共模抑制能力。

（7）最大差模输入电压 U_{IDM}。

运放两输入端能承受的最大差模输入电压，称为最大差模输入电压。超过此电压时，差动对管将出现反向击穿现象。

集成运算放大器具有开环电压放大倍数高（A_{uo} 一般约为 $10^4～10^7$，即 80～140 dB）、输入电阻高（几百千欧）、输出电阻低（几百欧）、漂移小、可靠性高、体积小等主要特点，所以它在各个技术领域中应用广泛。

二、集成运算放大器的理想化模型

在分析集成运算放大器的各种应用电路时，一般将其中的集成运算放大器看成一个理想运算放大器。理想化的条件主要如下：

（1）开环电压放大倍数 $A_{uo}\to\infty$；

（2）差模输入电阻 $r_{id}\to\infty$；

（3）开环输出电阻 $r_o\to\infty$；

（4）共模抑制比 $K_{CMRR}\to\infty$。

实际集成运放的特性很接近理想集成运放，我们仅仅在进行误差分析时，才考虑理想化后造成的影响，一般工程计算其影响可以忽略。这样可使分析过程大大简化。后面对运算放大器的分析都是根据它的理想化条件来分析的。

图 8-4 是理想运算放大器的图形符号。它有两个输入端

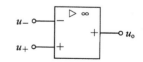

图 8-4　理想运算放大器的图形符号

和一个输出端。反相输入端标上"—"号，同相输入端和输出端标上"＋"号。它们对"地"的电压（即各端对地电位）分别用 u_-，u_+ 和 u_o 表示。"∞"表示开环电压放大倍数的理想化条件。

（一）工作在线性区的特点

在各种应用电路中，运算放大器的工作可能有两种情况：工作在线性区和工作在饱和区。表示输出电压与输入电压之间关系的特性曲线称为传输特性，如图8-5所示。

当运算放大器工作在线性区时，输出电压 u_o 和输入电压 $(u_+ - u_-)$ 之间呈线性关系，即

$$u_o = A_{uo}(u_+ - u_-) \tag{8-1}$$

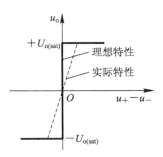

图 8-5 运算放大器的传输特性

如果输入端电压的幅度比较大，则运算放大器的工作范围将超出线性放大区，而到达饱和区，此时运算放大器的输出、输入电压之间不满足式(8-1)。A_{uo} 越大，运放的线性范围越小。实际集成运算放大器必须加负反馈才能使其工作于线性区。

运算放大器工作在线性区时，有两个重要特点：

（1）由于运算放大器的差模输入电阻 $r_{id} \rightarrow \infty$，故可认为两个输入端的输入电流为零，即 $i_+ = i_- = 0$ A，此时也称为"虚断"。

（2）由于运算放大器的开环电压放大倍数 $A_{uo} \rightarrow \infty$，而输出电压是一个有限的数值，故由式(8-1)可知，

$$u_+ - u_- = \frac{u_o}{A_{uo}} \approx 0 \text{ V} \tag{8-2}$$

$$u_+ = u_-$$

式(8-2)表示同相输入端电位和反相输入端电位近似相等，也称为"虚短"。

如果信号从反相端输入，同相输入端接地($u_+ \approx 0$ V)，则 $u_- \approx 0$ V，反相输入端近于"地"电位，即虚地。

（二）工作在饱和区的特点

运算放大器工作在饱和区时，也有两个重要特点：

（1）运算放大器工作在饱和区时，输出电压 u_o 等于 $+U_{o(sat)}$ 或 $-U_{o(sat)}$，而 u_+ 与 u_- 不一定相等。

当 $u_+ > u_-$ 时，$u_o = +U_{o(sat)}$；当 $u_+ < u_-$ 时，$u_o = -U_{o(sat)}$。

（2）由于运算放大器的差模输入电阻 $r_{id} \rightarrow \infty$，故可认为两个输入端的输入电流为零。

【例 8-1】 已知 CF741 运算放大器的电源电压为 ± 15 V，开环电压放大倍数为 2×10^5，最大输出电压为 ± 14 V，求下列三种情况下运放的输出电压。

（1）$u_+ = 15\ \mu V$，$u_- = 5\ \mu V$；

（2）$u_+ = -10\ \mu V$，$u_- = 20\ \mu V$；

（3）$u_+ = 0$ V，$u_- = 2$ mV。

解 运放工作在线性区时，$u_o = A_{uo}(u_+ - u_-)$，由此得

$$u_+ - u_- = \frac{u_o}{A_{uo}} = \frac{\pm 14}{2 \times 10^5} = \pm 70\ \mu V$$

可见，$|u_+ - u_-|$ 超过 70 μV，输出电压就是最大输出电压，即饱和值。

(1) $u_+ - u_- = 15\ \mu\text{V} - 5\ \mu\text{V} = 10\ \mu\text{V}$，故 $u_o = A_{uo}(u_+ - u_-) = 2\ \text{V}$。

(2) $u_+ - u_- = -10\ \mu\text{V} - 20\ \mu\text{V} = -30\ \mu\text{V}$，$u_o = -6\ \text{V}$。

(3) $u_+ - u_- = -2\ \text{mV}$，输出为饱和输出，故 $u_o = -14\ \text{V}$。

三、放大电路中的反馈

（一）反馈电路

将信号全部或者部分从输出端反方向送回输入端，来实现反方向信号传输的电路称为反馈电路。带有反馈电路的放大电路称为反馈放大电路，如图 8-6 所示。

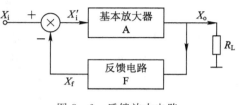

图 8-6　反馈放大电路

输出信号 X_o（部分或全部）通过反馈电路，得到信号 X_f，X_f 与 X_i 进行比较得 X_i'，X_i' 进入基本放大器。

比较是指反馈信号 X_f 与输入信号 X_i 进行相加或相减，从而得到比 X_i 加强或削弱的净输入信号 X_i'。

（二）反馈类型

反馈有多种分类方式。

（1）根据反馈极性不同，反馈可分为正反馈和负反馈。

① 正反馈：使放大器净输入量增大的反馈，主要用于振荡电路。

② 负反馈：使放大器净输入量减小的反馈，用于放大器中。

（2）根据反馈信号从输出端取样方式的不同，反馈可分为电压反馈和电流反馈，如图 8-7 所示。

① 电压反馈：反馈信号取自放大器的输出电压，取样环节与放大器输出端并联。

② 电流反馈：反馈信号取自放大器的输出电流，取样环节与放大器输出端串联。

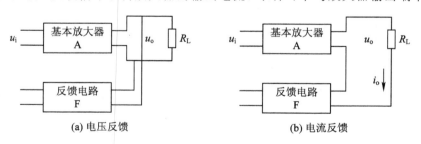

(a) 电压反馈　　　　　　　　　　(b) 电流反馈

图 8-7　电压反馈与电流反馈

（3）根据反馈信号与输入信号连接方式（也称比较方式）的不同，反馈可分为串联反馈和并联反馈，如图 8-8 所示。

① 串联反馈：反馈信号在输入端是与信号源串联的。

② 并联反馈：反馈信号在输入端是与信号源并联的。

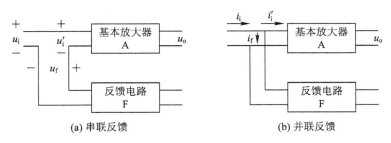

图 8 - 8　串联反馈与并联反馈

（三）运算放大器电路反馈类型的判别方法

运算放大器电路反馈类型的判别方法如下：

（1）反馈电路直接从输出端引出的是电压反馈，从负载电阻 R_L 的靠近"地"端引出的是电流反馈；

（2）输入信号和反馈信号分别加在两个输入端（同相和反相）上的是串联反馈，加在同一个输入端（同相或反相）上的是并联反馈；

（3）对串联反馈，输入信号和反馈信号的极性相同时是负反馈，极性相反时是正反馈；

（4）对并联反馈，净输入电流等于输入电流和反馈电流之差时是负反馈，否则是正反馈。

（四）负反馈对放大电路性能的影响

负反馈虽然使放大电路的净输入减少，放大倍数下降，但可换取放大电路的性能改善，如图 8 - 9 所示。

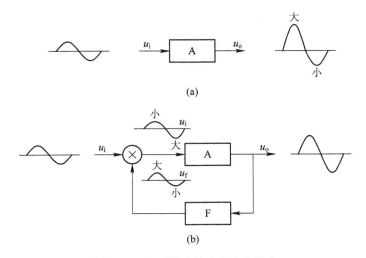

图 8 - 9　负反馈对放大电路的影响

1. 提高放大倍数的稳定性

放大倍数 A_o 会因晶体管、负载 R_L 等因素变化而产生变化，引入负反馈可以减小此种变化。例如，放大器输出信号 X_o↑ →反馈信号 X_f↑ →净输入信号 X_i'↓ →输出信号 X_o↓。

2. 减小非线性失真

"非线性"是指输出信号的变化与输入信号的变化不是成正比的,晶体管就是一个非线性元件。正常的信号放大后都会产生非线性失真。例如一个正常的正弦波信号经放大后产生了非线性失真,正半周较大,负半周较小,由于负反馈信号与输出信号相同,二者输入回路相减后,使净输入信号正半周变小,负半周变大,再经过放大后,输出波形就得到一定的改善。

3. 展宽通频带

放大电路中有电容器、电感器这类电抗元件,这类电抗元件的阻抗与信号的频率有关。当信号的频率过低或过高时会使放大倍数降低。

如图 8-10 所示,将放大电路的放大倍数由正常值下降到 $0.707A$ 时对应的较低频率 f_L 与对应的较高频率 f_H 之间的频率范围,用 BW 表示

$$BW = f_H - f_L$$

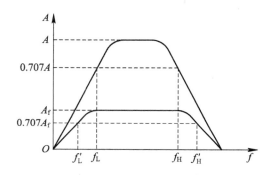

图 8-10　放大电路的频率特性

引入负反馈后,放大电路的放大倍数下降为 A_f,它在 $0.707A_f'$ 时对应的低频为 f_L',对应高频为 f_H',通频带得到扩展,如图 8-10 所示。

4. 改变输入电阻和输出电阻

1)对输入电阻的影响

引入负反馈后,对输入电阻的影响如下:

(1)输入端反馈信号与输入信号以电压形式串联相减时,输入电流 I_i 会减小,即输入信号的电压不变而提供的电流减小,说明输入端加入反馈电阻后增大了。

(2)当输入端的反馈信号在输入端以并联(对信号源而言)形式接入时,由于输入信号电压不变而提供的总电流增大,说明放大电路的输入电阻减小了。

2)对输出电阻的影响

引入负反馈后,对输出电阻的影响如下:

(1)当电压反馈时,负反馈使输出电压稳定,即输出端负载变化而输出端电压不变,电源内阻减小。

(2)当电流反馈时,负反馈使输出电流稳定,即负载变化而输出端电流不变,所以输出电阻很大。

任务二　集成运算放大器的应用

任务目标

通过对反相比例运算、同相比例运算、加法运算、减法运算等典型线性应用电路的分析，学习集成运算放大器的基本分析方法，掌握集成运算放大器组成运算电路的方法及各种典型运算电路的性能。

一、集成运算放大器的比例运算

集成运算放大器与外部电阻、电容、半导体器件等构成闭环电路后，能对各种模拟信号进行比例、加法、减法、微分、积分、对数、反对数、乘法和除法等运算。

集成运算放大器工作在线性区时，通常要引入深度负反馈，所以，它的输出电压和输入电压的关系基本取决于反馈电路和输入电路的结构和参数，而与运算放大器本身的参数关系不大。改变输入电路和反馈电路的结构形式，就可以实现不同的运算。

（一）反相比例运算电路

反相比例运算电路如图 8-11 所示。

R_f 为反馈电阻，接在输出端与反相输入端之间，构成深度负反馈。

R_1 为输入电阻。R_b 为输入平衡电阻，且 $R_b = R_1 /\!/ R_f$，以保证两个输入端的外接电阻平衡，使电路处于平衡对称的工作状态，信号从反相输入端与地之间加入。

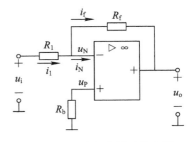

图 8-11　反相比例运算电路

A_{uf} 为反相比例运算电路的电压放大倍数，亦称为闭环放大倍数。

根据理想运放的结论 2（虚断），可知 $u_N = 0\ V$，反相输入端可看作接地端，故称为虚地。由 $i_N = i_P = 0\ A$，两输入端电流为 0，即 $i_N = 0\ A$，可得出 $i_f = i_1$ 和 $u_N = 0\ V$。根据结论 1 可知，$u_P = u_N$，由 $u_P = 0\ V$ 可得关系式

$$i_i = \frac{u_i}{R_1} \quad （虚地）$$

$$i_f = -\left(\frac{u_o}{R_f}\right) \quad （虚地）$$

所以存在
$$A_{uf} = \frac{u_o}{u_i} = -\left[\frac{(R_f \cdot i_f)}{(R_1 \cdot i_1)}\right]$$

即
$$A_{uf} = -\frac{R_f}{R_1} \quad （虚断，i_f = i_1）$$

小结：

（1）反相比例运算电路的放大倍数仅由外接电阻 R_f 和 R_1 的比值决定，与运放本身参数无关。

（2）输出电压与输入电压相位相反，大小成一定比例关系，即完成了对输入信号的比例运算。

（3）对反相比例运算放大器，根据理想条件 $u_P = u_N = 0$，即反相输入端电位等于 0，称为"虚地"。虚地并非真正接地，不能将反相端看作与地短路，那样信号就无法输入运放中去了。"虚地"是反相输入运算放大器的重要特点。

（二）同相比例运算电路

同相比例运算电路如图 8 - 12 所示。信号从同相输入端输入，反馈信号加在反相输入端，R_b 为平衡电阻且 $R_b = R_1 // R_f$。

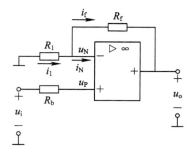

图 8 - 12　同相比例运算电路

由于虚短，运放的同相输入端（+）和反相输入端（−）之间的电压差几乎为零，所以有 $u_P = u_N = u_i$。

由于虚断，运放的输入端没有电流流入或流出，即输入电流为零。因此，通过电阻 R_1 的电流 i_1 等于通过反馈电阻 R_f 的电流 i_f，但方向相反，$i_1 = -i_f$，根据欧姆定律，i_1 和 i_f 分别为

$$i_f = -\frac{u_i - u_o}{R_f}$$

$$i_1 = -\frac{u_i}{R_1}$$

所以有

$$u_o = \frac{R_1 + R_f}{R_1} u_i$$

或者

$$A_{uf} = \frac{u_o}{u_i} = \frac{R_1 + R_f}{R_1} = 1 + \frac{R_f}{R_1}$$

小结：

（1）输出电压与输入电压成比例，且相位相同，所以称同相比例运算放大器。

（2）同相比例运算放大器电路的闭环电压放大倍数只与外接电阻 R_f 和 R_1 有关，只要保证 R_f 和 R_1 的值精确，就能得到精确和稳定性能都很高的闭环放大倍数。

（3）R_f/R_1 比值必为正，所以闭环增益大于或等于 1。

二、集成运算放大器的加法与减法运算

（一）加法运算

反相加法运算电路是在反相比例运算放大器的基础上增加几个输入支路构成的，如图 8 - 13 所示。

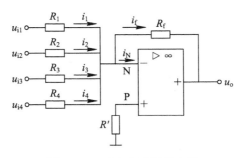

图 8-13　反相加法运算电路

根据理想运放特点，$i_N = 0$ A 和 $u_N = 0$ V，可得如下关系式

$$i_f = i_1 + i_2 + i_3 + i_4 \quad （虚断）$$

其中，

$$i_1 = \frac{u_{i1} - u_N}{R_1} = \frac{u_{i1}}{R_1} \quad （虚地）$$

同理

$$i_2 = \frac{u_{i2}}{R_2}, \ i_3 = \frac{u_{i3}}{R_3}, \ i_4 = \frac{u_{i4}}{R_4}$$

所以

$$u_o = -i_f \cdot R_f = -(i_1 + i_2 + i_3 + i_4) R_f$$

$$= -\left[\left(\frac{R_f}{R_1}\right) u_{i1} + \left(\frac{R_f}{R_2}\right) u_{i2} + \left(\frac{R_f}{R_3}\right) u_{i3} + \left(\frac{R_f}{R_4}\right) u_{i4}\right]$$

上式表明，输出电压等于各输入电压按不同比例相加之和，如果取

$$R_1 = R_2 = R_3 = R_4 = R$$

则可化简为

$$u_o = -\frac{R_f}{R}(u_{i1} + u_{i2} + u_{i3} + u_{i4})$$

若取 $R_f = R$，则

$$u_o = -(u_{i1} + u_{i2} + u_{i3} + u_{i4})$$

上式说明，输入电压等于各输入电压之和，输入电阻

$$R_i = R_1 /\!/ R_2 /\!/ R_3 /\!/ R_4 /\!/ R_f$$

【例 8-1】　用反相加法运算电路实现 $Y = -(5X_1 + X_2 + 4X_3)$ 的运算，要求输入电阻不低于 4 kΩ，试选定电阻的值。

解　将式 $Y = -(5X_1 + X_2 + 4X_3)$ 与式 $u_o = -[(R_f/R_1) u_{i1} + (R_f/R_2) u_{i2} + (R_f/R_3)u_{i3}]$ 比较可得

$$\frac{R_f}{R_1} = 5, \quad \frac{R_f}{R_2} = 1, \quad \frac{R_f}{R_3} = 4$$

即取 $R_1 = R_f/5$，$R_2 = R_f$，$R_3 = R_f/4$。

选定 $R_1 = 10$ kΩ，则 $R_f = 50$ kΩ，$R_2 = 50$ kΩ，$R_3 = 12.5$ kΩ，则

$$R_i = R_1 /\!/ R_2 /\!/ R_3 /\!/ R_f = 4.545 \text{ kΩ}$$

（二）减法运算

减法运算电路如图 8-14 所示。

在集成运算放大器的同相输入端和反相输入端都加入信号时，则反相比例运算和同相比例运算同时进行，根据理想运算放大器的两个结论，可得

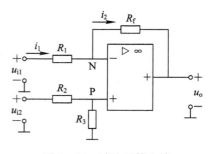

图 8-14　减法运算电路

$$i_1 = i_2 = \frac{(u_{i1} - u_N)}{R_1} = \frac{(u_N - u_o)}{R_1} \quad \text{（虚断）}$$

$$u_P = u_{i2} \cdot \frac{R_3}{(R_2 + R_3)}$$

整理后两式得

$$u_o = u_{i2} \cdot \frac{R_3}{(R_2 + R_3)} \cdot \frac{(R_f + R_1)}{R_1} - u_{i1} \cdot \frac{R_f}{R_1}$$

当外电路的电阻满足平衡对称条件 $R_1 = R_2$，$R_f = R_4$ 时，化简上式为

$$u_o = -(u_{i1} - u_{i2}) \frac{R_f}{R_1}$$

上式说明，输出电压 u_o 与两个输入电压的差值（$u_{i1} - u_{i2}$）成正比，即电路实现了减法运算。所以电路又称为差分比例运算放大器。

实验　　集成运算放大器的测试

（一）实验目的

（1）熟悉集成运算放大器的性能，掌握其使用方法；

（2）熟悉集成运算放大器的典型线性应用电路，掌握其工作原理及调试方法。

（3）学会用基本集成运算放大器组成简单的实用电路。

（二）实验器材

万用表（1 只）、示波器（1 台）、集成运放器件（CF741，1 片）和阻容器件（若干）。

（三）实验内容与步骤

1. 集成运放器件好坏的简单检测

将集成运放器件 CF741，接上正负电源，注意用电压表分别测量两路电源为 ±15 V。电路接好后，经检查无误方可接通电源。正电源 U_{CC} 接 +15 V、负电源 U_{EE} 接 −15 V。

分别将同相输入端和反相输入端接地，检测输出 u_o 是否为 U_{OPP} 值（电源 ±15 V 时），若是，则该器件良好，否则器件已损坏。

2. 反相比例运算电路的测试

按反相比例运算电路（见图 8-11）连线，在输入端 u_i 加直流电压，按表 8-1 所给的数值进行测试，并计算出电压增益，结果填入表 8-1 中。

表 8 - 1　反相比例运算电路加直流电压的测试结果

u_i/mV	$R_1=100$ kΩ			$R_1=51$ kΩ			$R_1=510$ kΩ		
	u_o（计算值）	u_o（测量值）	A_{uf}（计算值）	u_o（计算值）	u_o（测量值）	A_{uf}（计算值）	u_o（计算值）	u_o（测量值）	A_{uf}（计算值）
100									
200									
300									
−300									
−200									
−100									

注意：在测试时，每次改变电阻 R_1 的阻值时，应改变平衡电阻的阻值，保证 $R_b = R_1 /\!/ R_f$。

3．设计型实验

现有 3 个集成运算放大器、10 个 10 kΩ 的电阻及 3 个 20 kΩ 的电阻，试设计一个运算电路。能实现如下运算：$u_o = 2u_{i1} - 3u_{i2}$。

将设计图及方案交由指导教师审查后，方可进行实际操作。

（四）思考题

（1）将测量值与计算值相比较，分析产生误差的原因。

（2）记录实验中出现的不正常现象，分析其原因并说明解决问题的过程。

习　题

（一）填空题

1．反相比例电路中，集成运放的反相输入端为＿＿＿＿＿＿点，而同相比例电路中集成运放两个输入端对地的电压基本上等于＿＿＿＿＿＿电压。

2．＿＿＿＿＿＿ 比例运算电路中集成运放反相输入端为虚地，而＿＿＿＿＿＿ 比例运算电路中集成运放两个输入端的电位等于输入电压（"反相"或"同相"）。

（二）选择题

1．集成运算放大器对输入级的主要要求是（　　　　）

A．放大倍数高　　　　　　　　　B．带负载能力强

C．输入电阻小　　　　　　　　　D．抑制零点漂移的能力强

2．理想运放的两个重要结论是（　　　　）。

A．虚断 $u_+ = u_-$，虚短 $i_+ = i_-$　　　B．虚断 $u_+ = u_- = 0$ V，虚短 $i_+ = i_- = 0$ A

C．虚断 $u_+=u_-=0$ V，虚短 $i_+=i_-$　　　D．虚断 $i_+=i_-=0$ V，虚短 $u_+=u_-$

3．同相比例运算电路的电压放大倍数等于（　　）。

A．1　　　　　　B．-1　　　　　　C．$-R_f/R_1$　　　　　D．$1+R_f/R_1$

4．比例运算电路中，非信号输入端电阻的作用是（　　）。

A．限制电流　　　B．限制电压　　　C．减小损耗　　　　D．平衡电路

（三）判断题

1．集成运算放大器既能放大直流信号又能放大交流信号。　　　　　　　（　　）

2．集成运算放大器是直接耦合的多级放大器。　　　　　　　　　　　　（　　）

3．集成运算放大器的输入方式只能是双端输入。　　　　　　　　　　　（　　）

4．集成运算放大器的线性应用必须引入负反馈。　　　　　　　　　　　（　　）

5．集成运放的输入电阻为零。　　　　　　　　　　　　　　　　　　　（　　）

6．集成运放的输出电阻为无穷大。　　　　　　　　　　　　　　　　　（　　）

7．运算电路中一般均引入负反馈。　　　　　　　　　　　　　　　　　（　　）

8．在运算电路中，集成运放的反相输入端均为虚地。　　　　　　　　　（　　）

9．凡是运算电路都可利用"虚短"和"虚断"的概念求解运算关系。　　　（　　）

10．各种滤波电路的通带放大倍数的数值均大于1。　　　　　　　　　　（　　）

（四）解答题

1．什么叫"虚短"和"虚断"？

2．理想运算放大器工作在线性区和非线性区时各有什么特点？分析方法有何不同？

3．要使运算放大器工作在线性区，为什么通常要引入负反馈？

4．图 8-15 所示是一个电压放大倍数连续可调的电路，试问电压放大倍数 A_{uf} 的可调范围是多少？

5．求图 8-16 所示电路的 u_i 和 u_o 的运算关系式。

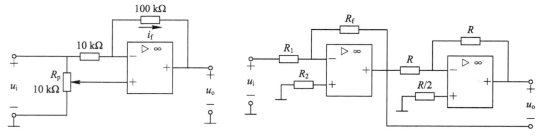

图 8-15　解答题 4 图　　　　　　　　　　图 8-16　解答题 5 图

项目九
基本逻辑电路的分析与应用

知识目标

（1）了解数字信号的特点，能够列举生活中的模拟信号与数字信号实例。

（2）掌握数制和码制的基本概念，掌握不同数制之间的相互转换方法，能够列举实际生活中的不同进制数。

（3）了解与门、或门、非门等基本逻辑门，了解与非门、或非门、与或非门等复合逻辑门的逻辑功能和逻辑符号。

（4）熟悉逻辑代数的基本公式和基本规律，并会简单逻辑代数化简。

（5）熟悉逻辑函数的逻辑表达式、电路图和真值表，掌握它们相互之间的转换。

（6）理解组合逻辑电路的读图方法和步骤，了解组合逻辑电路的分析方法。

（7）了解译码器的基本功能，了解典型集成译码器的引脚功能，会根据功能表正确使用它；了解半导体数码管的基本结构和工作原理；了解七段显示译码器的引脚功能，会根据功能表正确使用它。

技能目标

（1）能识别常见逻辑门电路。

（2）能识别 TTL 门电路的引脚。

（3）会数码显示器的制作与调试。

思政目标

（1）养成科学严谨的学习态度；

（2）树立安全意识和责任意识；

（3）提升团队协作与沟通能力；

（4）提升创新思维与实践能力；

（5）树立科技报国的家国情怀。

任务一 数字电路基础与逻辑门电路的认识

任务目标

理解数字电路的基本概念，包括数字信号、数字电路的分类、特点以及其在电子系统中的应用；熟悉基本的逻辑门电路，如与门、或门、非门、异或门等，掌握它们的功能、符号表示以及真值表；了解逻辑门电路的内部工作原理，包括其电路结构、信号传输过程以及输出与输入之间的逻辑关系；能够分析简单的逻辑门电路，理解其逻辑功能，并能够应用所学知识解决实际问题，以提升逻辑思维与实践能力。

一、数字电路概述

在信息时代的今天，数字电子技术的地位显得更加突出，它不仅能够高保真且快速地传递信息，而且能够实现对各种信息进行交换、存储以及为所要达到的功能进一步地进行处理。

（一）数字电路的概念

客观世界有多种多样的物理量，它们的性质各异，但就其变化规律而言，基本分为两大类。其中一类物理量的变化在时间上和数量上都是离散的，即它们的变化在时间上是不连续的。这一类物理量叫作数字量，把表示数字量的信号叫数字信号，用于处理数字信号的电路称为数字电路。另一类物理量的变化在时间上或数值上是连续的。这一类物理量叫作模拟量，把表示模拟量的信号叫作模拟信号，用于处理模拟信号的电路称为模拟电路。

数字电路及其组成器件是构成各种数字电子系统的基础。由于数字电路的主要研究对象是电路的输出与输入之间的逻辑关系，因而所采用的分析工具是逻辑代数。数字电路的功能主要用功能表、真值表、逻辑表达式及波形图来描述。

（二）数字电路的特点

数字电路具有如下特点：

（1）具有较强的抗干扰能力。模拟电路在信息传递过程中，尽管采取了诸如差分电路、恒流源电路等很多电路，但也没有从根本上解决无用信息的混入以及电路自身产生的干扰，而数字电路由于只接受 0 和 1 二值信息，只要干扰信息不超出允许的高低电平范围，就无法混入有用信息中，极大地提高了信息传递时的抗干扰能力。

（2）信息在数字系统之间的传递海量且快速。

（3）具有强大的存储能力。

（4）具有强大的数据处理能力。

（5）由于数字电路能够实现输入输出的逻辑运算，因此它不仅能够实现数值之间的运算，而且还能够实现逻辑推理和逻辑判断，例如既可以对诸如温度、力等物理信息进行处理，又能够实现对诸如人群的购买力、生命健康状况等的社会分析。

（6）数字电路结构简单，便于集成化。

总之，数字电路的应用为人类社会的发展翻开了跨越式的新篇章。

（三）数制和码制

伴随着人类社会的不断发展，计数方法不断地在沿袭传统的同时进行创新和发展。由于人类有十个手指，东西方最初都不约而同地采用了十进制，而后，又随着不同的需求采用了不同的计数制。特别是当我们试图以工具来减轻和替代我们的脑力劳动，发明了能够和人类思维对接的基本元件即开关元件时，便发明了简洁方便的二进制。

所有的计数方法都是由两部分构成，即数码和计数规律。

1. 数制

1）十进制数

十进制数是人们十分熟悉的计数制。它是用 0，1，2，…，9 十个数码按照一定的规律排列起来表示数值大小的，其计数规律是"逢十进一"，十进制数是以 10 为基数的计数制。每个数码处在不同的位置（数位）代表的数值是不同的，即使同样的数码在不同的位置代表的数值也不相同。一般地说，任意一个十进制正整数可以表示为

$$[N]_{10} = k_{n-1} \times 10^{n-1} + k_{n-2} \times 10^{n-2} + \cdots + k_1 \times 10^1 + k_0 \times 10^0 = \sum_{i=0}^{n-1} k_i \times 10^i$$

式中，$[N]_{10}$ 表示十进制数，k_i 为第 i 位的系数，其取值为 $0 \sim 9$ 十个数码中的一个。若整数部分的位数是 n，小数部分的位数为 m，则 i 包含从 $(n-1)$ 到 0 的所有正整数和从 -1 到 $-m$ 的所有负整数。10^i 为第 i 位的权。

2）二进制数

二进制数只用 0 和 1 两个数码表示，恰好对应了电子元件的两种状态，如二极管的导通和截止、晶体管的饱和与截止、灯的亮与暗、开关的接通与断开等。只要规定其中一种状态为 1，另一种状态为 0，就可用二进制数来表示了。二进制数的计数规律是"逢二进一"，即 $1+1=10$（读作"一零"），它和十进制数的"10"（十）是完全不同的，因此，二进制数是以 2 为基数的计数体制，n 位二进制正整数可表示为

$$[N]_2 = k_{n-1} \times 2^{n-1} + k_{n-2} \times 2^{n-2} + \cdots + k_1 \times 2^1 + k_0 \times 2^0 = \sum_{i=0}^{n-1} k_i \times 2^i$$

式中 $[N]_2$ 表示二进制数，k_i 表示第 i 位的系数，只取 0 或 1 中的任意一个数码，2^i 为第 i 位的权。

3）八进制数

八进制数用 0，1，2，…，7 八个数码表示，基数为 8。计数规律是"逢八进一"，即 $7+1=10$（表示八进制数 8），八进制正整数可表示为

$$[N]_8 = k_{n-1} \times 8^{n-1} + k_{n-2} \times 8^{n-2} + \cdots + k_1 \times 8^1 + k_0 \times 8^0 = \sum_{i=0}^{n-1} k_i \times 8^i$$

4）十六进制数

在十六进制数中，用 16 个数字符号表示，基数为 16。这 16 个数字符号为 0，1，2，…，9 和 A、B、C、D、E、F，其中正整数 $10 \sim 15$ 分别用字母 A～F 表示。十六进制数的计数规律是"逢十六进一"，即 $F+1=10$（表示十六进制数的"16"）。n 位十六进制正整数 $[N]_{16}$ 按

位权展开可表示为

$$[N]_{16}=k_{n-1}\times16^{n-1}+k_{n-2}\times16^{n-2}+\cdots+k_1\times16^1+k_0\times16^0=\sum_{i=0}^{n-1}k_i\times16^i$$

用八进制、十六进制表示数，位数少，书写比较方便。

2. 数制转换

1）二进制、八进制、十六进制数转换为十进制数

只要将二进制、八进制、十六进制数按上述展开式所示的对应数的各位权值展开，并把各数位的加权系数相加，即得相应的十进制数。

2）十进制整数转换为二进制、八进制、十六进制数

将十进制整数转换为二进制数可以采用除 2 取余法。

【例 9-1】 将十进制数 $(97)_{10}$ 转换为二进制数。

解

$$
\begin{array}{llll}
2 & \underline{97} & \cdots & \text{余} \ 1 \longrightarrow 2^0 \text{位} \\
2 & \underline{48} & \cdots & \text{余} \ 0 \longrightarrow 2^1 \text{位} \\
2 & \underline{24} & \cdots & \text{余} \ 0 \longrightarrow 2^2 \text{位} \\
2 & \underline{12} & \cdots & \text{余} \ 0 \longrightarrow 2^3 \text{位} \\
2 & \underline{6} & \cdots & \text{余} \ 0 \longrightarrow 2^4 \text{位} \\
2 & \underline{3} & \cdots & \text{余} \ 1 \longrightarrow 2^5 \text{位} \\
& 1 & \cdots & \text{余} \ 1 \longrightarrow 2^6 \text{位}
\end{array}
$$

所以 $(97)_{10}=(1100001)_2$。

3）二进制与八进制的相互转换

将二进制数转换为八进制数时，可以从最低位开始依次向最高位方向，连续每三位分成一组，每组都对应转换为一位八进制数。若最后一组不够三位，则在高位添 0 补足三位为一组。

常用数制的进位原则、基、基数、权、读法、写法如表 9-1 所示，几种数制之间的关系对照表如表 9-2 所示。

表 9-1 几种数制进位原则、基、基数、权、读法、写法对照表

数制	十进制 D	二进制 B	八进制 O	十六进制 H
特点	逢十进一	逢二进一	逢八进一	逢十六进一
数码	0~9	0、1	0~7	0~9　A~F
基数	10	2	8	16
权	10^i	2^i	8^i	16^i
读法	110 读作一百一十	110 读作一一零	110 读作一百一十	110 读作一百一十
写法	110D 或 $(110)_{10}$	110B 或 $(110)_2$	110O 或 $(110)_8$	110H 或 $(110)_{16}$

表 9 - 2 几种数制之间的关系对照表

十进制数	二进制数	八进制数	十六进制数
0	0000	0	0
1	0001	1	1
2	0010	2	2
3	0011	3	3
4	0100	4	4
5	0101	5	5
6	0110	6	6
7	0111	7	7
8	1000	10	8
9	1001	11	9
10	1010	12	A
11	1011	13	B
12	1100	14	C
13	1101	15	D
14	1110	16	E
15	1111	17	F
16	10000	20	10

3. 码制

数字电子系统之所以在今天取得如此伟大的成就,关键在于它不仅仅能够处理各种数学运算,而且还能够处理各种逻辑问题,即能够处理各种文字、符号、图像等信息,这些信息都必须转换成 0 和 1 组成的二值代码,才得以在数字电子系统中顺利传递。采用一定位数的二进制数码来表示各种信息,通常称这种二进制码为代码。建立这种代码与文字、符号或是特定对象之间一一对应关系的过程,就称为编码。

1) 数的编码

对于十进制数,如果用二进制数来表示,由于位数过多不便于读写,可以将十进制数的每位数字用若干位二进制数码表示。在数字电路中常使用二-十进制编码,它是指用四位二进制数来表示十进制数中的 0~9 的十个数码,这种编码称为 BCD 码。由于四位二进制数码可以表示十六种不同的组合状态,若用以表示一位十进制数(只有 0~9 十个数码)时,只需选择其中的十个状态的组合,其余六种的组合是无效的。因此,按选取方式的不同,可以得到不同的二-十进制编码。在二-十进制编码中,一般分为有权码和无权码两大类。例如 8421BCD 码是一种最基本的,应用十分普遍的 BCD 码。它是一种有权码,8421 就是指这种编码中各位的权分别为 8、4、2、1。属于有权码的还有 2421BCD 码、5421BCD 码等,而余 3 码、格雷码则是无权码。对于有权码来说,由于各位均有固定的权,因此二进制数码所表示的十进制数值就容易识别。而无权码是相邻的两个码组之间仅有一位不同,因而常用于模拟量的转换中。

2）字符的编码

在数字系统中，所有的数据在存储和运算时都要使用二进制数表示（因为计算机用高电平和低电平分别表示 1 和 0），像大小写英文字母、阿拉伯数字，还有一些常用的符号（例如＊、≠、@等），在计算机中存储时也要使用二进制数来表示，即除了十进制数外，通常我们将这种用以表示各种符号的二进制代码称为字符代码。

ASCII 码使用指定的七位或八位二进制数组合来表示 128 或 256 种可能的字符。标准ASCII 码也叫基础 ASCII 码，使用七位二进制数（剩下的一位二进制为 0）来表示所有的大写和小写英文字母、阿拉伯数字、标点符号以及在美式英语中使用的特殊控制字符。

二、逻辑代数

（一）逻辑代数、逻辑变量和逻辑运算

逻辑代数由逻辑变量（用字母表示）、逻辑常量（"0"和"1"）和逻辑运算符（"与""或""非"）组成。逻辑电路的输入量和输出量之间的关系是一种因果关系，它可以用逻辑表达式来描述。

在逻辑电路中，逻辑变量和普通代数中的变量一样，可以用字母 A，B，C …来表示。但逻辑变量只允许取两个不同的值，即"0"和"1"（没有中间值），它并不表示数量的大小，只表示两种对立的逻辑状态。

逻辑代数用以描述逻辑关系，反映逻辑变量的运算规律。它是按照一定的逻辑规律进行运算的。

所谓逻辑关系，是指一定的因果关系。基本的逻辑关系只有"与""或""非"三种。实现这三种逻辑关系的电路分别叫作"与"门、"或"门、"非"门。因此，在逻辑代数中，只有三种基本的逻辑运算，即"与"运算、"或"运算、"非"运算。其他逻辑运算都是通过这三种基本运算的组合来实现的。

（二）"与"逻辑和"与"运算

1."与"逻辑

在图 9-1(a)所示电路中，只有开关 A 与开关 B 都闭合，灯才亮；其中只要有一个开关断开，灯就灭。如果以开关闭合作为条件，灯亮作为结果，图 9-1(a)所示电路表示了这样一种因果关系：只有当决定某一种结果（如灯亮）的所有条件（如开关 A 与 B 同时闭合）都具备时，这个结果才能发生。这种因果关系就称为与逻辑关系，简称与逻辑，或者叫作逻辑相乘。在数字电路中用来表示与逻辑的图形符号如图 9-1(b)所示。

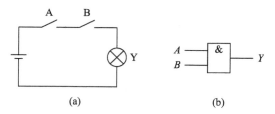

图 9-1　与逻辑关系的电路与符号

2. "与"运算

实现"与"逻辑关系的运算称为"与"运算，运算符号为"·"，通常可以省略。"与"运算又称逻辑乘。引入"与"运算后，图 9−1(a)中的灯亮这一命题与两开关闭合之间的逻辑关系可表示为

$$Y = A \cdot B \qquad (9-1)$$

若开关闭合时变量取值为"1"，反之为"0"，灯亮为"1"，灯不亮为"0"，则显然下面的运算是成立的：

$$0 \cdot 0 = 0$$
$$0 \cdot 1 = 0$$
$$1 \cdot 0 = 0$$
$$1 \cdot 1 = 1$$

(三)"或"逻辑和"或"运算

1. 或逻辑

在图 9−2(a)所示电路中，开关 A 或开关 B 只要有一个闭合，灯就亮。同样，以开关闭合为条件，灯亮为结果，图 9−2(a)所示电路所表达的逻辑关系是：当决定某一种结果(如灯亮)的几个条件(如开关 A 或 B 闭合)中，只要有一个或一个以上的条件具备，这种结果(灯亮)就发生。这种因果关系，就称为或逻辑关系，简称或逻辑，或者叫作逻辑相加。在数字电路中用来表示或逻辑的图形符号如图 9−2(b)所示。

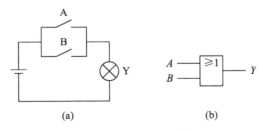

图 9−2　或逻辑关系的电路与符号

2. "或"运算

实现"或"逻辑关系的运算称为"或"运算，运算符号为"＋"。"或"运算又称逻辑加。图 9−2(a)中两个并联开关控制灯的逻辑关系可用下式表示：

$$Y = A + B \qquad (9-2)$$

同样，对于"或"运算，下面等式是成立的：

$$0 + 0 = 0$$
$$0 + 1 = 1$$
$$1 + 0 = 1$$
$$1 + 1 = 1$$

(四)"非"逻辑和"非"运算

1. 非逻辑

在图 9−3(a)所示电路图中，当开关 A 闭合时，灯不亮；当开关 A 断开时，灯就亮。如

果我们仍以开关闭合为条件，灯亮为结果，则电路满足这样一种因果关系：对于决定某一种结果（灯亮）来说，总是和条件（开关 A 闭合）相反。它表明只要条件具备了，结果便不发生；而条件不具备时，结果一定发生。这种因果关系称为非逻辑关系，简称非逻辑或逻辑非，也叫作逻辑求反。在数字电路中用来表示非逻辑的图形符号如图 9 - 3(b)所示。

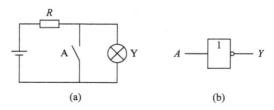

图 9 - 3　非逻辑关系的电路与符号

2. "非"运算

实现"非"逻辑关系的运算称为"非"运算，"非"运算用"‾"表示。这样，图 9 - 3(a)中开关接通和指示灯亮的逻辑关系可表示为

$$Y = \overline{A} \tag{9-3}$$

对于"非"运算，下面等式是成立的：

$$\overline{0} = 1$$
$$\overline{1} = 0$$

(五) 复合逻辑及运算

由与、或、非三种基本逻辑关系的组合可以得到复合逻辑关系，见表 9 - 3。

1. 与非逻辑

将 A、B 先进行与运算，接着将运算结果求反，最后得到的即是 A、B 的与非运算结果，逻辑表达式为

$$Y = \overline{A \cdot B} \tag{9-4}$$

2. 或非逻辑

将 A、B 先进行或运算，接着将运算结果求反，最后得到的即是 A、B 的或非运算结果，逻辑表达式为

$$Y = \overline{A + B} \tag{9-5}$$

3. 与或非逻辑

在与或非逻辑中，A、B 之间以及 C、D 之间都是逻辑与的关系，只要 A、B 或 C、D 在任何一组同时为 1，输出 Y 就是 0；只有当每一组输入都不全是 1 时，输出 Y 才是 1。具体逻辑表达式为

$$Y = \overline{AB + CD} \tag{9-6}$$

4. 异或逻辑

A、B 两变量取值不同时，结果发生，相同时结果不发生。这种因果关系称为异或逻辑。用 0、1 表示的异或逻辑关系也可以表示为

$$Y = A \oplus B = \overline{A}B + A\overline{B} \tag{9-7}$$

其中⊕号表示异或运算，用0、1表示的异或逻辑关系如表9-3所示。

5. 同或逻辑

A、B 两变量取值相同时，结果发生，不相同时结果不发生。这种因果关系称为同或逻辑。用0、1表示的同或逻辑关系也可以表示为

$$Y = A \odot B = AB + \overline{A}\overline{B} \tag{9-8}$$

其中⊙号表示同或运算。异或和同或互为反运算，即 $Y = A \oplus B = \overline{A \odot B}$，$Y = A \odot B = \overline{A \oplus B}$。用0、1表示的同或逻辑关系如表9-3所示。

表9-3 用0、1表示的复合逻辑关系

与非逻辑			或非逻辑			异或逻辑			同或逻辑		
A	B	Y	A	B	Y	A	B	Y	A	B	Y
0	0	1	0	0	1	0	0	0	0	0	1
0	1	1	0	1	0	0	1	1	0	1	0
1	0	1	1	0	0	1	0	1	1	0	0
1	1	0	1	1	0	1	1	0	1	1	1

（六）逻辑运算的基本定律及常用公式

1. 逻辑运算的表示方式

若以逻辑变量作为输入，以运算结果作为输出，那么当输入变量的取值确定之后，输出的取值便随之确定了。因此，输出与输入之间是一种函数关系，这种函数关系称为逻辑函数。常用的逻辑函数表示方式有逻辑真值表、逻辑函数式、逻辑图和波形图等。它们各有特点，而且可以相互转换。

（1）逻辑表达式。逻辑表达式是用各变量之间的与、或、非等运算符号组合来表示逻辑函数的。它是一种代数式表示法。

（2）真值表。真值表是用来描述逻辑函数的输入变量取值组合与输出变量值之间的对应关系的表格。真值表的主要优点是能够直观、明了地反映变量取值和函数值之间的对应关系，而且从实际的逻辑问题列写真值表也比较容易；其主要缺点是变量多时，列写真值表比较烦琐，而且不能运用逻辑代数公式进行函数的化简。

（3）逻辑图。逻辑图就是用若干基本逻辑符号构成的图。逻辑图的输出和输入之间都有一定的逻辑关系，所以逻辑图也是逻辑函数的一种表示方式。由于图中的逻辑符号通常都是和电路器件相对应的，因此逻辑图也叫逻辑电路图。

（4）波形图。若给出输入变量取值随时间变化的波形后，根据函数中变量之间的运算关系，就可以画出输出变量随时间变化的波形。这种反映输入和输出变量对应取值随时间按照一定规律变化的图形，叫作波形图，也称为时序图。

2. 逻辑代数的基本公式

在逻辑代数表达式化简中常用的基本公式如表9-4所示。

表 9 - 4　逻辑代数的基本公式

公式	公式	公式
$A \cdot 1 = A$	$A \cdot B = B \cdot A$	$A \cdot A = A$
$A + 0 = A$	$A + B = B + A$	$A + A = A$
$A \cdot 0 = 0$	$(A \cdot B) \cdot C = A \cdot (B \cdot C)$	$\overline{A \cdot B} = \overline{A} + \overline{B}$
$A + 1 = 1$	$(A + B) + C = A + (B + C)$	$\overline{A + B} = \overline{A} \cdot \overline{B}$
$A + \overline{A} = 1$	$A \cdot (B + C) = A \cdot B + A \cdot C$	$\overline{\overline{A}} = A$
$A \cdot \overline{A} = 0$	$A + B \cdot C = (A + B) \cdot (A + C)$	

3. 几个常用的公式

利用基本公式和三项规则可以推导出一些常用公式,这些公式对于逻辑函数的简化是很有用的。常用的公式有

$$AB + A\overline{B} = A \tag{9-9}$$

$$A + \overline{A}B = A + B \tag{9-10}$$

$$A + AB = A \tag{9-11}$$

$$AB + \overline{A}C + BC = AB + \overline{A}C \tag{9-12}$$

$$\overline{\overline{AB + A\overline{B}}} = \overline{A}\overline{B} + \overline{A}\overline{C} \tag{9-13}$$

$$\overline{AB + \overline{A}B} = A\overline{B} + \overline{A}\overline{C} \tag{9-14}$$

4. 逻辑代数的基本定理

在逻辑代数中,既有与普通代数相同的定理,也有由于只有 0、1 两个取值而特有的定理。

(1)代入定理。在任何一个逻辑等式中,如果将等式两边的某一变量都以一个逻辑函数替代,则等式仍然成立,这就是所谓的代入定理。

(2)反演定理。想求一个逻辑函数 Y 的反函数 $\overline{Y}$ 时,只要将逻辑函数 Y 中所有"·"换成"+","+"换成"·";"0"换成"1","1"换成"0";原变量换成反变量,反变量换成原变量。所得到的逻辑函数式就是逻辑函数 Y 的反函数 $\overline{Y}$。

(3)对偶定理。如果将一个逻辑函数 Y 中的"·"变换为"+";"+"换成"·";"0"换成"1","1"换成"0",所得到的就是逻辑函数 Y 的对偶式,记作 Y',这就是对偶规则。若两逻辑式相等,则它们的对偶式也相等。

5. 逻辑代数的化简

在进行逻辑运算时常会看到,同一个逻辑代数可以写成不同的逻辑表达式,而这些逻辑表达式的繁简程度又相差甚远。逻辑表达式越是简单,它所表示的逻辑关系越明显,同时也有利于用最少的电子器件实现这个逻辑代数。因此,经常需要通过化简的手段找出逻辑代数的最简形式。化简逻辑代数的目的就是要消去多余的乘积项和每个乘积项中多余的因子,以得到逻辑代数的最简形式。通常有公式化简法和卡诺图化简法,这里主要介绍公式化简法。

公式化简法的原理就是反复使用逻辑代数的基本公式和常用公式消去函数式中多余的

乘积项和多余的因子，以得到最简形式。

1）最简的概念

通常直接根据实际逻辑问题而归纳出来的逻辑函数及其对应的逻辑电路往往并非最简，因此，有必要对逻辑函数进行化简。

如图 9-4 所示，逻辑函数 $Y = \overline{A}\overline{B}\overline{C} + \overline{A}\overline{B}C + \overline{A}BC + A\overline{B}\overline{C} + A\overline{B}C$ 若经过化简，则可简化为 $Y = \overline{B} + \overline{A}C$，如图 9-5 所示，可以看出，经过化简的逻辑函数式对应的逻辑图就简单。若用器件来组成电路，那么简化后的电路所用器件较少，输入端引线也少，既经济又可使电路的可靠性得到提高。因此，逻辑代数化简是逻辑电路设计中十分必要的环节。

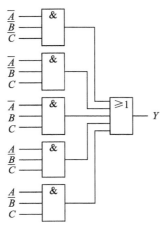

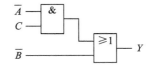

图 9-4　逻辑简化前逻辑图　　　图 9-5　逻辑简化后的逻辑图

2）公式化简法

公式化简法也叫代数化简法，它是运用逻辑代数的基本公式和常用公式来简化逻辑函数。常用方法如下：

（1）并项法。消去一个互补的变量，如 $AB + A\overline{B} = A$。

（2）吸收法。吸收多余的乘积项，如 $A + AB = A$。

（3）消去法。消去多余因子，如 $A + \overline{A}B = A + B$。

（4）配项法。利用 $A = A(B + \overline{B})$ 将表达式中不能直接利用公式化简的某些乘积项变成两项，再用公式化简。

三、逻辑门电路

在数字电路中，根据半导体二极管和晶体管的开关特性，我们可以将半导体二极管和晶体管作为门电路的基本元件，构成基本的逻辑门电路。

与最基本的三种逻辑关系相对应的基本逻辑门电路是与门、或门和非门。

（一）基本逻辑门电路

1. 二极管与门电路

输入变量和输出变量之间满足与逻辑关系的电路叫作与门电路，简称与门。图 9-6 所示为二极管与门电路，与门符号与表达式如图 9-7 所示。其中 A、B 为输入信号，Y 为输出信号。设低电平 $u_{IL} = 0$ V，高电平为 $u_{IH} = 5$ V。与门输入输出信号波形图如图 9-8 所示。

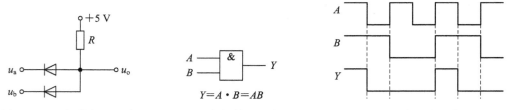

图 9-6　二极管与门电路　　图 9-7　与门符号与表达式　　图 9-8　与门输入输出信号波形图

2. 二极管或门电路

输入变量和输出变量之间满足或逻辑关系的电路叫作或门电路，简称或门。图 9-9 所示为二极管或门电路。或门符号与表达式如图 9-10 所示。或门输入与输出信号波形图如图 9-11 所示。

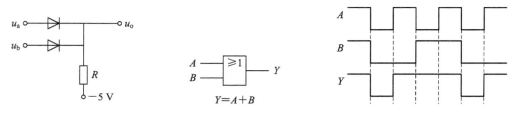

图 9-9　二极管或门电路　　图 9-10　或门符号与表达式　　图 9-11　或门输入输出信号波形图

3. 晶体管非门电路

能实现非逻辑关系的单元电路叫作非门（或叫反相器），如图 9-12 所示。当输入为高电平时，晶体管饱和导通，输出 Y 为低电平，$u_o = 0.3$ V；当输入为低电平即 $u_i = 0.3$ V 时，晶体管截止，输出 Y 为高电平，$u_o = 5$ V。非门的逻辑符号及逻辑表达式如图 9-13 所示，逻辑符号中输出端画有小圆圈是表示"反"或"非"的意思。非门信号输入输出波形如图 9-14 所示，其运算规律为有 1 出 0，有 0 出 1。

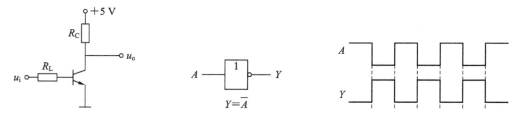

图 9-12　晶体管非门电路　　图 9-13　非门符号及表达式　　图 9-14　非门输入输出信号波形图

以上就是逻辑代数中三种基本的逻辑关系和三种基本的逻辑运算以及与之相对应的三种基本的分立元件逻辑门电路。

（四）复合逻辑门电路

1. 与非门

与非门是由一个与门和一个非门直接相连构成的，其逻辑符号及表达式如图 9-15 所示，运算规律为有 0 出 1，全 1 出 0。

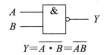

$$Y=\overline{A \cdot B}=\overline{AB}$$

图 9-15 与非门符号及表达式

2. 或非门

或非门是由一个或门和一个非门直接相连构成的，其逻辑符号及表达式如图 9-16 所示，运算规律为有 1 出 0，全 0 出 1。

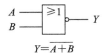

$$Y=\overline{A+B}$$

图 9-16 或非门符号及表达式

3. 与或非门

与或非门的逻辑符号及表达式如图 9-17 所示。

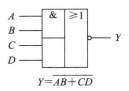

$$Y=\overline{AB+CD}$$

图 9-17 与或非门符号及表达式

4. 异或门

异或门实现"输入不同，输出为 1；输入相同，输出为 0"的逻辑功能，其逻辑符号及表达式如图 9-18 所示。

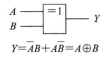

$$Y=\overline{A}B+A\overline{B}=A \oplus B$$

图 9-18 异或门符号及表达式

5. 同或门

同或门实现"输入相同，输出为 1；输入不同，输出为 0"的逻辑功能，其逻辑符号及表达式如图 9-19 所示。

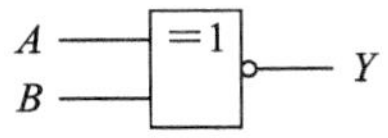

$$Y=\overline{A}\,\overline{B}+AB=A \odot B$$

图 9-19 同或门符号及表达式

四、集成门电路

前述的由分立元器件构成的门电路存在着体积大、可靠性差等缺点，随着电子技术的飞速发展，在实际应用中的门电路都是由集成门电路构成的。与分立元器件门电路相比，集成门电路除了具有高可靠性、微型化等优点外，更突出的优点是转换速度快，而且输入和输出的高、低电平取值相同，便于多级串接使用。集成门电路的种类多，根据制造工艺的不同，集成门电路又分成双极型和单极型两大类。双极型集成门电路又分为 TTL 集成门电路和 HTL 集成门电路。单极型集成门电路是 CMOS 集成门电路。

（一）TTL 集成门电路

TTL 集成门电路是一种单片集成电路，由于这种集成门电路中的输入端和输出端均为晶体管结构，所以称为晶体管-晶体管逻辑（Transistor-Transistor Logic）门电路，简称为 TTL 门电路。从 20 世纪 60 年代第一代产品开发成功以来，现有以下几代产品：

第一代 TTL 包括 SN54/74 系列，（其中 54 系列工作温度为 $-55\sim125℃$，74 系列工作温度为 $0\sim75℃$），低功耗系列简称 LTTL，高速系列简称 HTTL。

第二代 TTL 包括肖特基箝位系列（STTL）和低功耗肖特基系列（LSTTL）。

第三代为采用等平面工艺制造的先进的 STTL（ASTTL）和先进的低功耗 STTL（ALST-TL）。由于 LSTTL 和 ALSTTL 的电路延时和功耗较小，响应速度很快，因此获得了广泛的应用。

为了便于实现各种不同的逻辑函数，在集成门电路的定型产品中常用的有与门、或门、与非门、与或非门和异或门几种常见类型。

（二）CMOS 集成门电路

CMOS 集成门电路是在 TTL 集成门电路问世之后，所开发出的又一种应用广泛的数字集成器件。由于制造工艺的改进，CMOS 集成门电路的响应速度比 TTL 集成门电路高且电路的功耗低、抗干扰能力强，费用较低，因此几乎所有的超大规模存储器件和 PLD 器件都使用 CMOS 集成门电路。CMOS 集成门电路又叫互补型场效应晶体管集成门电路，它的特点是采用了两种不同导电类型的 MOS 场效应晶体管，一种是增强型 P 沟道 MOS 场效应晶体管（PMOS 管），另一种是增强型 N 沟道 MOS 场效应晶体管（NMOS 管），它们组成了互补结构。CMOS 集成门电路品种繁多，包括了各种门电路、编/译码器、触发器、计数器和存储器等上百种器件。从发展趋势来看，CMOS 集成门电路的性能有可能超过 TTL 集成门电路而成为占主导地位的逻辑器件。

CMOS 集成门电路常见系列包括五个系列：一是 CD4000 系列，该系列为基本系列，其响应速度较慢；二是 74HC 系列，其响应速度比 CD4000 系列的提高了近 10 倍；三是 74HCT 系列，该系列与 LSTTL 门电路兼容；四是 LVC 低电压系列；五是 BiCMOS 系列。

几种特殊门电路如下。

1. 集电极开路与非门（OC 门）

有时在实际应用电路中，需要将几个与非门的输出端并联进行线与。即各门的输出均为高电平时，并联输出端才为高电平，而任一个门输出为低电平时，并联输出端为低电平。但是对于具有推拉输出结构的 TTL 与非门，其输出端不允许进行线与连接，因为在这种情况下，当一个门的输出为低电平，而其他门的输出为高电平时，电源将通过并联的各个高电平输出门向低电平输出门灌入一个很大的电流。这不仅会使输出低电平抬高而破坏其逻辑关系，而且还会因流过大电流而损坏低电平的输出门。

为了使门电路的输出端能并联使用，生产了集电极开路与非门，也称为 OC 门。图 9-20 所示为集电极开路与非门的逻辑符号。OC 门可以实现与非逻辑功能，即 $Y = \overline{ABCD}$。在使用 OC 门时，要在电源 U_{CC} 和输出端之间接一个上拉电阻 R_L。

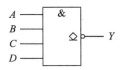

图 9-20 集电极开路与非门

2. 传输门

传输门是一种传输信号的可控开关电路，传输门的逻辑符号如图 9-21 所示。当控制端 $C=1$，$\overline{C}=0$ 时，可以实现信号的双向传递，即 $u_i = u_o$。而 $C=0$，$\overline{C}=1$ 时传输门处于截止状态。

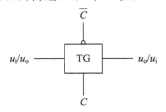

图 9-21 CMOS 传输门的逻辑符号

3. 三态门

所谓三态门，是指与非门的输出有三个状态，即输出高电平、输出低电平和输出高阻状态（因为实际电路中不可能去断它，所以设置这样一个状态使它处于断开状态）。三态门具有推拉输出和集电极开路输出电路的优点，还可以扩大其应用范围。三态门的逻辑符号如图 9-22 所示。

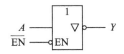

图 9-22 CMOS 三态门逻辑符号

任务二　逻辑门电路的分析

任务目标

掌握逻辑门电路的分析方法；能够分析逻辑门电路的逻辑功能，能够根据给定的逻辑要求，设计出相应的逻辑门电路；能够对设计的逻辑门电路进行电路模拟和验证，以提高逻辑思维与创新能力，并增强实践动手能力。

一、组合逻辑门电路的分析与设计

(一)组合逻辑电路的概念与特点

数字电路可分为两种类型：一类是组合逻辑电路，另一类是时序逻辑电路。组合逻辑电路是指由逻辑门电路组合而成的电路，在电路中信号的传输是单一方向的，无反馈支路，因而任意时刻的输出只与该时刻的输入状态有关，而与以前的输出状态无关，电路无记忆功能。常见的组合逻辑电路有编码器、译码器、全加器、比较器等。

组合逻辑电路的特点：组合逻辑电路不包含记忆元件，在任一时刻的输出状态仅取决于该时刻输入变量取值组合，而与电路以前的状态无关。

组合逻辑电路中不存在输出端到输入端的反馈通路，信号传递是单向的。

(二)组合逻辑电路的分析与设计

1. 组合逻辑电路的分析

组合逻辑电路的分析主要是对给定的组合逻辑电路，写出输出逻辑函数式和真值表并判断电路的逻辑功能。

一般分析步骤如下：

（1）根据给出的逻辑电路图，从输入到输出，逐级写出每一级输出对输入变量的逻辑函数式，最后得到电路的输出逻辑函数；

（2）用公式化简法或卡诺图法将输出逻辑函数式化简到最简；

（3）根据化简后的逻辑表达式列出真值表；

（4）由真值表和化简的逻辑函数式判断组合逻辑电路的逻辑功能，并用相应的文字表达出来。

2. 组合逻辑电路的设计

组合逻辑电路的设计就是根据给定的实际逻辑问题，设计出能实现该逻辑要求的最佳逻辑电路(可以用集成门电路来实现，也可用中规模集成组合逻辑芯片来实现)。组合逻辑电路的设计步骤如图9-23所示。

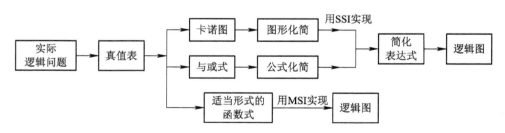

图 9-23 组合逻辑电路的设计步骤

二、常用组合逻辑电路

(一)编码器

在数字系统中，把某些特定意义的信息编成相应二进制代码表述的过程称为编码，能够实现编码操作的数字电路称为编码器。例如十进制数 13 在数字电路中可用编码 1101B 表示，也可用 BCD 码 00010011 表示；再如计算机键盘上面的每一个键对应着一个编码，当按下某键时，计算机内部的编码电路就将该键的电平信号转化成对应的编码信号。

1. 二进制编码器

在数字电路中，将若干个 0 和 1 按一定规律编排在一起组成不同的代码，并将这些代码赋予特定的含义，这就是某种二进制编码。

在编码过程中，要注意确定二进制代码的位数。一般情况，n 位二进制数有 2^n 个状态，可表示 2^n 种特定含义。编码器一般都制成集成门电路，如 74LS148 为 3 位二进制编码器，其输入共有 8 个信号，输出为 3 位二进制代码，故常称为 8 线-3 线编码器。其各输出的逻辑表达式为

$$Y_2 = \overline{\overline{I}_4 \overline{I}_5 \overline{I}_6 \overline{I}_7}$$
$$Y_1 = \overline{\overline{I}_2 \overline{I}_3 \overline{I}_6 \overline{I}_7}$$
$$Y_0 = \overline{\overline{I}_1 \overline{I}_3 \overline{I}_5 \overline{I}_7}$$

用门电路实现的 8 线-3 线编码器逻辑电路如图 9-24 所示。

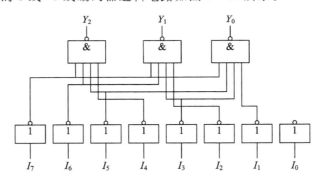

图 9-24　8 线-3 线编码器逻辑电路图

8 个待编码的输入信号 I_0，I_1，$\cdots$，I_7 任何时刻只能有一个为高电平，编码器输出的 3 位二进制编码 $Y_2 Y_1 Y_0$，可以反映不同输入信号的状态。例如输出编码为 001（十进制数 1），说明输入状态 I_1 为高电平，其余均为低电平。在实际应用中，可以把 8 个按钮或开关作为 8 个输入，而把 3 个输出组合分别作为对应的 8 个输入状态的编码，实现 8 线-3 线的编码功能。

2. 二-十进制编码器

二-十进制代码简称 BCD 码，是以二进制代码表示十进制数，它是兼顾人们对十进制计数的习惯和数字逻辑部件易于处理二进制数的特点的。图 9-25 所示为 8421BCD 码编码器逻辑电路图，其中 I_0，I_1，$\cdots$，I_9 为输入端，表示 0，1，$\cdots$，9 十进制数，Y_3、Y_2、Y_1、Y_0 为输出端，代表输入信号的 BCD 编码，图 9-26 所示为 BCD8421 码编码器的逻辑符号。其电路的逻辑表达式为

$$Y_0 = I_1 + I_3 + I_5 + I_7 + I_9$$
$$Y_1 = I_2 + I_3 + I_6 + I_7$$
$$Y_2 = I_4 + I_5 + I_6 + I_7$$

$$Y_3 = I_8 + I_9$$

由图 9-26 可以看出，输入信号为低电平有效，输出信号为反码输出。例如 $\bar{I}_3 = 0$，$\bar{Y}_3\bar{Y}_2\bar{Y}_1\bar{Y}_0 = 1100$（1100 是 3 的 BCD 码 0011 的反码）。

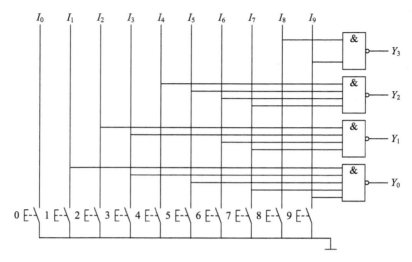

图 9-25　8421BCD 码编码器逻辑电路图

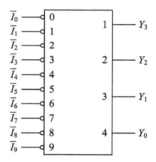

图 9-26　8421BCD 码编码器的逻辑符号

（二）译码器

在数字系统中，为了便于读取数据，显示器件通常以人们所熟悉的十进制数直观地显示结果。因此，在编码器与显示器件之间还必须有一个能把二进制代码译成对应的十进制数的电路，这种翻译过程就是译码，能实现译码功能的逻辑电路称为译码器。显然，译码是编码的逆过程。译码器是一种多输入和多输出电路，它对于输入信号的任意状态，仅有一个输出状态有效，其他输出状态均无效。

下面以二进制译码器和二-十进制译码器为例说明译码器的分析方法。

1. 二进制译码器

二进制译码器是将输入的二进制代码转换成特定的输出信号。二进制译码器的逻辑特点是，若输入为 n 个，则输出信号有 2^n 个，所以也称这种译码器为 n 线-2^n 线译码器，对应每一组输入组合，只有一个输出端有输出信号，其余输出端没有输出信号。例如，常用的 3 位二进制译码器 74LS138，输入代码为 3 位，输出信号为 8 个，故又称为 3 线-8 线译码器。

74LS138 有 3 个输入端 C、B、A，8 个输出端 $\overline{Y_0} \sim \overline{Y_7}$。$C$、$B$、$A$ 三个输入端的八种不同的组合对应 $\overline{Y_0} \sim \overline{Y_7}$ 的每一路输出，例如 C、B、A 为 000 时，$\overline{Y_0} = 0$，$\overline{Y_1} \sim \overline{Y_7} = 1$。$C$、$B$、$A$ 为 001 时，$\overline{Y_1} = 0$，依次类推。74LS138 还有三个允许端 E_3、$\overline{E_1}$、$\overline{E_2}$，只有 E_3 端为高电平、$\overline{E_2}$ 和 $\overline{E_1}$ 为低电平时，该译码器才进行译码。图 9-27 和图 9-28 所示分别为 74LS138 的外引线排列图和逻辑符号。

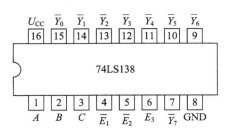

图 9-27　74LS138 外引线排列图

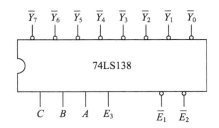

图 9-28　74LS138 逻辑符号

在计算机系统中经常使用 3 线-8 线译码器进行地址译码。

2. 二-十进制译码器

将二-十进制代码翻译成十进制数信号的电路称为二-十进制译码器，图 9-29 为其逻辑电路图。

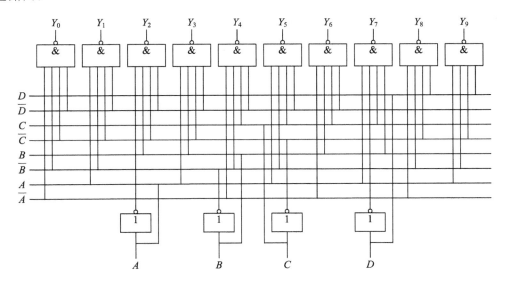

图 9-29　二-十进制译码器逻辑电路图

由电路图可以得到译码输出逻辑表达式：

$$Y_0 = \overline{\overline{D}\,\overline{C}\,\overline{B}\,\overline{A}}, \quad Y_1 = \overline{\overline{D}\,\overline{C}\,\overline{B}\,A}, \quad Y_2 = \overline{\overline{D}\,\overline{C}\,B\,\overline{A}}, \quad Y_3 = \overline{\overline{D}\,\overline{C}\,B\,A}, \quad Y_4 = \overline{\overline{D}\,C\,\overline{B}\,\overline{A}}$$

$$Y_5 = \overline{\overline{D}\,C\,\overline{B}\,A}, \quad Y_6 = \overline{\overline{D}\,C\,B\,\overline{A}}, \quad Y_7 = \overline{\overline{D}\,B\,C\,A}, \quad Y_8 = \overline{D\,\overline{C}\,\overline{B}\,\overline{A}}, \quad Y_9 = \overline{D\,\overline{C}\,\overline{B}\,A}$$

3. 数码显示译码器

在数字电路中，常常把所测量的数据和运算结果用十进制数显示出来，这首先要对二进制数进行译码，然后由译码器驱动相应的显示器件显示出来。可以说显示译码器是由译码器、驱动器组成的。

1）七段数码管

显示器件有半导体发光二极管（LED）、液晶显示管（LCD）和荧光数码显示器等。它们都是由七段可发光的字段组合而成的，组字的原理相同，但发光字段的材料和发光的原理不同。下面以发光二极管（LED）数码管为例，说明七段数码管的组字原理。

LED 数码管将十进制数码分成七个字段，每段为一个发光二极管，引脚排列如图 9-30（a）所示，其字形结构如图 9-30（b）所示。选择不同字段发光，可显示出不同字形。当 a、b、c、d、e、f、g 七个字段全亮时，显示数字 8；b、c 段亮时，显示数字 1；a、b、g、e、d 段亮时，显示数字 2；以此方式类推，可得到其余数字 3～9。数码管显示的数字如图 9-31 所示。

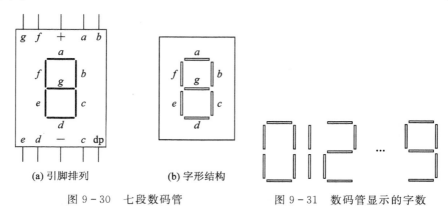

（a）引脚排列　　（b）字形结构

图 9-30　七段数码管

图 9-31　数码管显示的字数

半导体数码管中七个发光二极管有共阴极和共阳极两种接法，如图 9-32 所示。电路中电阻的阻值为 100 Ω。对于共阳极数码管，a、b、c、d、e、f、g 接低电平 0 时，相应的发光二极管发光；接高电平 1 时，相应的发光二极管不发光。对于共阴极发光二极管，a、b、c、d、e、f、g 接高电平 1 时，相应的发光二极管发光；接低电平 0 时，相应的发光二极管不发光。例如，共阴极数码管显示数字 1，应使 $abcdefg=0110000$；若用共阳极数码管显示 1，应使 $abcdefg=1001111$。因此，驱动数码管的译码器也分为共阴极和共阳极两种。使用时译码器应与数码管的类型相对应，共阳极译码器驱动共阳极数码管，共阴极译码器驱动共阴极数码管。否则，显示的数字就会产生错误。

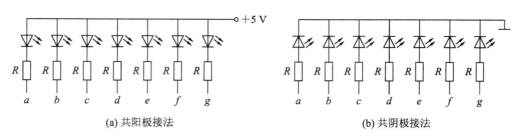

（a）共阳极接法　　　　　　　　　　　（b）共阴极接法

图 9-32　半导体数码管内部电路

2）七段显示译码器

七段显示译码器的作用是将 4 位二进制代码（8421BCD 码）代表的十进制数字，翻译成显示器输入所需要的七位二进制代码($abcdefg$)，以驱动显示器显示相应的数字。因此常把这种译码器称为"代码变换器"。

七段显示译码器，常采用集成门电路。常见的有 T337 型（共阴极）、T338 型（共阳极）等。图 9-33 所示为 T337 型显示译码器的引脚排列图。表 9-5 所示为它的逻辑功能表，表中 0 指低电平，1 指高电平，×指任意电平。I_B 为消隐（灭灯）输入端，高电平有效，即 $I_B=1$ 时，显示译码器可以正常工作；$I_B=0$ 时，显示译码器熄灭，不工作。U_{CC} 通常取 +5 V。

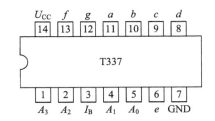

图 9-33　T337 型显示译码器引脚排列图

表 9-5　T337 型七段显示译码器逻辑功能表

输　　入					输　　　出							数字
I_B	A_3	A_2	A_1	A_0	a	b	c	d	e	f	g	
0	×	×	×	×	0	0	0	0	0	0	0	0
1	0	0	0	0	1	1	1	1	1	1	0	0
1	0	0	0	1	0	1	1	0	0	0	0	1
1	0	0	1	0	1	1	0	1	1	0	1	2
1	0	0	1	1	1	1	1	1	0	0	1	3
1	0	1	0	0	0	1	1	0	0	1	1	4
1	0	1	0	1	1	0	1	1	0	1	1	5
1	0	1	1	0	1	0	1	1	1	1	1	6
1	0	1	1	1	1	1	1	0	0	0	0	7
1	1	0	0	0	1	1	1	1	1	1	1	8
1	1	0	0	1	1	1	1	1	0	1	1	9

（三）加法器

加法器是数字系统中的一个常见逻辑部件，也是计算机运算的基本单元。加法是最基本的数值运算，实现加法运算的电路称为加法器，它主要由若干个全加器组成。

1. 半加器

半加器是用来完成两个 1 位二进制数半加运算的逻辑电路，即运算时不考虑低位送来的进位，只考虑两个本位数的相加。

设半加器的被加数为 A，加数为 B，和为 S，向高位的进位为 CO，则半加器的真值表如表 9-6 所示。由真值表可得出半加器的逻辑函数表达式为

$$CO = AB$$
$$S = \overline{A}B + A\overline{B} = A \oplus B$$

表9-6 半加器真值表

输	入	输	出
A	B	CO	S
0	0	0	0
0	1	0	1
1	0	0	1
1	1	1	0

由逻辑函数表达式可画出半加器的逻辑电路图,如图9-34所示,半加器的逻辑符号如图9-35所示。

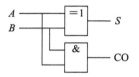 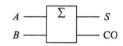

图9-34 半加器逻辑电路　　　　图9-35 半加器逻辑符号

半加器只是解决了两个1位二进制数相加的问题,没有考虑来自低位的进位。而实际问题中所遇到的多位二进制数相加运算,往往必须同时考虑低位送来的进位,显然半加器不能实现多位二进制数的加法运算。

2. 全加器

全加器是用来完成两个1位二进制数全加运算的逻辑电路,运算时除了两个本位数相加外,还要考虑低位送来的进位。

设全加器的被加数为A,加数为B,低位送来的进位为CI,本位和为S,向高位的进位为CO,则全加器的真值表如表9-7所示。

表9-7 全加器真值表

输	入		输	出
A	B	CI	CO	S
0	0	0	0	0
0	0	1	0	1
0	1	0	0	1
0	1	1	1	0
1	0	0	0	1
1	0	1	1	0
1	1	0	1	0
1	1	1	1	1

由真值表得到的逻辑表达式为

$$S = \overline{A}\overline{B}CI + \overline{A}B\overline{CI} + AB\overline{CI} + ABCI$$

$$CO = \overline{A}BCI + A\overline{B}CI + AB\overline{CI} + ABCI$$

全加器的逻辑函数表达式比较复杂，因此逻辑电路图也比较复杂，这里不做描述，仅给出全加器的逻辑符号，如图 9-36 所示。

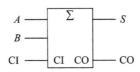

图 9-36　全加器逻辑符号

（四）比较器

在数字控制设备中，经常需要对两个数字量进行比较，例如，一个温控恒温机构，要求恒温于某个温度 B，若实际温度 A 低于 B，需要继续升温；当 $A=B$ 时，维持原有温度；若实际温度 A 高于 B 时，则停止加热，即切断电源。这里需要先将温度转换成数字信号，然后进行比较，由比较结果去控制执行机构，确定是接通还是切断电源。这种用来比较两个数字的逻辑电路称为数字比较器。只比较两个数字是否相等的数字比较器称为同比较器；不仅比较两个数是否相等，还比较两个数字大小的比较器称为大小比较器。

下面以 1 位二进制比较器为例进行介绍。

设 A、B 是两个 1 位二进制数，比较结果为 E、H、L。E 表示 $A=B$，H 表示 $A>B$，L 表示 A 为 1 时，E、H 为 0。1 位比较器的真值表如表 9-8 所示。

表 9-8　一位比较器真值表

输　　入		输　　出		
A	B	E	H	L
0	0	1	0	0
0	1	0	0	1
1	0	0	1	0
1	1	1	0	0

由表 9-8 的真值表可以看出逻辑关系为

$$E = \overline{A},$$

$$\overline{B} + AB = \overline{\overline{\overline{AB} \cdot \overline{AB}}}$$

$$= \overline{(A+B)(\overline{A}+\overline{B})} = \overline{A\overline{B} + \overline{A}B}$$

$$= \overline{A \oplus B},$$

$$H = A\overline{B}, \qquad L = \overline{A}B$$

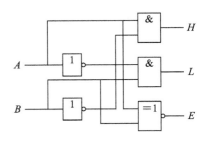

图 9-37 所示为 1 位二进制比较器逻辑电路。

图 9-37　1 位二进制比较器逻辑电路

实验 数码显示器的制作与调试

（一）实验目的

（1）掌握编码器、译码器、显示器的电路连接及工作原理。

（2）掌握 74LS147 集成编码器、74LS138 集成译码器、74LS47 译码/驱动器的使用、引脚定义及测量方法。

（二）实验器材

电子技术综合试验台、万用表、74LS147 集成编码器、74LS47 译码/驱动器、T337 共阳极数码显示器、发光二极管（红色）、与非门 74LS20、按钮开关、六非门 74LS04、导线。

（三）实验内容与步骤

（1）熟悉 74LS147 集成编码器、74LS47 译码/驱动器、T337 共阳极数码显示器、与非门 74LS20、六非门 74LS04 等器件的引脚排列。

编码器的外引线排列图和逻辑符号如图 9-38 和图 9-39 所示。

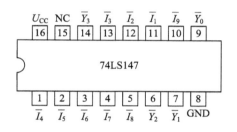

图 9-38 74LS147 外引线排列图

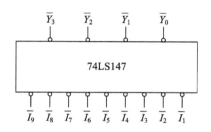

图 9-39 74LS147 逻辑符号

74LS147 编码器测试：74LS147 的 $I_0 \sim I_9$ 为数据输入端（低电平有效）；$Y_3 \sim Y_0$ 为编码输出端。将 74LS147 的输入端分别与十个按钮开关相接，按钮开关的另一端与地相接，74LS147 的输出端分别接三个发光二极管的阴极，三个发光二极管的阳极统一接到 +5 V 电源上。然后分别按下输入端的八个按钮开关，给输入端输入信号，观察输出端发光二极管的点亮情况是否与输入信号编码相一致（注意是反码输出）。最后根据所观测到的情况，自行画出连接电路图，并编写 74LS147 的功能表。

74LS47 为七段共阳极译码/驱动器，74LS47 用来驱动共阳极的数码管，其引脚排列如图 9-40 所示。

74LS47 的输出为低电平有效，即输出为 0 时，对应字段点亮；输出为 1 时，对应字段熄灭。该译码器能够驱动七段显示器显示 0～9 及 A～F 共 16 个数字的字形。输入端 A_3、A_2、

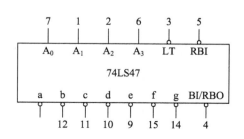

图 9-40 74LS47 引脚排列

A_1 和 A_0 接收 4 位二进制码，输出端 13、12、11、10、9、15 和 14 引脚分别驱动七段显示器的 a、b、c、d、e、f 和 g 段。

T337 为共阳极显示器，引脚排列如图 9 - 33 所示。

74LS04 六非门引脚排列如图 9 - 41 所示。

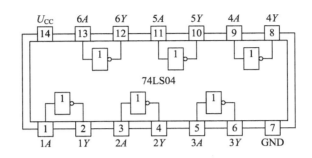

图 9 - 41　74LS04 六非门引脚排列

（2）绘制各个环节的电路图，简要说明各个环节的作用。

（3）按图 9 - 42 所示电路图绘制引脚连接工艺图。

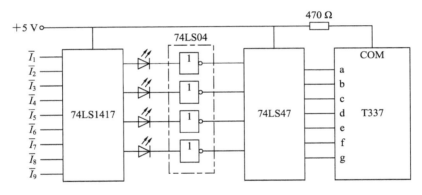

图 9 - 42　编码、译码和显示电路原理图

（4）将 74LS147、74LS04、74LS47 和数码管按照图 9 - 42 所示的电路进行连接，组成编码、译码、显示电路。

（5）仔细认真检查已连接好的电路，确认无误后通电实验。

（6）利用开关控制 74LS147 输入端的状态，观察 4 个发光二极管的发光状态，再观察七段数码显示管所显示的数字是否与输入信号一致，从而验证 74LS147、74LS47 的逻辑功能。

（四）思考题

（1）如何测试一个数码管的好坏？

（2）将编码器、译码器和七段数码管连接起来，接通电源后数码管显示 0，试通过设计去掉 0 显示，使在没有数据输入时，数码管无显示，请画出电路图。

（3）74LS47 的引脚 LT、BI/RBO、RBI 功能是什么？

习 题

（一）填空题

1. 在时间上和数值上均连续变化的电信号称为_____信号；在时间上和数值上离散的信号叫作_____信号。

2. 一种进位计数包含两个基本因素：_____和_____。

3. 将十进制数 175 转换成二进制数为_____、十六进制为_____、八进制为_____。

4. 数字逻辑电路可以分为_____和_____两大类。时序逻辑电路可以分为_____和_____两大类。

5. 当决定一事件的条件中，只要具备一个条件，事件就会发生，这种关系称为_____逻辑关系，或称为_____关系。

6. 数字电路中，输入信号和输出信号之间的关系是_____关系，所以数字电路也称为_____电路。在_____关系中，最基本的关系是_____、_____和_____关系，对应的电路称为_____门、_____门和_____门。

7. 在正逻辑的约定下，"1"表示_____电平，"0"表示_____电平。

8. 译码是_____的逆过程，它将_____转换成_____。译码器有多个输入和多个输出端，每输入一组二进制代码，只有_____个输出端有效。n 个输入端最多可有_____个输出端。

9. 译码显示电路由显示译码器、_____和_____组成。

10. 译码器分成_____和_____两大类。

11. 使用共阴接法的 LED 数码管时，"共"端应接_____ $a \sim g$ 应接输出_____有效的显示译码器；使用共阳接法的 LED 数码管时，"共"端应接_____，$a \sim g$ 应接输出_____有效的显示译码器，这样才能显示 $0 \sim 9$ 十个数字。

（二）选择题

1. 二进制数只有（　　）两种数码。

A. 1 和 2 　　　　B. −1 和 1 　　　　C. 0 和 1 　　　　D. 0 和 2

2. 将二进制数 $(1001)_2$ 转换为十进制数是（　　）。

A. 2 　　　　B. 1001 　　　　C. 18 　　　　D. 9

3. 要使或门输出恒为 1，可将或门的一个输入端始终接（　　）。

A. 0 　　　　B. 1 　　　　C. 0、1 都可 　　　　D. 输入端并联

4. 逻辑函数中的逻辑"与"和它对应的逻辑代数运算关系为（　　）。

A. 逻辑加 　　　　B. 逻辑乘 　　　　C. 逻辑非 　　　　D. 以上都不对

5. 十进制数 100 对应的二进制数为（　　）。

A. 1011110 　　　　B. 1100010 　　　　C. 1100100 　　　　D. 1000100

6. 数字电路中机器识别和常用的数制是（　　）。

A. 二进制　　　　　B. 八进制　　　　　C. 十进制　　　　　D. 十六进制

7. 一个两输入端的门电路，当输入为 1 和 0 时，输出不是 1 的门是（　　）。

A. 与非门　　　　　B. 或门　　　　　C. 或非门　　　　　D. 异或门

8. 和逻辑式 $\overline{AB}$ 表示不同逻辑关系的逻辑式是（　　）。

A. $\overline{A}+\overline{B}$　　　B. $\overline{A}\cdot\overline{B}$　　　C. $\overline{A}\cdot B+\overline{B}$　　　D. $A\overline{B}+\overline{A}$

9. 输出信号仅由输入信号决定，与电路当前状态无关的数字电路，叫（　　）。

A. 逻辑门电路　　　B. 集成门电路　　　C. 组合逻辑电路　　D. 时序逻辑电路

10. 输出信号不仅由输入信号决定，还与电路当前状态有关的数字电路，叫（　　）。

A. 逻辑门电路　　　B. 集成门电路　　　C. 组合逻辑电路　　D. 时序逻辑电路

11. 在数字系统中，把某些特定意义的信息编成相应二进制代码表述的过程称为（　　）。

A. 译码　　　　　B. 编码　　　　　C. 数值转换　　　　D. 数据处理

12. 能把二进制代码译成对应的十进制数的电路，这种翻译过程就是（　　）。

A. 译码　　　　　B. 编码　　　　　C. 数值转换　　　　D. 数据处理

13. 七段数码显示器是由（　　）个发光二极管构成的。

A. 1 个　　　　　B. 2 个　　　　　C. 5 个　　　　　D. 7 个

14. 如果对键盘上 108 个符号进行二进制编码，则至少要（　　）位二进制数码。

A. 1 位　　　　　B. 2 位　　　　　C. 5 位　　　　　D. 7 位

15. 全加器是用来完成两个 1 位二进制数全加运算的逻辑电路，即运算时不仅考虑两个本位数的相加，还要考虑低位送来的进位，故全加器有（　　）个输入，两个输出。

A. 3　　　　　　B. 2　　　　　　C. 5　　　　　　D. 7

（三）判断题

1. C 是十六进制数码之一。　　　　　　　　　　　　　　　　　　　　（　　）

2. 逻辑代数又称布尔代数，是研究数字电路的基本工具。　　　　　　　　（　　）

3. 逻辑电路的基本逻辑关系只有与逻辑。　　　　　　　　　　　　　　（　　）

4. 逻辑电路的复合逻辑是指由基本逻辑复合而成的逻辑关系。　　　　　　（　　）

5. 构成数字电路的基本单元是逻辑门电路。　　　　　　　　　　　　　（　　）

6. 基本逻辑门是指能够实现与、或、非等基本逻辑关系的门电路。　　　　（　　）

7. 组合逻辑电路的输出信号仅由输入信号决定，与电路以前状态无关。　　（　　）

8. 用 4 位二进制数码表示十进制数的编码方式，简称 BCD 编码。　　　　（　　）

9. 译码器是编码器的逆过程。　　　　　　　　　　　　　　　　　　　（　　）

10. 编码器是译码器的逆过程。　　　　　　　　　　　　　　　　　　（　　）

11. 54/74LS138 是输出高电平有效的 3 线-8 线译码器。　　　　　　　　（　　）

12. 当共阳极 LED 数码管的七段（$a\sim g$）阴极电平依次为 1101101 时，数码管将显示数字 1。　　　　　　　　　　　　　　　　　　　　　　　　　　　　　（　　）

13. 74LS148 是一个典型的优先译码器。　　　　　　　　　　　　　　　（　　）

14. 译码器 n 个输入端最多可有 2^n 个输出端。　　　　　　　　　　　（　　）

（四）解答题

1. 用代数法将函数 F 化为最简与或式：

$$F = AC + ADE + \overline{C}D$$
$$F = AB + ABD + \overline{A}C + BCD$$
$$F = AB + \overline{A}B + \overline{B}C + BCD$$

2. 写出表9-9真值表所对应的逻辑代数表达式，并说明是哪种逻辑关系及其功能。

表9-9 真值表

A	B	F
0	0	0
0	1	0
1	0	0
1	1	1

3. 时序逻辑电路和组合逻辑电路的根本区别是什么？同步时序电路与异步时序电路有何不同？

4. 试分析图中9-43所示组合逻辑电路的逻辑功能，列出真值表并写出函数表达式，说明逻辑功能。

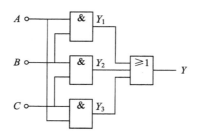

图9-43 解答题4图

5. 某个车间有红、黄两个故障指示灯，用来表示三台设备的工作情况。如一台设备出现故障，则黄灯亮；如两台设备出现故障，则红灯亮；如三台设备同时出现故障，则红灯和黄灯都亮。试用与非门和异或门设计一个能实现此要求的逻辑电路。

（1）列真值表。

（2）写出逻辑表达式。

（3）根据表达式特点将其化成与逻辑非式或异或式。

（3）根据化成的表达式画出逻辑图。

项目十
时序逻辑电路的分析与应用

知识目标

（1）了解时序逻辑电路的特点，学会时序逻辑电路的分析方法。
（2）了解基本 RS 触发器的电路组成。
（3）了解同步 RS 触发器的特点、时钟脉冲的作用及其逻辑功能。
（4）熟悉 JK 触发器、D 触发器的电路符号和逻辑功能，了解边沿触发方式的特点。
（5）了解寄存器的功能、基本构成和常见类型。
（6）理解寄存器、计数器的工作原理，了解二进制、十进制等典型集成计数器的外特性。

技能目标

（1）能实现 RS、JK、D、T 触发器的逻辑功能。
（2）会搭接十进制计数器的电路。

思政目标

（1）坚定精益求精的工匠精神；
（2）提升团队协作精神与沟通能力；
（3）树立科技报国的家国情怀；
（4）强化创新思维与实践能力。

任务一　触发器的结构及工作原理分析

任务目标

　　理解触发器的基本概念，掌握触发器的分类，熟悉触发器的电路结构；能够分析触发器在不同输入信号和时钟信号作用下的工作状态变化，理解触发器的触发条件、触发时刻以及触发后的状态更新过程；能根据实际需求选择合适的触发器类型，并设计触发器电路以实现特定的逻辑功能，以提升电路分析与设计能力。

一、时序逻辑电路的认识

数字电路按逻辑功能和电路组成的特点不同可分为两大类，一类是前面所介绍的组合逻辑电路，另一类就是时序逻辑电路。

在数字电路中，任意时刻的稳定输出不仅取决于该时刻的输入，而且还和电路原来状态有关的电路叫时序逻辑电路，简称时序电路。

时序电路的输出状态既然与电路的原来状态有关，那么构成时序电路就必须有存储电路，而且存储电路的输出状态还必须与输入信号共同决定时序电路的输出状态。

构成时序电路的基本单元是触发器，可以说触发器是功能最简单的时序逻辑电路。在数字电路中，基本的工作信号是二进制数字信号和两状态逻辑信号，而触发器就是存放这些信号的逻辑单元。由于二进制数字信号和两状态逻辑信号都只有 0、1 两种可能取值，即都具有两种状态性质，所以对作为存放这些信号的基本单元——触发器的基本要求是：

（1）应该具有两个稳定状态——0 状态和 1 状态，以正确表征其存储的内容。

（2）能够接收、保存和输出信号。

值得注意的是：这里的 0 与 1 不表示信号的大小，只表示信号的状态。

触发器接收信号之前的状态叫作现态，用 Q^n 表示；触发器接收信号之后的状态叫作次态，用 Q^{n+1} 表示。现态和次态是两个相邻时间里触发器的状态。

触发器按结构可分为基本触发器、同步触发器、主从触发器和边沿触发器；按逻辑功能可以分为 RS 触发器、JK 触发器、D 触发器和 T 触发器等；按使用的开关元件分为 TTL 触发器和 CMOS 触发器。

二、基本 RS 触发器

（一）电路组成及逻辑符号

用两个与非门的输出端和输入端交叉反馈相接就构成了基本 RS 触发器，如图 $10-1$(a) 所示。Q，$\overline{Q}$ 表示触发器的状态，它们有两种稳定状态，它们是两个互补的信号，即 $Q=0$，$\overline{Q}=1$，或 $Q=1$，$\overline{Q}=0$，所以基本 RS 触发器也称双稳态触发器。$\overline{R}$、$\overline{S}$ 是信号输入端，字母上面的"－"表示低电平有效，即 $\overline{R}$、$\overline{S}$ 端为低电平时表示有信号，为高电平时表示无信号。$\overline{R}$、$\overline{S}$ 分别称为置"0"和"1"端，即 $\overline{R}$ 端有效时，Q 端输出 0，$\overline{S}$ 端有效时，Q 端输出 1。

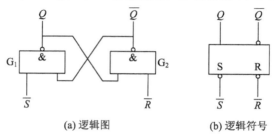

(a) 逻辑图　　　　　　　(b) 逻辑符号

图 $10-1$　基本 RS 触发器的电路及逻辑符号

图 10-1(b)是基本 RS 触发器的逻辑符号，输入端的小圆圈表示低电平有效，这是一种约定，只有当所加信号的实际电压为低电平才表示有信号，否则就是无信号。两个输出端 Q，$\bar{Q}$，一个无圈，一个有圈，在正常工作情况下，两个信号状态是互补的，即一个是高电平，另一个就是低电平，反之亦然。

(二)工作原理

1) 电路的两个稳定状态

在没有输入信号即 $\bar{R}=\bar{S}=1$ 时，电路有两个稳定状态——0 状态和 1 状态。将触发器输出 $Q=0$，$\bar{Q}=1$ 的状态称为 0 状态；输出 $Q=1$，$\bar{Q}=0$ 的状态称为 1 状态，即以触发器 Q 端的状态为触发器状态。

在 0 状态时，由于 $Q=0$ 送到 G_2 输入端使其截止，保证了 $\bar{Q}=1$，而 $\bar{Q}=1$ 又反馈到 G_1 的输入端和 $\bar{S}=1$ 一起使门 G_1 导通，维持 $Q=0$，因此电路能自动保持 0 状态(无信号)。同理，电路在 1 状态时也能够自动保持。

2) 接收信号的过程

假如触发器处在 0 状态时，在 $\bar{S}$ 端送一个信号——加一个负脉冲(即低电平)，则电路将迅速地转换，翻转到 1 状态。因为在 $\bar{S}$ 端加上负脉冲后，门 G_1 由导通变截止，Q 由 0 变为 1，而门 G_2 由截止变导通，$\bar{Q}$ 由 1 变为 0，触发器便完成了由 0 状态到 1 状态的转换。此时即使撤销信号，由于 $\bar{Q}=0$ 已经反馈送到 G_1 的输入端，触发器也能保持 1 状态，不会返回 0 状态。因此常把加在输入端的负脉冲叫作触发脉冲。假如触发器处在 1 状态时，在 $\bar{R}$ 端送入一个信号——加一个负脉冲，则电路的工作情况类似，触发器由 1 状态翻转到 0 状态。

由于在 $\bar{S}$ 端加信号仅将触发器置成 1 状态，而 $\bar{R}$ 端加信号仅将触发器置成 0 状态，因此，我们把 $\bar{S}$ 端称为置位端(或置 1 端)，把 $\bar{R}$ 端称为复位端(或置 0 端)。

由与非门的基本特性可知，当 $\bar{R}=\bar{S}=0$，$\bar{Q}$、Q 将同时为 1。作为基本存储单元来说，这既不是 0 状态，也不是 1 状态，没有意义。当 $\bar{R}$、$\bar{S}$ 同时由 0 变为 1 信号撤销时，触发器转换到何种状态不能确定，可能是 0，也可能是 1。这取决于两个与非门动态特性的微小差异和当时的干扰情况等一些无法确定因素。当信号同时撤销时，触发器状态取决于后撤销的信号。

(三)逻辑功能

基本 RS 触发器的功能表如表 10-1 所示。

表 10-1　基本 RS 触发器的功能表

$\bar{S}$	$\bar{R}$	Q^{n+1}	备 注
0	1	1	置 1
1	0	0	置 0
1	1	Q^n	保持
0	0	不定	不允许

（四）函数表达式

基本 RS 触发器的逻辑函数为

$$\begin{cases} Q^{n+1} = S + \overline{R}Q^n \\ RS = 0 \end{cases} \text{（约束条件）}$$

（五）时序图

时序图是指描述触发器次态和现态及输入的关系的波形图。已知 $\overline{R}$、$\overline{S}$ 输入波形，可画出 Q 和 $\overline{Q}$ 端对应的波形（见图 10-2）。

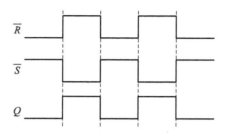

图 10-2　基本 RS 触发器波形图

（六）电路特点

基本 RS 触发器电路简单，可存储二进制代码，是构成各种性能更完善的触发器的基础，但是存在直接控制的缺点，即在信号存在期间直接控制着输出端的状态，使用局限性大，且输入信号 R、S 之间有约束。

三、同步 RS 触发器

（一）电路组成及逻辑符号

基本 RS 触发器直接由输入信号控制着输出端的状态，这不仅使电路的抗干扰能力下降，而且也不便于多个触发器同步工作。同步 RS 触发器可以克服基本 RS 触发器直接控制的缺点。

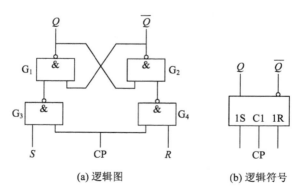

(a) 逻辑图　　　　(b) 逻辑符号

图 10-3　同步 RS 触发器逻辑图与逻辑符号

如图 10-3(a) 所示，G_1、G_2 构成基本 RS 触发器，G_3、G_4 是控制门，输入信号 R、S 通过控制门进行传送，CP 为时钟脉冲，是输入控制信号。图 10-3(b) 为同步 RS 触发器逻辑符号。

(二) 工作原理

从图 10-3(a)所示电路可明显看出，CP＝0 时，控制门 G_3、G_4 被封锁，基本 RS 触发器保持原状态不变。只有当 CP＝1 时，控制门被打开后，输入信号才会被接收，而且工作情况与图 10-1(a)所示电路没有什么区别。因此，同步 RS 触发器的 Q^{n+1} 的值和 R、S、Q^n 三个变量之间逻辑关系的特征方程和特性表，与基本 RS 触发器的相同，只不过它们有效的条件是 CP＝1。

(三) 逻辑功能

同步 RS 触发器的功能表如表 10-2 所示。

表 10-2　同步 RS 触发器的功能表

R	S	Q^{n+1}	说　明
0	0	Q^n	记忆、存储
1	0	0	置0、复位
0	1	1	置1、置位
0	0	不定	不允许

(四) 函数表达式

同步 RS 触发器的逻辑函数为

$$\begin{cases} Q^{n+1} = S + \bar{R}Q^n \\ RS = 0 \end{cases} \quad (\text{约束条件，CP＝1 期间有效})$$

(五) 电路特点

同步 RS 触发器有两个重要特点：

(1) 触发器受时钟电平控制。

在 CP＝1 期间触发器接收信号，CP＝0 时触发器保持状态不变。多个这样的触发器可在同一个时钟脉冲控制下同步工作，这给用户带来了方便，而且其抗干扰能力比基本 RS 触发器强得多。

(2) R、S 之间有约束。

同步 RS 触发器在使用过程中，如果违反了 $RS = 0$ 的约束条件，则可能出现以下情况：在 CP＝1 期间，若 $R = S = 1$，则将出现 Q 和 $\bar{Q}$ 同时输出高电平的不正常情况；若 R、S 分时撤销，则触发器的状态取决于后撤销者；若 R、S 同时从 1 跳变到 0，则会出现输出结果不能确定的情况；若 $R = S = 1$ 时，CP 脉冲突然撤销，即由 1 变到 0，也会出现输出结果不能确定情况。

(六) 时序图

若已知 R、S 的输入波形，则可画出 Q 和 $\bar{Q}$ 端对应的波形(见图 10-4)。

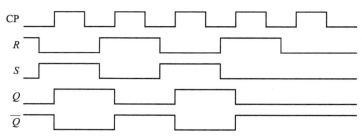

图 10-4　同步 RS 触发器波形图

四、主从 JK 触发器

(一) 电路与逻辑符号

主从 JK 触发器的逻辑图及其逻辑符号如图 10-5 所示。

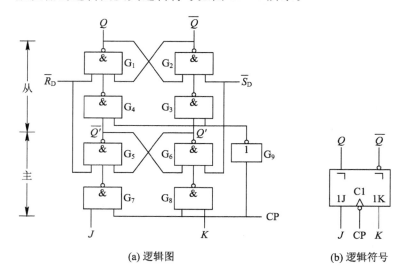

(a) 逻辑图　　　　　　　　(b) 逻辑符号

图 10-5　主从 JK 触发器

图 10-5 中 $\overline{S}_D$、$\overline{R}_D$ 端是触发器直接置位、复位端。如令 $\overline{S}_D=0$，$\overline{R}_D=1$，则不管 J、K、CP 状态如何，触发器置 1；反之，令 $\overline{R}_D=0$，$\overline{S}_D=1$，触发器直接置 0，不受 CP 同步控制。可以用 $\overline{S}_D$、$\overline{R}_D$ 端预置触发器的初始状态。

值得注意的是，触发器初态预置完成后，$\overline{S}_D$、$\overline{R}_D$ 端必须保持 1 状态(或悬空)。CP 输入端上的小圆圈表示触发器输出端状态的变化发生在 CP 脉冲的下降沿。$\overline{S}_D$、$\overline{R}_D$ 端上的小圆圈表示低电平有效。

此外，有的 JK 触发器的 J、K 端可有多个 J、K，如 J_1 和 J_2，K_1 和 K_2，它们的关系为 $J=J_1J_2$，$K=K_1K_2$。

(二) 工作原理

当 CP=1 时，G_3、G_4 被封锁，从触发器保持原状态不变。同时 G_7、G_8 被开启，J、K 和 Q，$\overline{Q}$ 的状态决定主触发器的状态。主触发器状态一旦改变成与从触发器状态相反时，就不会再翻转了。

当 CP 从 1 变成 0，G_3、G_4 开启，主触发器的状态决定了从触发器的 Q，$\overline{Q}$ 状态，同时 G_7、G_8 被封锁，J、K 输入信号无效，即在 CP＝0 期间，主触发器不动作，抑制了干扰信号。

可见图 10－5(a)所示主从 JK 触发器是利用 CP＝1 和 CP 下降沿分别控制数据的存入和输出。这种触发方式称为主从方式。当将该触发器接成计数型时，不会造成空翻现象，因为 Q，$\overline{Q}$ 变化时 CP＝0 封锁了主触发器。

(三) 函数表达式

主从 JK 触发器的逻辑函数为

$$Q^{n+1} = J\overline{Q^n} + \overline{K}Q^n \quad \text{（CP 下降沿到来时有效）}$$

(四) 逻辑功能

主从 JK 触发器的逻辑功能如表 10－3 所示。

表 10－3　主从 JK 触发器的逻辑功能表

J	K	Q^{n+1}	说明
0	0	Q^n	不变、记忆
0	1	0	置 0
1	0	1	置 1
1	1	$\overline{Q^n}$	翻转、计数

(五) 主要特点

主从 JK 触发器的主要特点如下：

(1) 主从控制脉冲触发，J、K 之间没有约束，触发器功能完善，是一种应用起来十分灵活和方便的时钟触发器。

(2) 存在一次变化问题，因此抗干扰能力还需提高。一次变化问题即触发器的误反，指的是在主从触发器中触发器不按照 CP 下降沿时的 J、K 值而产生的错误反转（它是由 CP＝1 时，J、K 发生了变化或接收了干扰而引起的）。

(六) 时序图

主从 JK 触发器的波形图如图 10－6 所示。

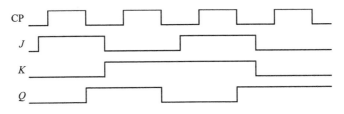

图 10－6　主从 JK 触发器的波形图

五、D 触发器

在时钟脉冲控制下，凡仅具有置 0、置 1 功能的电路，都叫 D 触发器。

（一）电路与逻辑符号

JK 触发器有 J、K 两个输入端，需要两个控制信号。而 D 触发器只有一个信息输入端 D，故只需要一个控制信号，这样，在有些情况下，使用更加方便。图 $10-7$(a)是由主从 JK 触发器改接成的 D 触发器。将 J、K 两个输入端连接起来作为 D 输入端。图(b)是其逻辑符号。

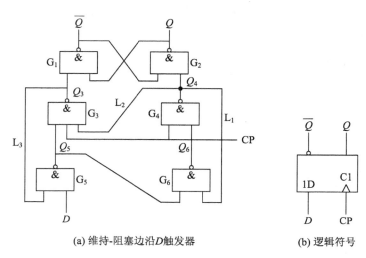

(a) 维持-阻塞边沿D触发器　　　　(b) 逻辑符号

图 $10-7$　D 触发器

（二）工作原理及逻辑功能

根据 JK 触发器的逻辑功能，可以推出 D 触发器的逻辑功能。

当 $D=1$，CP 作用后 $Q=1$；

当 $D=0$，CP 作用后 $Q=0$。

可见，D 触发器的输出状态取决于 CP 作用前输入端 D 的状态，即

$$Q^{n+1}=D$$

D 触发器的逻辑功能如表 $10-4$ 所示。

表 10 - 4　D 触发器的逻辑功能表

D	Q^n	Q^{n+1}
0	0	0
0	1	0
1	0	1
1	1	1

六、T 触发器

在某些应用场合下，需要这样一种逻辑功能的触发器，当控制信号 $T=1$ 时，每来一个 CP 脉冲信号，它的状态就翻转一次；而当 $T=0$ 时，CP 信号到达后的状态保持不变。具备这种逻辑功能的触发器叫 T 触发器。

T 触发器的电路及逻辑符号如图 10-8 所示。

其函数表达式为

$$Q^{n+1} = T\overline{Q^n} + \overline{T}Q^n$$

T 触发器的逻辑功能如表 10-5 所示。

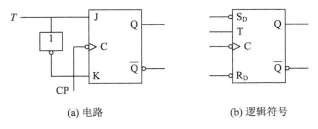

(a) 电路　　　　　　　　　　　(b) 逻辑符号

图 10-8　T 触发器

表 10-5　T 触发器的功能表

T	Q^n	Q^{n+1}
0	0	0
0	1	1
1	0	1
1	1	0

T 触发器大多由其他类型的触发器改装而成，实际生产的集成电路比较少。此外还有 T' 型触发器，它与 T 型触发器类似，但在时钟脉冲作用下只有翻转功能，即每来一个时钟脉冲就翻转一次。事实上在 T 触发器中令 $T=1$ 即可构成 T' 触发器。

早期集成触发器的品种和类型很多，后来逐渐归并成两大类，一种是 JK 触发器，另一种是 D 触发器。作为小规模集成触发器，它们已经能够满足各种情况下对时钟触发器的需求了。而且，不同类型时钟触发器之间还可以互相转换，这两种触发器，通过转换可以得到其他类型触发器。

任务二　　典型时序逻辑电路的分析与应用

任务目标

深入理解时序逻辑电路的基本概念与原理，掌握时序逻辑电路的基本组成结构，包括存储电路(如触发器)和组合逻辑电路，以及它们如何协同工作以实现特定的逻辑功能；理解时序逻辑电路的特点；能分析几种典型的时序逻辑电路，如计数器、寄存器等，理解这些电路在不同输入信号和时钟信号作用下的状态转换过程。

一、寄存器

在数字电路中，用来存放二进制数据或代码的电路称为寄存器。寄存器是一种基本时序电路。任何现代数字系统都必须把需要处理的数据和代码先寄存起来，以便随时取用。

寄存器是由具有存储功能的触发器组合起来构成的。由于一个触发器可以存储 1 位二进制代码，因此存放 N 位二进制代码的寄存器，需用 N 个触发器来构成。

寄存器按其功能的不同，可以分为数码寄存器和移位寄存器两类。数码寄存器用来存放一组二进制代码。移位寄存器除了存储二进制代码之外，还具有移位功能，也就是在移位脉冲作用下代码依次逐步右移或左移，数据既可以并行输入、输出，也可以串行输入、串行输出，还可以并行输入、串行输出，或者串行输入、并行输出。移动寄存器的数据输入输出方式，十分灵活，用途也很广。

（一）数码寄存器

一个触发器只能存储 1 位二值代码，N 个触发器构成的数码寄存器可以存储一组 N 位二值代码。由于数码寄存器是将输入代码存在数码寄存器中，数码寄存器所存的代码和输入代码相同，因此，构成数码寄存器的触发器必定是 D 触发器。集成数码寄存器常称为 N 位 D 触发器，如图 10－9 所示。

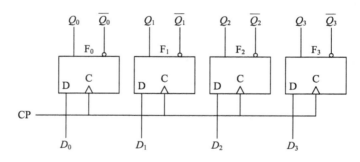

图 10－9　4 位数码寄存器

若要将 4 位二进制数码为 $D_0 D_1 D_2 D_3 = 1101$ 存入寄存器中，只要在时钟脉冲输入端加 CP 时钟脉冲。当 CP 上升沿出现时，4 个触发器的输出端 $Q_0 Q_1 Q_2 Q_3 = D_0 D_1 D_2 D_3 = 1101$，于是这 4 位二进制数码便存入寄存器中，当外部电路需要这组数据时，可从输出端读出。这种数码寄存器称为并行输入、并行输出的数码寄存器。

（二）移位寄存器

由于移位寄存器不仅可以存储代码，还可以将代码移位，所以移位寄存器除了存储代码之外，还可用于数据的串行-并行转换、数据运算和数据处理等。

1. 4 位右移寄存器

图 10－10 示出了 4 位右移寄存器的逻辑图。

由图 10－10 可写出驱动方程：

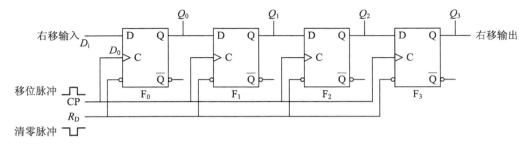

图 10 - 10　4 位右移寄存器的逻辑图

$$\begin{cases} D_0 = D_i \\ D_1 = Q_0^n \\ D_2 = Q_1^n \\ D_3 = Q_2^n \end{cases}$$

其状态方程为

$$\begin{cases} Q_0^{n+1} = D_i & \text{CP} \uparrow \\ Q_1^{n+1} = Q_0^n & \text{CP} \uparrow \\ Q_2^{n+1} = Q_1^n & \text{CP} \uparrow \\ Q_3^{n+1} = Q_2^n & \text{CP} \uparrow \end{cases}$$

　　在存储代码操作之前，先用 R_D（负脉冲）将各个触发器清零。当出现第 1 个移位脉冲时，待存数码的最高位和 4 个触发器的数码同时右移 1 位，即待存数码的最高位存入 Q_0，而寄存器原来所存数码的最高位从 Q_3 输出；出现第 2 个移位脉冲时，待存数码的次高位和寄存器中的 4 位数码又同时右移 1 位。依次类推，在 4 个移位脉冲作用下，寄存器中的 4 位数码同时右移 4 次，待存的 4 位数码便可存入寄存器中。

　　表 10 - 6 给出了 4 位右移寄存器的状态表。

表 10 - 6　4 位右移寄存器的状态表

输入		现　态				次　态				说明
D_i	CP	Q_0^n	Q_1^n	Q_2^n	Q_3^n	Q_0^{n+1}	Q_1^{n+1}	Q_2^{n+1}	Q_3^{n+1}	
1	↑	0	0	0	0	1	0	0	0	
1	↑	1	0	0	0	1	1	0	0	连续输入
1	↑	1	1	0	0	1	1	1	0	4 个 1
1	↑	1	1	1	0	1	1	1	1	

2. 4 位左移寄存器

　　左移寄存器与右移寄存器工作原理相同，只是寄存器的数码输入顺序自左向右，D_i 从 F_3 的 D_3 输入，信号先移入 F_3 再移入 F_2，信号从右边移入，从左边移出。4 位左移寄存器的逻辑图如 10 - 11 所示。

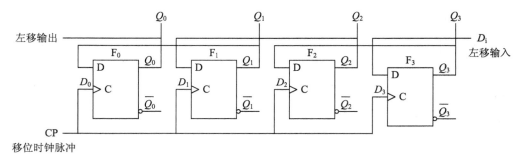

图 10-11　4 位左移寄存器的逻辑图

3. 双向移位寄存器

在电子计算机运算系统中，常需要一种把数据既能向左移位又能向右移位的双向功能寄存器。具有双向移位功能的寄存器称为双向移位寄存器。

74LS194 为 4 位双向移位寄存器。74LS194 组件的外引线排列如图 10-12 所示，图中的 M_1、M_0 为工作方式控制端，M_1、M_0 的 4 种取值(00、01、10、11)决定了寄存器的逻辑功能：保持、右移、左移和并行输入/输出。它的功能表如表 10-7 所示。表中 $\overline{CR}$ 清除端为低电平 0 时，寄存器清零。表的第 1 行"×"号表示取任意值，即不管 M_1、M_0 是高电平或低电平，只要 $\overline{CR}$ 为 0，则输出端全为 0。

值得注意的是，寄存器工作时应将 $\overline{CR}$ 端接高电平或悬空。

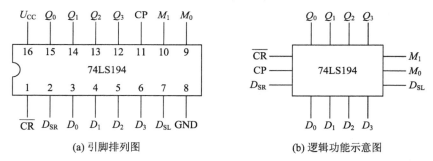

(a) 引脚排列图　　　　　　　(b) 逻辑功能示意图

图 10-12　74LS194 双向移位寄存器

表 10-7　74LS194 功能表

$\overline{CR}$	M_1	M_0	CP	工作状态
0	×	×	×	异步清零
1	0	0	×	保　持
1	0	1	↑	右　移
1	1	0	↑	左　移
1	1	1	×	并行输入

当工作方式控制端 $M_1M_0 = 00$ 时，寄存器中的数据保持不变；当 $M_1M_0 = 01$ 时，寄存器处于右移工作方式，CP 脉冲上升沿出现时，D_{SR} 右移输入端的串行输入数据依次右移；当 $M_1M_0 = 10$ 时，寄存器处于左移工作方式，CP 脉冲上升沿出现时，D_{SL} 左移输入端的串

行输入数据依次左移；当 $M_1 M_0 = 11$ 时，寄存器处于并行输入/输出工作方式，CP 脉冲上升沿出现时，将并行输入数据传送到寄存器的并行输出端。

74LS194 是一种常用、功能较强的中规模集成电路，与它的逻辑功能和外引线排列都相容的组件有 CC40194 和 C422 等型号。74LS194 工作时，在电源 U_{CC} 和地之间应接入一只 $0.1~\mu F$ 的旁路电容。

二、计数器

在数字电路中使用最多的时序电路要算计数器了。计数器不仅能用于对时钟脉冲计数，还可以用于分频、定时、产生节拍脉冲和脉冲序列以及进行数字运算等。

计数器的种类非常繁多，按触发信号是否同步可把计数器分为同步式和异步式两种。同步计数器中各触发器的触发信号是由同一信号同时触发的。而异步计数器的各触发器信号来源不同，被触发时刻也不同。按计数规律不同可把计数器分为加法计数器、减法计数器和可逆计数器。随着计数脉冲的不断输入而递增计数的叫加法计数器，递减计数的叫减法计数器。既可递增计数，又可递减计数的叫可逆计数器。按数的进制不同，计数器分为二进制计数器、十进制计数器、N 进制（除了二、十进制外的进制）计数器。

（一）二进制计数器

1. 3 位异步二进制加法计数器

计数脉冲未加到计数器的所有触发器的 CP 端，只作用于其中一些触发器 CP 端的计数器称为异步计数器。现以 3 位异步二进制加法计数器为例进行分析。其逻辑电路如图 10-13 所示。

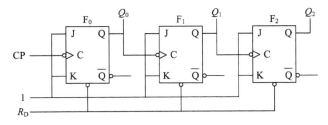

图 10-13　3 位异步二进制加法计数器

由于 3 个触发器都接成了 T' 触发器，所以最低位触发器 F_0 每来一个时钟脉冲的下降沿（即 CP 由 1 变 0）时翻转一次，而其他两个触发器都是在其相邻低位触发器的输出端 Q 由 1 变 0 时翻转，即 F_1 在 Q_0 由 1 变 0 时翻转，F_2 在 Q_1 由 1 变 0 时翻转。

3 位异步二进制加法计数器的波形图和状态表分别如图 10-14、表 10-8 所示。

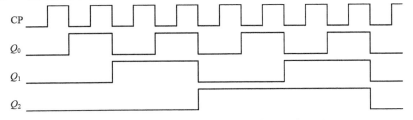

图 10-14　3 位异步二进制加法计数器波形图

表 10 - 8　3 位异步二进制加法计数器状态表

计数脉冲	Q_2	Q_1	Q_0
0	0	0	0
1	0	0	1
2	0	1	0
3	0	1	1
4	1	0	0
5	1	0	1
6	1	1	0
7	1	1	1
8	0	0	0

从状态表或波形图可以看出，从状态 000 开始，每来一个计数脉冲，计数器中的数值便加 1，输入 8 个计数脉冲时，计数已满，此时归零，所以作为整体，该计数器也可称为八进制计数器。

由于这种结构计数器的时钟脉冲不是同时加到各触发器的时钟端，而只加至最低位触发器，其他各位触发器由相邻低位触发器的输出 Q 来触发翻转，即用低位输出推动相邻高位触发器，3 个触发器的状态只能依次翻转，并不同步，因此这种结构特点的计数器称为异步计数器。

2. 3 位异步二进制减法计数器

3 位异步二进制减法计数器的逻辑电路如图 10 - 15 所示。其波形图如图 10 - 16 所示，对应的状态表如表 11 - 9 所示。

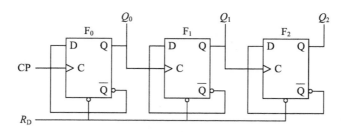

图 10 - 15　3 位异步二进制减法计数器

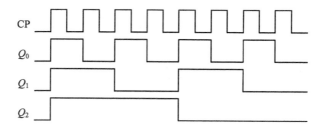

图 10 - 16　3 位异步二进制减法计数器波形图

表 11 - 9　3 位异步二进制减法计数器状态表

计数脉冲	Q_2	Q_1	Q_0
0	0	0	0
1	1	1	1
2	1	1	0
3	1	0	1
4	1	0	0
5	0	1	1
6	0	1	0
7	0	0	1
8	0	0	0

异步计数器电路结构简单，组成计数器的触发器的翻转时刻不同。由于异步计数器后级触发器的触发脉冲需依靠前级触发器的输出，而每个触发器信号的传递均有一定的延时，因此其计数速度受到限制，工作信号频率不能太高。

（二）十进制计数器

1. 同步十进制加法计数器

在二进制中使用 4 个触发器就组成了 4 位二进制计数器，可以从 0 计数到 15，有 16 个状态。十进制是从 0～9，只有 10 个状态，必须附加电路进行约束。当计数到第 10 个脉冲时要归零，其状态图如图 10 - 20 所示。

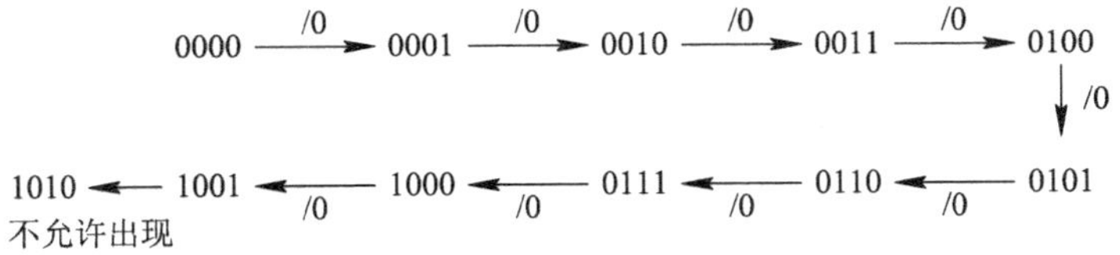

0000 $\xrightarrow{/0}$ 0001 $\xrightarrow{/0}$ 0010 $\xrightarrow{/0}$ 0011 $\xrightarrow{/0}$ 0100
$\downarrow$ /0
1010 $\longleftarrow$ 1001 $\xleftarrow{/0}$ 1000 $\xleftarrow{/0}$ 0111 $\xleftarrow{/0}$ 0110 $\xleftarrow{/0}$ 0101
不允许出现

图 10 - 17　十进制加法器状态图

当计数到 1001 时，再来一个脉冲必须转换为 0000，不允许出现 1010，这可以通过改变驱动方程进行约束。

图 10 - 17 所示为同步十进制加法计数器，由 4 个 JK 触发器组成。图中触发器为多输入 JK 触发器，增加了控制端。

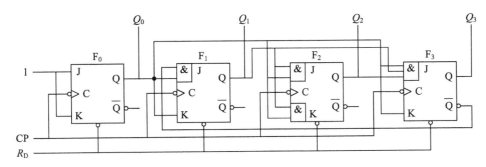

图 10 - 18　同步十进制加法计数器

由图 10-18 可得驱动方程：

$$\begin{cases} J_0 = K_0 = 1 \\ J_1 = Q_0^n \overline{Q_3^n} \qquad (K_1 = Q_0^n) \\ J_2 = K_2 = Q_0^n Q_1^n \\ J_3 = Q_0^n Q_1^n Q_2^n \quad (K_3 = Q_0^n) \end{cases}$$

在十进制计数器中要约束 $F_0 F_1 F_2 F_3$ 从 1001 来一个脉冲后变为 0000，不要变为 1010，当 $Q_3^n = 1$，$Q_2^n = 0$，$Q_1^n = 0$，$Q_0^n = 1$ 变到第十个脉冲触发后就变为

$$\begin{cases} Q_3^{n+1} = J_3 \overline{Q_3^n} + \overline{K_3} Q_3^n = 0 \quad (CP\downarrow) \\ Q_2^{n+1} = J_2 \overline{Q_2^n} + \overline{K_2} Q_2^n = 0 \quad (CP\downarrow) \\ Q_1^{n+1} = J_1 \overline{Q_1^n} + \overline{K_1} Q_1^n = 0 \quad (CP\downarrow) \\ Q_0^{n+1} = J_0 \overline{Q_0^n} + \overline{K_0} Q_0^n = 0 \quad (CP\downarrow) \end{cases}$$

因此，实现了十进制进位转换。

2. 异步十进制加法计数器

异步十进制加法计数器的逻辑电路如图 10-19 所示。

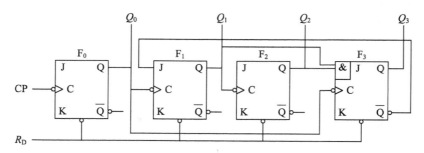

图 10-19　异步十进制加法计数器

由图 10-19 可得驱动方程：

$$\begin{cases} J_0 = K_0 = 1 \\ J_1 = \overline{Q_3^n} \qquad (K_1 = 1) \\ J_2 = K_2 = 1 \\ J_3 = Q_1^n Q_2^n \qquad (K_3 = 1) \end{cases}$$

当 $Q_3^n Q_2^n Q_1^n Q_0^n = 1001$ 时，第十个脉冲到来后，由于 $J_0 = K_0 = 1$，$J_1 = 0$，$K_1 = 1$，$J_2 = K_2 = 1$，$J_3 = 0$，$K_3 = 1$，可得

$$\begin{cases} Q_0^{n+1} = J_0 \overline{Q_0^n} + \overline{K_0} Q_0^n = 0 \quad (CP_0\downarrow) \\ Q_1^{n+1} = J_1 \overline{Q_1^n} + \overline{K_1} Q_1^n = 0 \quad (CP_1\downarrow) \\ Q_2^{n+1} = J_2 \overline{Q_2^n} + \overline{K_2} Q_2^n = 0 \quad (CP_2\downarrow) \\ Q_3^{n+1} = J_3 \overline{Q_3^n} + \overline{K_3} Q_3^n = 0 \quad (CP_3\downarrow) \end{cases}$$

因此可实现从 1001 到 0000 的转换，构成十进制计数。

（三）N 进制计数器

由触发器组成的 N 进制计数器的一般分析方法是：对于同步计数器，由于计数脉冲同时接到每个触发器的时钟输入端，因而触发器的状态是否翻转只需由其驱动方程判断。而异步计数器中各触发器的触发脉冲不尽相同，所以触发器的状态是否翻转除了考虑其驱动方程外，还必须考虑其时钟输入端的触发脉冲是否出现。

【例 10 - 1】　分析图 10 - 20 所示计数器为几进制计数器。

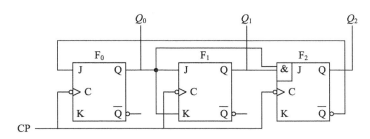

图 10 - 20　例 10 - 1 逻辑电路

解　由图 10 - 19 可知，由于 CP 计数脉冲同时接到每个触发器的时钟输入端，所以该计数器为同步计数器。3 个触发器的驱动方程为

$$\begin{cases} J_0 = \overline{Q}_2, \ K_0 = 1 \\ J_1 = K_1 = Q_0 \\ J_2 = Q_1 Q_0, \ K_2 = 1 \end{cases}$$

表 10 - 10　例 10 - 1 状态表

计数脉冲	Q_2	Q_1	Q_0	J_0	K_0	J_1	K_1	J_2	K_2
0	0	0	0	1	1	0	0	0	1
1	0	0	1	1	1	1	1	0	1
2	0	1	0	1	1	0	0	0	1
3	0	1	1	1	1	1	1	1	1
4	1	0	0	0	1	0	0	0	1
5	0	0	0	1	1	0	0	0	1

首先假设计数器的初始状态，如 000，并以此根据驱动方程确定 J、K 的值，然后根据 J、K 的值确定在 CP 计数脉冲触发下各触发器的状态。在第 1 个 CP 计数脉冲触发下各触发器的状态为 001，按照上述步骤反复判断，直到第 5 个 CP 计数脉冲时计数器的状态又回到初始状态 000，即每来 5 个计数脉冲计数器状态重复一次，如表 10 - 10 所示，所以该计数器为五进制计数器。其波形图如图 10 - 21 所示。

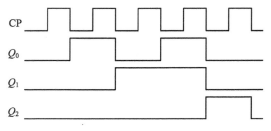

图 10 - 21　例 10 - 1 波形图

(四) 集成计数器

用触发器组成计数器，电路复杂且可靠性差。随着电子技术的发展，一般均用集成计数器构成具有各种功能的计数器。这里以 74LS161 为例介绍集成计数器。

74LS161 为 4 位集成同步二进制加法计数器，其引脚排列和逻辑功能如图 10 - 22 所示。其中：$\overline{\text{CR}}$ 为异步清零端，低电平有效；$\overline{\text{LD}}$ 为同步置数端，低电平有效；CT_T、CT_P 为计数允许控制端，$\text{CT}_\text{T} \cdot \text{CT}_\text{P} = 1$ 时允许计数，$\text{CT}_\text{T} \cdot \text{CT}_\text{P} = 0$ 时禁止计数，保持输出原状态；CO 为进位输出端；CP 为时钟脉冲输入端，上升沿触发。

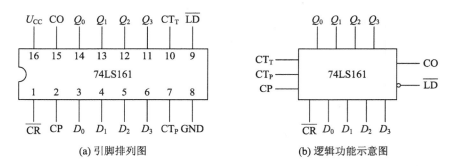

(a) 引脚排列图　　　　　　　　(b) 逻辑功能示意图

图 10 - 22　74LS161

实验 ╱╱ 触发器及其应用

(一) 实验目的

(1) 掌握 RS、JK、D 和 T 触发器的逻辑功能。

(2) 掌握集成触发器的逻辑功能及使用方法。

(3) 熟悉触发器之间相互转换的方法

(二) 实验器材

+5 V 直流电源、双踪示波器、连续脉冲源、单次脉冲源、逻辑电平开关、逻辑电平显示器、74LS112、74LS279、74LS74。

(三) 实验内容与步骤

(1) 测试基本 RS 触发器的逻辑功能。

按表 10 - 11 要求测试 74LS279 基本 RS 触发器的逻辑功能，并记录测试结果。

表 10 - 11　基本 **RS** 触发器的逻辑功能

$\overline{R}$	$\overline{S}$	Q	$\overline{Q}$
1	$1\rightarrow0$		
	$0\rightarrow1$		
$1\rightarrow0$	1		
$0\rightarrow1$			
0	0		

（2）测试主从 JK 触发器 74LS112 的逻辑功能。

① 测试 $\overline{R}_\mathrm{D}$、$\overline{S}_\mathrm{D}$ 的复位、置位功能。

$\overline{R}_\mathrm{D}$、$\overline{S}_\mathrm{D}$、J、K 端接逻辑开关输出插口，CP 端接单次脉冲源，Q、$\overline{Q}$ 端接至逻辑电平显示输入插口。要求改变 $\overline{R}_\mathrm{D}$、$\overline{S}_\mathrm{D}$（J、K、CP 处于任意状态），并在 $\overline{R}_\mathrm{D}=0$（$\overline{S}_\mathrm{D}=1$）或 $\overline{S}_\mathrm{D}=0$（$\overline{R}_\mathrm{D}=1$）作用期间任意改变 J、K 及 CP 的状态，观察 Q、$\overline{Q}$ 状态。自拟表格并记录之。

② 测试 JK 触发器的逻辑功能。

按表 10 - 12 的要求改变 J、K、CP 端状态，观察 Q、$\overline{Q}$ 状态变化，观察触发器状态更新是否发生在 CP 脉冲的下降沿（即 CP 由 $1\rightarrow0$），记录之。

③ 将主从 JK 触发器的 J、K 端连在一起，构成 T 触发器。

当 CP 端输入 1 Hz 连续脉冲时，观察 Q 端的变化。

当 CP 端输入 1 kHz 连续脉冲，用双踪示波器观察 CP、Q、$\overline{Q}$ 端波形。

表 10 - 12　主从 JK 触发器的功能表

J	K	CP	Q^{n+1}	
			$Q^n=0$	$Q^n=1$
0	0	$0\rightarrow1$		
		$1\rightarrow0$		
0	1	$0\rightarrow1$		
		$1\rightarrow0$		
1	0	$0\rightarrow1$		
		$1\rightarrow0$		
1	1	$0\rightarrow1$		
		$1\rightarrow0$		

（3）测试双 D 触发器 74LS74 的逻辑功能。

① 测试 $\overline{R}_\mathrm{D}$、$\overline{S}_\mathrm{D}$ 的复位、置位功能。

② 测试 D 触发器的逻辑功能。

　　按表 10-13 要求进行测试，并观察触发器状态更新是否发生在 CP 脉冲的上升沿（即由 0→1），记录之。

表 10-13　D 触发器的功能表

D	CP	Q^{n+1}	
		$Q^n = 0$	$Q^n = 1$
0	0→1		
	1→0		
1	0→1		
	1→0		

　　③ 将 D 触发器的 $\overline{Q}$ 端与 D 端相连接，构成 T' 触发器。

　　（4）分析双相时钟脉冲电路。

　　用 JK 触发器及与非门构成的双相时钟脉冲电路如图 10-23 所示，此电路是用来将时钟脉冲 CP 转换成两相时钟脉冲 CP_A 及 CP_B 的。两相时钟脉冲的频率相同、相位不同。

　　分析电路工作原理，并按图 10-23 接线。用双踪示波器先同时观察 CP、CP_A 的波形；然后调整示波器设置，同时观察 CP、CP_B 的波形；最后调整示波器设置，同时观察 CP_A、CP_B 的波形。

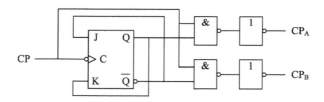

图 10-23　双相时钟脉冲电路

　　（5）设计乒乓球练习电路。模拟两名运动员在练球时，乒乓球能往返运转。

　　提示：采用双 D 触发器 74LS74 设计实验线路，两个 CP 端触发脉冲分别由两名运动员操作，两触发器的输出状态用逻辑电平显示器显示。

（五）思考题

　　（1）总结观察到的波形，说明触发器的触发方式；

　　（2）利用普通的机械开关组成的数据开关所产生的信号是否可作为触发器的时钟脉冲信号？为什么？是否可以用作触发器的其他输入端的信号？又是为什么？

习　题

（一）填空题

　　1. 基本 RS 触发器，当 $\overline{R}$、$\overline{S}$ 都接高电平时，该触发器具有_____功能。

　　2. D 触发器的特性方程为_____；JK 触发器的特性方程为_____。

3. T 触发器的特性方程为 _____。

4. 仅具有置 0、置 1 功能的触发器叫_____。

5. 时钟有效边沿到来时，输出状态和输入信号相同的触发器叫_____。

6. 若 D 触发器的 D 端连在 $\overline{Q}$ 端上，经 100 个脉冲作用后，其次态为 0，则现态应为_____。

7. JK 触发器 J 与 K 相接作为一个输入时相当于_____触发器。

8. 触发器有_____个稳定状态，它可以记录_____位二进制码，存储 8 位二进制信息需要_____个触发器。

9. 时序电路的次态输出不仅与即时输入有关，而且还与_____有关。

10. 时序逻辑电路一般由_____和_____两部分组成的。

11. 时序电路的次态输出不仅与即时输入有关，而且还与_____有关。

12. 时序逻辑电路一般由_____和_____两部分组成的。

13. 计数器按内部各触发信号是否同步，可分为_____计数器和_____计数器。

14. 按进位体制的不同，计数器可分为_____计数器和_____计数器两类；按计数规律不同，计数器可分为_____计数器、_____计数器和_____计数器。

15. 要构成五进制计数器，至少需要_____级触发器。

16. 设集成十进制（默认为 8421BCD 码）加法计数器的初态为 $Q_4Q_3Q_2Q_1 = 1001$，则经过 5 个 CP 脉冲以后计数器的状态为_____。

17. 欲将某时钟频率为 32 MHz 的 CP 变为 16 MHz 的 CP，需要二进制计数器_____个。

（二）选择题

1. 触发器是双稳态电路，具有（　　）状态，分别表示二进制数码的 0 和 1。在任意时刻，触发器只处于一种稳定状态，并长期保存下来。

A. 一个稳定　　　　　B. 两个稳定　　　　　C. 半个稳定　　　　　D. 多个稳定

2. RS 触发器不具有（　　）功能。

A. 保持　　　　　B. 翻转　　　　　C. 置 1　　　　　D. 置 0

3. 下列触发器中不能用于移位寄存器的是（　　）。

A. D 触发器　　　　　　　　　B. JK 触发器

C. 基本 RS 触发器　　　　　　　D. 负边沿 D 触发器

4. 具有置 0 和置 1 功能的触发器是（　　）。

A. 同步 RS 触发器　　　B. JK 触发器　　　C. D 触发器　　　　　D. T 触发器

5. 边沿触发器输出状态的变化发生在 CP 脉冲的（　　）。

A. 上升沿　　　　　　　　　　　B. 下降沿或上升沿

C. CP＝1 期间　　　　　　　　　D. CP＝0 期间

6. 欲寄存 8 位数据信息，需要触发器的个数是（　　）。

A. 8 个　　　　　B. 16 个　　　　　C. 4 个　　　　　D. 12 个

7. 时序逻辑电路一般由（　　）构成。

A. 触发器和门电路　　B. 门电路　　　　　　C. 运算放大器　　　　　　D. 组合电路

8. 具有保持和反转功能的触发器是（　　　）。

A. D 触发器　　　　　　　　　　　　B. 同步 RS 触发器

C. 基本 RS 触发器　　　　　　　　　D. T 触发器

9. 模为 64 的二进制计数器，它由（　　　）位触发器构成。

A. 64　　　　　　　　　　　　　　　　B. 6

C. 8　　　　　　　　　　　　　　　　　D. 32

10. 在以下各种电路中，属于时序电路的有（　　　）。

A. ROM　　　　　　　　　　　　　　　B. 编码器

C. 寄存器　　　　　　　　　　　　　　D. 数据选择器

（三）判断题

1. 基本 RS 触发器没有约束条件。　　　　　　　　　　　　　　　　　　（　　　）

2. 即使电源关闭，移位寄存器中的内容也可以保持下去。　　　　　　　　（　　　）

3. 所有的触发器都能用来构成计数器和移位寄存器。　　　　　　　　　　（　　　）

4. JK 触发器具有保持、置 0、置 1、翻转功能。　　　　　　　　　　　　（　　　）

5. JK 触发器有约束条件。　　　　　　　　　　　　　　　　　　　　　（　　　）

6. D 触发器具有置 0、置 1 功能。　　　　　　　　　　　　　　　　　（　　　）

7. 门电路没有记忆功能，但用门电路构成的触发器具有记忆功能。　　　（　　　）

8. 触发器的逻辑符号中，用小圆圈表示反相。　　　　　　　　　　　　（　　　）

9. 每个触发器均有两个状态相反的输出端。　　　　　　　　　　　　　（　　　）

10. 同步计数器与异步计数器的主要区别在于它们内部的触发器是否同时发生翻转。

（　　　）

11. 计数器的异步清零端或置数端在计数器正常计数时应置为无效状态。　（　　　）

12. 时序电路通常包含组合电路和存储电路两个组成部分，其中组合电路必不可少。

（　　　）

13. 任何一个时序电路，可能没有输入变量，也可能没有组合电路，但一定包含存储电路。　　　　　　　　　　　　　　　　　　　　　　　　　　　　　　　　　（　　　）

（四）简答题

1. 简述基本 RS 触发器与同步 RS 触发器的主要区别。

2. 比较 D 触发器与 JK 触发器的优缺点。

3. 根据图 10-24 所示波形，画出由与非门构成的基本 RS 触发器的输出端 Q 和 $\bar{Q}$ 的波形，设初态为 0 态。

4. 由与非门构成的基本 RS 触发器的输入波形如图 10-25 所示，试画出输出端 Q 和 $\bar{Q}$ 的波形，设初态为 0 态。

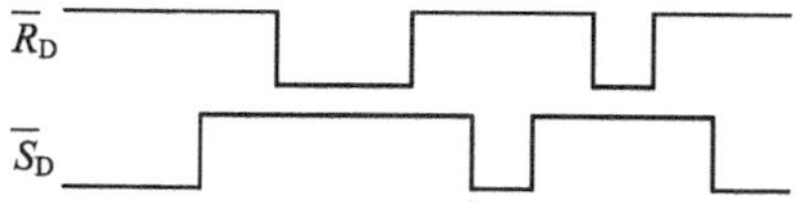

图 10-24　简答题 3 图 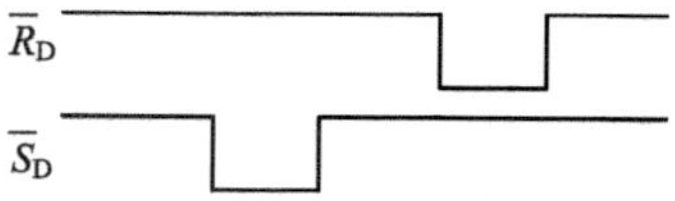　　　　　　　　　　图 10-25　简答题 4 图

5. JK 触发器及 CP、J、K、$\overline{R}_\mathrm{D}$ 的波形分别如图 $10-26(\mathrm{a})$、(b)所示，试画出 Q 端的波形。（设 Q 的初态为"0"）

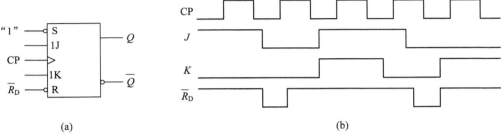

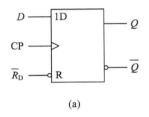

(a)

(b)

图 $10-26$　简答题 5 图

6. D 触发器及输入信号 D、$\overline{R}_\mathrm{D}$ 的波形分别如图 $10-27(\mathrm{a})$、(b)所示，试画出 Q 端的波形。（设 Q 的初态为"0"）

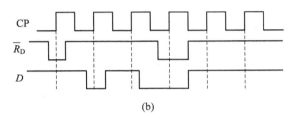

(a)

(b)

图 $10-27$　简答题 6 图

参 考 文 献

[1]　刘晓艳，王继凤. 电工电子技术[M]. 北京：机械工业出版社，2023.

[2]　周国娟，李芳，元娜. 电工电子技术项目实践[M]. 北京：机械工业出版社，2022.

[3]　丁卫民，陈立平. 电工电子技术与技能[M]. 北京：机械工业出版社，2021.

[4]　孙立坤，靳越. 电工与电子技术[M]. 2版. 北京：机械工业出版社，2021.

[5]　王屹，赵应艳. 电工电子技术项目化教程[M]. 北京：机械工业出版社，2019.

[6]　向艳芳，李强. 电工电子技术[M]. 北京：高等教育出版社，2023.

[7]　雷建龙，徐鑫. 电工与电子技术[M]. 2版. 西安：西安电子科技大学出版社，2021.

[8]　陈德海，赵书玲. 电工与电子技术学习辅导[M]. 北京：机械工业出版社，2020.

[9]　张志良. 电工与电子技术基础[M]. 北京：机械工业出版社，2016.